四川民族地区
新型城镇化发展研究

卢庆芳 著

北京理工大学出版社
BEIJING INSTITUTE OF TECHNOLOGY PRESS

图书在版编目（CIP）数据

四川民族地区新型城镇化发展研究／卢庆芳著．—北京：北京理工大学出版社，2017.9

ISBN 978－7－5682－4858－7

Ⅰ.①四…　Ⅱ.①卢…　Ⅲ.①民族地区－城市化－研究－四川　Ⅳ.①F299.277.1

中国版本图书馆CIP数据核字（2017）第227475号

出版发行／北京理工大学出版社有限责任公司
社　　址／北京市海淀区中关村南大街5号
邮　　编／100081
电　　话／（010）68914775（总编室）
　　　　　（010）82562903（教材售后服务热线）
　　　　　（010）68948351（其他图书服务热线）
网　　址／http：//www.bitpress.com.cn
经　　销／全国各地新华书店
印　　刷／保定市中画美凯印刷有限公司
开　　本／710毫米×1000毫米　1/16
印　　张／12.5
字　　数／212千字
版　　次／2017年9月第1版　2017年9月第1次印刷
定　　价／46.00元

责任编辑／梁铜华
文案编辑／梁铜华
责任校对／周瑞红
责任印制／李志强

序

实现各民族团结奋斗，共同发展进步、共同繁荣是当前我国作为一个统一多民族国家的民族工作主题。城镇化[①]是现代化的必然途径，没有城镇化的过程，就没有现代化的实现。所以，民族地区大力推进城镇化进程对于缩小民族地区贫富差距，总体提升民族地区人民的生活水平，维护社会稳定，以及实现民族地区的现代化、实现民族地区的工业化进程、实现全面小康社会建设，最终实现社会主义和谐社会建设有着重大的理论和现实意义。

四川民族地区地处长江、黄河和各大支流地带，既是长江、黄河和各大支流的重要水源涵养地，也是全国生态保护和建设的重点地区，是一个集经济、地缘政治、生态环境、国防安全、国际影响多重因素于一体的特殊区域。民族地区自然条件和人文环境复杂多样，生物多样性和文化多样性突出，是我国经济、政治、社会、文化、生态建设的重要基础。四川民族地区的稳定对于全国的稳定有着重要的意义。因此，四川民族地区在维护国家稳定、民族团结、生态安全和促进全国经济社会和谐发展中具有十分重要的战略意义，在四川省经济社会发展乃至全国经济社会发展中具有十分重要的地位。

2013 年中央城镇化工作会议之后，党中央、国务院就深入推进新型城镇化建设作出了一系列重大决策部署。四川民族地区的城镇化水平也在全国新型城镇化快速发展的背景下有所提高。截至 2015 年年底，四川民族地区城镇总人口为 236.3 万人，城镇化水平达到 32.3%。四川民族地区的城镇化发展水平的提高是基于民族地区经济快速发展之上的，但是，由于自然、历史、经济和社会发展等多种因素的相互影响和制约，四川民族地区当前依然处于经济基础薄弱、基础设施建设落后、社会发育程度较低以及自我发展能力严重滞后的困境之中，四川民族地区的经济发展和社会稳定关系着西部甚至整个中国经济的发展。

本书共分为 12 章，对四川民族地区新型城镇化发展进行了研究和分析。前 3 章是理论部分，主要分析了城镇化的理论和原理，介绍了一些国家城市化的实践，以及我国新型城镇化的提出和民族地区推进城镇化的意义。第四章到第十二章主要论述了四川民族地区新型城镇化发展现状、发展特点以及对城镇化发展水平测评与发展战略的研究。并在此基础上，针对新型城镇化下四川民族地区工业化与城镇化的关系、产业发

---

① 城镇化也称城市化。

展、生态环境保护及扶贫开发等专题进行了研究。

近年来，笔者通过广泛阅读相关文献材料以及实地调研，对民族地区和新型城镇化问题有了一定的认识，本书也是在笔者以往的论文和课题研究的基础上完成的。在此特别感谢此书撰写过程中支持和帮助过笔者的人，他们中有笔者的领导、笔者的老师、笔者的同事、笔者的朋友和笔者的家人，谢谢大家。同时，也对参考文献的作者表示感谢。

本书的出版得到了北京理工大学出版社的大力支持，特此致谢。

本书观点仅代表笔者的个人观点，限于理论水平和实践经验的有限性，书中难免有不足之处，请专家和广大读者批评指正。

卢庆芳

2017 年 5 月

目 录

第一章　城镇化的基本原理

第一节　城镇的概念和特征

一、城镇的形成

城镇与城市的出现，是人类社会迈向文明与成熟的重要标志之一，也是人类聚居生活的重大转变。早期的人类三五成群，随遇而栖，在对抗体型庞大的野兽时力量十分有限。为了能更好地生存下去，小规模的人类群体开始选择与其他群体联盟，这样在群体力量得到极大提升的同时，食物与安全问题已经无法直接威胁到生命安全了。为了便于囤积多余的食物，人类开始定居于水草丰美的地区；为了抵御周边部落的侵扰、防范大型动物的攻击，便在居住区域的附近埋设陷阱、加固栅栏。最早的村落由此产生。随着村落内人口的增加，村落的整体实力也会不断得到提升，一些老弱病残者为了获得食物，便依附于强大村落的周边。为了获得食物，村落内部开始出现了专业化的分工与交易。在《世本·作篇》中记载了“市井”的产生。颜师古注曰：“古未有市，若朝聚井汲，便将货物于井边货卖，曰市井。”这体现了城市贸易的功能。因此，资源丰富的地区必然会成为村落之间争夺的重点。因此在《吴越春秋》一书中出现了如下记载：“筑城以卫君，造郭以卫民。”这体现了城市用以防御的功能。

城市是体现人类文明进步的重要标志之一，但传统社会的城市并不具备现代意义上城市的功能，在该时期，城镇主要承担的是防御和消费功能，并不具有生产能力，因此其辐射范围十分有限。现代意义上的城市是工商业发展的产物。如13世纪的威尼斯，在其巅峰时期，居民超过了20万人，商业贸易极为繁荣。而在工业革命完成之后，农民开始大量涌入工业中心，城市规模进一步扩大。到“一战”前，英、德、法等国的大多数人口都聚居于城市之中。

二、城镇的概念与特征

城镇是相对于乡村而提出的一个概念，是城和镇的统称。目前，世界上对于“城镇”的概念尚未达成统一的认识。由于各国的自然环境状况、人口分布密度、经济发展水平等方面存在着较大的差异，因此，各国将居民聚居区域确定为城镇的标准也不尽相同。表1－1给出了部分国家和地区城镇划分的标准与具体案例。

表1－1　部分国家和地区城镇划分的标准与具体案例

划分标准	具体案例
单纯以某级行政中心所在地为标准	埃及规定省的首府和地区首府为城镇
	蒙古国规定首都和地区中心为城镇
	使用这类标准的国家有30多个，重点分布在拉丁美洲
单纯以城镇特征为标准	智利规定有一定公共和市政服务设施的、具有明显城镇特征的人口中心为城镇
	地中海里的岛国马耳他规定没有农业用地的建成区即为城镇
单纯以居民点的人口数量为标准	伊朗规定有5 000人以上的市、镇、村均为城镇
	肯尼亚规定有2 000人以上的居民点就为镇
	墨西哥规定至少有2 500人的居民点才可以称为镇
	爱尔兰规定包括郊区在内的有1 500人以上的市和镇，均称为城镇
	这种单纯以人口数量来划分的标准被广泛采用，使用这种标准的国家不少于50个
以居民点的人口数量和密度指标为双重标准	瑞典规定，人口在200人以上、房屋间距通常不大于200 m的建成区即为城镇
	加拿大规定人口在1 000人以上的，设有建制的市、镇、村以及人口在1 000人以上且人口密度至少为390人/km^{2}的未设建制的居民点为城镇

续表

划分标准	具体案例
以人口规模和城镇特征两个指标为标准	巴拿马规定人口在1 500人以上且具有街道、上下水系统和电力系统等城镇特征的居民点为城镇
	南非规定所有以非农产业为优势的、人口在500人以上的居民点和邻接的郊区称为城镇，同时又规定，即使居民人口在500人以下，只要有近100个白人居住且具有城镇特征的镇也称为城镇（带有种族歧视的意味）
以人口规模和从业构成两个指标为标准	荷兰规定人口在2 000人以上的市，或者人口不到2 000人但男性居民从业人口中从事农业产业的占比不超过20%的市也称为城镇
以两个以上的指标为判定标准	印度规定，镇和所有人口超过5 000人，人口密度不低于390人/km^2、至少3/4的成年男子从事非农业活动并具有明显城镇特征的地方均称为城镇
其他标准	目前世界上还有将近70个国家和地区没有明确的城镇划分标准，有的只公布城镇的名称和数量，有的只说明法律上事先规定的居民点为城镇，有的直接不对城镇做任何说明和规范。很显然，世界各国确定城镇的标准各有不同，差异明显

资料来源：百度文库《什么是城市》，https：//wenku. baidu. com/view/f86e4ce9856a561252d36f4f. html。

在我国，城市和城镇两个名词经常被混用。其中，“城市”是“城”与“市”的结合，重点在于防御和交易，因此城市具有军事、政治、经济、文化、贸易以及手工业中心的职能。在城市的不断发展中，城市又被泛指人口聚集、经济发展水平较好的区域。城镇的概念目前在我国有狭义和广义两种不同的解释：根据我国法律规定，狭义上的“城镇”是指县及县以上的机关所在地，或常住人口在2 000人以上，10万人以下，其中非农业人口占50%以上的居民点；广义上的“城镇”则被看作“城市”和“乡镇”的简称。为了更好地划分城市结构，在2014年11月21日国务院颁布了《关于调整城市规模划分标准的通知》，重新明确了我国确定城市级别的标准，将我国的城市规模分为“五档七类”，见表1－2。

表1－2　我国城市规模划分的标准

小城市（50万人以下）	Ⅰ型小城市（20万～50万人）
	Ⅱ型小城市（20万人以下）

续表

中等城市（50 万～100 万人）	
大城市（100 万～500 万人）	Ⅰ型大城市（300 万～500 万人）
	Ⅱ型大城市（100 万～300 万人）
特大城市（500 万～1 000 万人）	
超大城市（1 000 万人以上）	

资料来源：根据国务院《关于调整城市规模划分标准的通知》整理。

第二节 城镇化的内涵及特征

一、“城镇化”与“新型城镇化”的提出

在经济的快速发展与城市规模不断扩张的大背景下，城镇化已经成为世界范围内最重要的社会现象之一。城镇化的概念最早由西班牙人伊尔德方索·塞尔达提出。1867 年，伊尔德方索·塞尔达出版了《城市化概论》一书，在该书中第一次提出了“Urbanization”一词，由此开始，城镇化（或城市化）的相关理论开始逐渐出现在人们的视野之中。

在我国，城镇与城市之间界限的模糊，导致了学术界出现了“城镇化”与“城市化”两种说法。但在英语中二者均为同一词（Urbanization）。实际上，早在 1982 年于南京召开的“中国城镇化道路问题学术讨论会”上，就已经明确了城镇化与城市化为同义词。为了减少歧义，该次讨论会还建议用城市化来替代城镇化。但国内的许多学者仍然坚持使用“城镇化”一词。1991 年辜胜阻在《非农化与城镇化研究》一书中使用并分析了城镇化的有关概念，受到学术界普遍赞同。1998 年，建设部颁布了《城市规划基本术语标准》，明确指出“Urbanization”译为“城市化”，对应的词条解释为：“人类生产和生活方式由乡村型向城市型转化的历史过程，表现为乡村人口向城市人口转化以及城市不断发展和完善的过程。又称城镇化、都市化。”① 2000 年十五届五中全会通过了《关于制定国民经济和社会发展第十个五年计划的建议》（以下简称《建议》），《建议》中明确提出要“积极稳妥推进城镇化”。这是首次在最高级别官方文件中使用这一说法。由此，“城镇化”一词开始被各类媒体广泛使用。②

---

① 1998 年建设部颁布《城市规划基本术语标准》GB/T50280－98.

② 田莉，李永浮，沈洁等．城镇化与城乡发展［M］．北京：中国建筑工业出版社，2016.

有关“城镇化”与“城市化”两个概念的争论，至今尚无明确结论。傅晨（2005）参照国外对于城市的定义，主张使用“城市化”一词，他认为城市一词本身就包含镇，因此城镇化的表述并不准确①。孙中和（2001）则持相反观点，他认为“城市化”倾向农村居民向大、中城市的转移，而忽视了农村居民向周边小城镇的迁移。② 因此，他认为“城镇化”一词更为符合实际。聂伟、风笑天（2014）则持中间态度，将“城镇化”与“城市化”提炼融合，并认为城镇化是城市化的开端，是城市化发展的中间阶段③。目前阶段，“城镇化”与“城市化”两种表述并存的局面很难转变。城市化反映的是国家或地区人口由农村向城市转移的过程，人口的不断聚集使城市的规模不断扩大，最终实现农村到城市的变化。城镇化则反映了国家在工业化和现代化建设过程中所经历的社会变迁。从现阶段“城市化”与“城镇化”表述的使用情况来看，理论界和城市规划有关部门更倾向于使用“城市化”一说。而在实际应用和政策设计等方面，则更多地使用“城镇化”一词。基于以上观点，结合我国当前城市发展进程的实际情况，使用“城镇化”的理念更为贴切。

“新型城镇化”则是在传统“城镇化”的基础上，根据我国现阶段的基本国情提出的。在党的十六大上，“新型城镇化”战略首次提出。在2012年中央经济工作会议首次正式提出“把生态文明理念和原则全面融入城镇化全过程，走集约、智能、绿色、低碳的新型城镇化道路”。④ 新型城镇化是在城镇化基础上的进一步升级，二者在农业人口转移、城镇规模扩大和城市观念转化等方面相同，但在实现城镇化过程中的手段、内涵与目标等方面存在着较大的差异。

二、城镇化内涵的界定

根据世界各国城镇化发展状况来看，城镇化不仅仅只是人口的聚集，城镇化是一个综合性的概念，广义上讲，城镇化过程包含了社会经济发展、人口职业转变、文化、土地空间调整等多方面的融合与发展。它既是经济、社会、文化等诸多方面不断发生变动的过程，也是体现现代人类生活、生产方式以及居住模式全面转变的过程。

---

① 傅晨．城镇化概念辨析［J］．南方经济，2005（04）．

② 孙中和．中国城镇化基本内涵与动力机制研究［J］．财经问题研究，2001（11）．

③ 聂伟，风笑天．城镇化：概念、目标、挑战与路径［J］．学术界，2014（09）．

④ 杜永红．资源枯竭型城市经济转型战略模式的研究［J］．现代城市研究，2012（04）：92－95．

姜爱林（2001）认为城镇化不仅是一个城镇数量与规模扩大的过程，同时也是一种城镇结构和功能转变的过程，他将我国城镇化的内涵主要概括为以下五点：①城镇化是一个农村人口向城市聚集的过程；②城镇化是第一产业劳动力向第二、三产业转移的过程；③城镇化是第二、三产业集中发展的过程；④城镇化是地域性质和景观转化的过程；⑤城镇化是城市生活方式扩散与传播的过程。① 胡序威（2008）等也持有相同的观点。② 在地区城镇化发展的过程中，以上五方面之间是相互联系的。由于工业化进程的不断加快，农村的剩余劳动力开始逐步向工业中心聚集，分散农村劳动力的聚集使工业中心逐渐演变为城镇。人口的增加为第三产业的发展创造了良好的发展环境，进而吸引更多的剩余劳动力涌入城镇。整体来看，工业化引发剩余劳动力转移是城镇化发展的前提；人口聚集是城镇化的核心；城镇建设的不断完善是城镇化发展的重要保障。伴随着城镇居民文化水平与文明程度的提高，城镇的辐射作用也会越来越明显，在城市的带动作用下，能够减小城乡差距，进而实现城乡一体化的目标。③

不同学者之间立场与研究角度存在的差异，使理论界对于城镇化内涵的界定也呈现出多种观点。经济学家认为，城镇化的内涵是农村经济向城镇经济转化的过程；地理学家强调，城镇化的内涵是人口、产业等由乡村地域景观向城市地域景观转变的过程；社会学家强调城镇化是城市社会生活方式的扩散与辐射；人口学家则认为城镇化的内涵是农村人口向城镇聚集，从而带来城镇人口比重上升的过程。

从现有关于城镇化内涵的各类研究来看，城镇化并不仅仅是城市人口比重上升与城市面积扩张，城镇化更重要的内涵是在居住环境、生活模式、产业结构、思想观念等方面实现由“农村”到“城市”的进化。仅仅强调人口的城镇化，而忽视居民思想观念，社会经济结构的城镇化注定无法实现可持续发展的目标。片面强调“量”而忽视“质”的城镇化，也必将是不完善的城镇化。

为了应对传统城镇化的弊端，政府提出了新型城镇化战略。在 2012 年中央经济工作会议公报中，对新型城镇化的内涵做了简要阐述：“要构建科学合理的城市格局，大中小城市和小城镇、城市群要科学布局，与区域经济

---

① 姜爱林. 21 世纪初期用城镇化推动工业化的战略选择［J］. 经济学动态，2001，（9）：46－48.

② 胡序威. 论城镇化的概念内涵和规律性［J］. 城市与区域规划研究，2008，（02）.

③ 周丽雯，崔文辉. 城镇化：内涵与特征［J］. 经济研究导刊，2015（03）：167－168.

发展和产业布局紧密衔接，与资源环境承载能力相适应。要把有序推进农业转移人口市民化作为重要任务抓实抓好。"① 在针对"新型城镇化"内涵的研究中：单卓然、黄亚平（2013）认为新型城镇化应该具备强调民生、强调可持续发展和强调质量三大核心内涵，他从未来不确定性、传统城镇化的误区、国际经验教训以及政府执政四个角度出发，构建了完整的新型城镇化内涵框架。② 李小建（2014）认为新型城镇化的内涵十分丰富，而其中以人为本、低碳节约、格局优化、新技术引领这四点是其内涵的重中之重。③

与传统城镇化不同，新型城镇化的各项举措主要就是围绕着"协调"展开。一方面，这种协调的态度首先体现新型城镇化要求经济与人口、资源与环境之间的协调发展。新型城镇化按照"资源节约"与"环境友好"的要求，在发展低碳经济和循环经济的同时，保障了我国生态城市的要求，保障城镇化进程的可持续发展。另一方面，新型城镇化是农业与工业现代化的协调发展。工业现代化引领了城镇化进程，农业现代化又为城镇化发展提供了重要保障。因此新型城镇化就是要从中国的城乡"二元结构"出发，发挥城市的示范作用与辐射作用，推动工业化、农业现代化与城乡一体化的协调发展。

三、城镇化的基本特征

与城镇化的内涵一样，对于城镇化特征的界定目前也存在着许多不同的观点。目前来看，有关城镇化特征的研究主要体现在三个方面：一是我国农村劳动力的空间分布与迁移；二是非农产业向城镇聚集；三是第一产业劳动力向第二、三产业转移的问题。

首先，在农村劳动力的空间分布与迁移上，我国城镇化主要体现出农村人口和劳动力向城镇转移的现象。目前我国农村劳动力数量约为 5 亿人，但根据相关测算，在现有的生产水平下，约 1.5 亿人劳动力就能基本满足生产发展的需要。也就是说现有农村劳动人口中约有 3.5 亿人剩余劳动力。我国人口数量大、密集高，数量巨大的农村劳动力与有限的耕地资源之间的矛盾尤为突出。伴随着我国农业现代化水平的不断提高，农业劳动生产力得到极大的提升，因此农村的富余劳动力数量势必会呈现出上升的趋势，进一步激

---

① 新华社.2012 年中央经济工作会议公报［EB/OL］. http：//news. xinhuanet. com/fortune/2012 - 12/16/c_ 1140444452. htm，2012 - 12 - 16.

② 单卓然，黄亚平."新型城镇化"概念内涵、目标内容、规划策略及认知误区解析［J］. 城市规划学刊，2013（02）：16 - 22.

③ 李小建. 全面理解新型城镇化内涵［N］. 人民日报，2014 年 12 月 18 日.

化了劳动力数量与耕地数量之间的矛盾。与农村依靠第一产业发展的经济模式不同，城镇的发展中心是第二、三产业，因此，城镇对劳动力数量的需求也远远高于农村。农村人口在空间上的转移既为城镇的发展带来劳动力的流入，也减轻了农村人多地少的矛盾。农村地区的劳动力流入城镇，在城镇建设过程中落户，随着户籍的改变，农村人口变成城镇人口。城镇人口增加，城镇用地面积扩大，这也是城镇化的重要特征。

其次，非农产业向城镇聚集体现了产业聚集效益对城镇化发展的推动作用。工业化的发展推动了城镇化进程的加快，第三产业的发展又为城镇化提供基础动力。随着我国大、中城市劳动力成本上升，农村剩余劳动力开始向城镇大规模转移。与此同时，越来越多的非农产业也开始向城镇聚集，一方面是为了寻求更廉价的劳动力，降低生产成本；另一方面也是为了顺应国家相关政策，可以获得政策优惠以提升自己产品价格竞争力。同时通过产业聚集效应带动了城镇基础设施的发展和城镇产业结构的优化，客观地带动了城镇的发展，促进了城镇化的进程。实践证明，在城镇化快速发展阶段，必须正确认识和把握产业发展与城镇化良性互动的内在客观规律，处理好城镇化与工业化的关系，才能形成产业发展与城镇化良性互动局面。以非农产业的聚集带动城镇化进程，实现城镇化和经济发展良性互动的局面。

最后，第一产业劳动力向第二、三产业转移的问题贯穿农村劳动力在空间上的变换和非农产业向城镇聚集的始终。农村剩余劳动力越来越多以及人地矛盾越来越突出的情况，使富余的农业劳动力或有先见或极具奋斗精神的农业劳动力去寻找新的就业岗位。劳动力需求量很大的非农产业在城镇的聚集提供了大量的就业机会，促使农村富余劳动力从农业劳动力转变为非农业劳动力。在城镇化过程中，劳动力转移出现了就地转移和异地转移两种形态。其中，就地转移就是我国城镇化过程中提倡的“离土不离乡”，即发展以乡镇企业为主体、以小城镇为依托的农村商品经济，推动农民进厂进镇，最终实现县域范围内的非农产业就业。通过实现在县域范围内的非农产业就业，推进城镇化进程的加快。

整体来看，传统的城镇化过程，更多的是由政府通过宏观调控实现的。虽然城镇化的初衷是好的，但在具体落实时难免会变成一定的指标要求。因此，传统城镇化在发展过程中忽视了人的主观能动性，而建设新型城镇化是我国城镇化发展的巨大进步。

新型城镇化的特征区别于传统的城镇化。这种区别表现在价值取向上的转变。具体来看，我国的新型城镇化有如下特征：

以人为本的理念是新型城镇化的重要特征之一。传统城镇化一味地追求土地的城镇化，却忽视了农村经济的发展和农民利益的维护（王守智，2013）①。在一心追求经济发展的同时，忽略了“人”的全面发展，进而引发了城乡二元结构加深、生态环境恶化、城市交通拥堵和社会稳定一系列问题。20 世纪 80 年代到 21 世纪初期，我国农民工群体数量急剧增加，而在新型城镇化理念提出之前，农民工在城市受到相当严峻的歧视。新型城镇化以人为本的理念有效保障了农民工的社会保障、医疗、就业落户等权利。因此，新型城镇化就是“以人为本”的城镇化。

另一方面，生态文明建设也是新型城镇化发展的特征之一。由于历史发展问题，中国环境问题的解决已经到了重要关头。为了进一步保护我国的青山绿水，在我国新型城镇化建设的过程中，生态文明建设必不可少。当前阶段，快速的工业化导致我国生态环境持续恶化，其中最为严重的就是乡镇地区的工业污染、城市大气污染和水污染。因此，中国的新型城镇化突破传统追求结果的方式方法，重点强调城镇化的过程，坚持循环发展、低碳发展走中国特色的绿色城镇化道路。

四、城镇化进程阶段划分

城镇化是工业经济发展的必然产物，同时也是衡量一个国家经济发展水平的重要标准之一。由于受资源禀赋、区位条件以及国家政策等方面的约束，所以不同国家和地区之间的城镇化发展速度和发展水平存在着较大的差异。因此，对于政策制定者而言，明确国家城镇化发展的所属阶段，才能有效制定与当前城镇化发展水平相适应的政策。经济基础与上层建筑的相匹配，能够进一步加快城镇化发展步伐，协调城乡经济发展，推动城镇化发展形成良性循环，最终实现经济的可持续发展。所以，明确城镇化的发展阶段，对于经济发展也具有重要意义。

五、城镇化水平的评价指标

近些年，随着我国城镇用地规模增大，空间扩张，城市人口增加。城镇化发展的重点也由注重规模和数量转向注重质量和内涵。但城镇化的发展并不是单一的人口聚集问题，城镇化过程包含着一系列复杂的社会现象。如何客观评价地区城镇化的发展水平，已然成为一个热点话题。众多学者给出了不同的评价方法，但哪种方法更能够客观反映地区城镇化发展的实际情况，学术界尚未达成一致。在现有研究中，有关评价城镇化发展水平的指标体系主要有两种方法：

① 王守智．国内外城镇化发展路径及启示［J］．城市观察，2013（06）：153.

1. 单一指标法

单一指标法主要是指选择一个或几个代表指标来衡量地区城镇化的发展情况。主要选择的指标有城镇人口比重（谢文蕙，1996）[①] 和非农业人口比重（李文博，2002）。单一指标法的统计过程较为简单，操作也更为简便，由于发展初期受到数据可得性的影响，因此该方法更适用于地区城镇化发展的初期阶段。但是，伴随着一国城镇化进程的加快，这种单一指标法所能够反映的科学含义变得十分有限。同时，这种单一指标片面强调土地的城镇化，而忽视了人的城镇化。因此在发展过程中面临着越来越多的问题。

2. 复合指标法

复合指标法主要是指使用不同类型的多个指标来评估地区城镇化的发展进程。其优点在于能够全方面、多维度地考察城镇化的结果，同时也使地区的城镇化进程能够在国际上与其他国家进行比对。

陈雪莲（2002）将城镇化指标分为五大类，从五大方面对我国城镇化进程进行测量[②]，见表1－3。

表1－3　衡量城镇化发展程度的指标

方面	具体指标
人地指标	非农业人口比重、人口集中化程度、流动人口密度、人均居住面积、土地非农化程度等
经济指标	资本非农化程度、企业分布强度、产业结构状况、就业分布情况等
社会指标	电话普及率、社会治安状况、失业率等
文化指标	文化观念的变化、图书馆、展览馆、体育馆数量等
生态指标	人均绿地面积、环境污染治理投资等

资料来源：整理自陈雪莲．当前中国城镇化发展的阶段特征与对策［D］．安徽大学硕士论文，2002.

陈鸿彬（2003）认为衡量城镇化水平的指标体系应该体现可比性原则、整体性原则、以人为本原则、动态性原则以及可操作性原则的特点。在指标构成方面，他从经济发展、设施环境、人民生活和社会进步四个方面选取具有代表性的指标，通过对各指标赋权计算结果来确定地区城镇化发展水

① 谢文蕙．城市经济学［M］．北京：清华大学出版社，1996.

② 陈雪莲．当前中国城镇化发展的阶段特征与对策［D］．安徽大学硕士论文，2002.

平①。肖万春（2006）采用类似方法，将各类指标分为基础水平指标、社会发展水平指标和潜在动力指标三类，通过对各项指标赋权，得到城镇化发展水平的综合指数②。王博宇等（2013）则具体以江西省为例，构建了衡量新型城镇化的指标体系，其中包含经济动力、人口转移、基础设施和人居环境四大类一级指标，十五个二级指标③。

总体来看，现有的城镇化指标体系研究中，主要集中于复合指标法，即选取多层次的指标来衡量地区城镇化的发展水平。但构建多层次的指标体系都绕不开一个重要问题——赋权问题。大体上的赋权手段可以归结为主观赋权与客观赋权。其中，主观赋权又包括直接赋权、层次分析以及德尔菲法；客观赋权包括因子分析、主成分分析等。两种方式各有优劣，虽个别指标选取不同，但整体上的选取基本类似。

六、城镇化阶段的划分

关于城镇化进程阶段的划分，最先由美国城市地理学家诺瑟曼（Ray M. Northan 1979）提出。1979 年，诺瑟曼在《城市地理学》一书中提出了著名的“城镇化三阶段理论”。该理论将城镇化的发展进程总结为一条近似“S”型的曲线，曲线的不同部分对应了城镇化发展的三个不同阶段。其中，城镇化水平在 30% 以下时，城镇化进程处于初级阶段，该阶段对应于工业化初期，主要特点是城镇化速度缓慢；当城镇化水平处于 30% ~70% 时，该国的城镇化进程被认为处于加速发展阶段，该时期对应于工业化的中期；当城镇化发展水平超过 70% 时，该国的城镇化处于稳定发展阶段，对应于工业化的后期阶段。该书中还分别总结了各阶段的人口结构和职业分布情况，它们目前是引用极为普遍的经典规律。(见图 1 -1)

在城镇化发展的初期阶段，在一国的产业结构中，农业占据主导地位。具体体现在农民数量巨大，农业产值占比较高。与数量巨大的农业从业人口相比，该阶段的农产品产量并不高，而生产出的农产品也主要用于自给自足。农业产业效率低下是其重要特点之一。在人口方面，高出生率，高死亡率导致城镇化初期阶段人口增长相对缓慢。经济方面，由于工业发展尚处于起步阶段，规模较小，因此工业产业吸收劳动力数量有限。总体来看，在这一时期农业人口向城市转移缺乏必要的动力，城市发展缺乏足够的吸引力，

① 陈鸿彬．农村城镇化质量评价指标体系的构建［J］．经济经纬，2003（5）：90 -92.

② 肖万春．论中国城镇化水平度量标准的合理化［J］．社会科学辑刊，2016（1）：112 -117.

③ 王博宇，谢奉军，黄新建．新型城镇化评价指标体系构建——以江西为例［J］．江西社会学，2013（8）：72 -76.

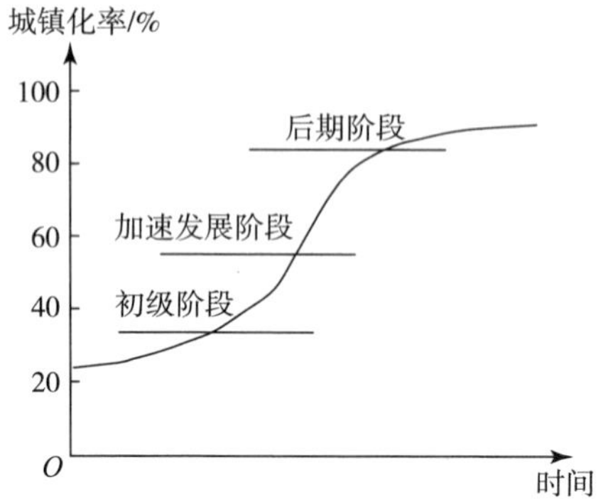

图 1－1　世界城镇化进程的 S 型曲线

城镇化发展速度较为缓慢。

在城镇化发展的中期阶段，随着国家工业化进程的加快，城市的经济发展逐渐呈现出规模效应。企业聚集在城市之中，创造更多的就业岗位，特别是在服务经济出现以后，充足的就业岗位和较高的收入水平，使城市对农村劳动力产生了很大的吸引力。另外，工业化进程的加快推动了农业现代化的发展，农业产业中机械的运用极大地提高了农业生产的效率，充分地把农村劳动力从土地中解放出来。土地资源的稀缺性又对农村的剩余劳动力进城产生了推动作用。因此，在这一时期国家的城镇化进程开始逐渐加快。

到了城镇化发展的后期阶段，一国的城镇化水平基本能够达到 70% 以上，此时的城镇化发展速度开始减缓，甚至出现逆城镇化现象。在这一阶段，服务业经济占总产值比重的份额达到 70% ~80%，城市就业岗位 70% ~80% 集中于服务行业，整体的城镇就业岗位趋于饱和①。由于经济发展水平总体上升到较高的水平，加上信息技术的发展，所以此时城乡间的差距正在缩小，城市对于劳动力的吸引力逐渐减小。另外，农村人口经过较长时间的转移，人口压力和就业压力逐渐减轻，农村的生活条件逐渐改善，农村人口缺乏向城市转移的动力，因此在城镇化发展的后期阶段，城镇化速度必将减缓，此时的城镇化将不再是农村人口向城市转移，而是第二产业劳动力向第三产业转移。总体来看，这一理论在美国等西方发达国家得到了较好的验证。

一般情况下，一国的城镇化水平遵循城镇化三阶段理论的规律，但国内也有部分学者认为该理论过于粗略。方创琳（2008）认为，三阶段理论无

① 韩本毅．中国城镇化发展进程及展望［J］．西安交通大学学报，2011（3）：18 －22.

法与经济发展的四阶段论和经济增长的四阶段论一一对应，而且三阶段理论主要是基于20世纪末期美国的经济发展阶段和城镇化发展阶段提出的，不能反映世界各国总体的变化趋势①。为此，作者将三阶段理论进一步细化，提出了四阶段理论，即城镇化初期阶段（城镇化水平在1%～30%，起步阶段）、城镇化中期阶段（30%～60%，发展阶段）、城镇化后期阶段（60%～80%，成熟阶段）和城镇化终期阶段（80%～100%，顶级阶段）（表1－4）。

表1－4 城镇化阶段特征对比

名称	城镇化水平/%	对应阶段	特点
起步阶段（初期阶段）	1～30	工业化初期	城镇化发展缓慢，农业占主导地位，城市空间呈“点”状分布
发展阶段（中期阶段）	30～60	工业化中期	城镇化发展加快，工业经济逐步发展，城市空间结构呈“带”状分布
成熟阶段（后期阶段）	60～80	工业化后期	城镇化增长速度减慢，第三产业占主导地位，城市呈“网”状结构
顶级阶段（终期阶段）	80～100	后工业化时期	城镇化增长极慢甚至负增长，第三产业发展占绝对主导，城市呈均衡网络结构

资料来源：方创琳，刘晓丽，蔺雪芹．中国城镇化发展阶段的修正规律［J］．干旱区地理，2008（04）：512－523.

在我国关于城镇化进程划分的研究中，部分学者认为在诺瑟曼提出的城镇化“S”型发展理论中，各阶段分界点的确定缺乏严格的数学定义。因此焦秀琦（1987）利用数学模型推导出城镇化水平上限为100%的Logistic方程表达式，即：

$$Y = \frac{1}{1 + C_e^{-Kt}}$$

其中，Y代表城镇化发展水平；t为时间；C为积分常数，反映城镇化的起步时间，C值越小说明城镇化起步的时间越早；K为常数，用来反映城镇化发展速度，其中K值越大，代表城镇化进程越快。随着K值和C值的变换，上式可以反映各种发展起点和速度的S型曲线，诺瑟曼建议将城镇化阶段的

① 方创琳，刘晓丽，蔺雪芹．中国城镇化发展阶段的修正规律［J］．干旱区地理，2008（04）：512－523.

划分点定为30%和70%①。这是国内较早运用数学知识确定城镇化不同阶段的划分点，且该划分点与诺瑟曼提出的划分点相一致。

但是，由于农业是国家经济发展的根基，所以一国无法实现100%的城镇化。为了保证社会经济发展所必要的农业，在城镇化稳定发展阶段，农村人口将会稳定在总人口的10%左右。对此，王建军、吴志强（2009）在焦秀琦研究的基础上，通过高等数学的方法，推演出在饱和值不为1的状态下（城镇化上限不为100%），S型曲线的Logistic模型关于时间t的表达式，并通过定性与定量分析提出曲线两个曲率最大点为三个阶段的分界点②。申兵（2012）对诺瑟曼曲线进行了更深层次的解读，他认为S型曲线反映了城镇化的“量”，但无法全面反映城镇化的“质”，为此，他将城市中的农村迁移人口在城市中的生活水平和社会地位情况概括为城镇化的质量高低，并进一步将城镇化质量高低分为三个阶段③。

综上，我国现阶段城镇化发展阶段划分的研究情况基本上是以诺瑟曼的城镇化三阶段理论为基础进行调整或数学分析的。

第三节　城镇化的相关理论

一、国外相关理论研究

1. 聚集—扩散理论

该理论是对城乡动态关系的描述，主要包括聚集效应和扩散效应两部分。

（1）聚集效应：聚集是因为在工业布局的技术因素影响下，最高的经济效益是通过最大限度的空间集中而获得的，其结果是工业由农村疏散布局方式集中到农村中心，随后，人口、建筑等要素在农村快速发展。聚集效益有两个子概念，聚集经济和聚集不经济。聚集经济又称聚集经济效益，是指由于一批厂商的相对聚集而带来的经济效益的增加或费用的减少。例如工业的聚集，可以共享电力、水源和交通运输等各种基础设施，避免污染的扩散。聚集不经济是指社会经济活动及相关要素空间集中所引起的费用增加或收入、效用的减少。

聚集效应是由社会经济活动的空间集中所形成的聚集经济和聚集不经济综合作用的结果。聚集经济为社会经济活动的空间聚集提供了吸引力和推动

① 焦秀琦．世界城镇化发展的S型曲线［J］．城市规划，1987（2）：34－38.
② 王建军，吴志强．城镇化发展阶段划分［J］．地理学报，2009（02）：177－188.
③ 申兵．对我国城镇化阶段特征的重新认识［J］．宏观经济管理，2012（6）：25－26.

力，聚集不经济则构成空间聚集的排斥力和约束力。一座城市的兴衰，实际上由聚集效应的聚集经济和聚集不经济的综合作用所决定。自觉运用聚集效应的原理指导小城镇建设有着非常重要的意义。

（2）扩散效应：扩散效应是指当经济发展到一定程度以后发展速度将放慢，原来已经积聚的资金和技术力量开始寻求更高的发展机会，于是出现由增长点向周边地区的扩散，带动周边经济的发展。在这个过程中，劳动力、市场、自然资源等可能会使新的增长点得以形成。

由聚集—扩散产生的地域结构变化推进了农村城市化进程。该过程中城乡支撑体系的完善是关键一步。没有畅通的流通渠道，资金、技术、信息无法从城市输入，而人口、产业等也无法在农村地域上聚集，城市化进程必然严重受阻。

2. 人口迁移的推拉理论

人口学上最重要的宏观理论就是“推拉理论”。这一理论可以说是“移民法则”的进一步演化。首先提出这一理论的是巴格内（D. J. Bagne），他认为，人口流动的目的是改善生活条件，流入地的那些有利于改善生活条件的因素就成了拉力，而流出地的不利的生活条件的因素就成了推力。两股力量发生作用，就出现了人口流动。E・S・李（E. S. Lee）在《移民人口学之理论》一文中，对巴格内的理论进行了演进并指出，流出地和流入地实际上都具有拉力和推力，同时还补充了两个促使人口迁移的因素：第三因素，中间障碍因素；第四因素，个人因素。中间障碍因素主要包括距离远近、物质障碍、语言文化差异；个人因素是移民者本身对以上因素的价值判断。

根据人口迁移的推拉理论，城市和乡村同时存在促使人口流动的推力和拉力，城市化的过程就是在四种因素同时作用下，驱动人口由农村流向城市的正向流动过程。

3. 二元经济模型理论

美国著名经济学家阿瑟・刘易斯（W. A. Lewis）在 1954 年发表的《劳动无限供给条件下的经济发展》首次系统地阐述了二元经济模型，这一理论从发展经济学的角度深刻阐释了城市化过程中人口流动的原因和机制，将人口的流动变化和产业发展紧密联系起来。

刘易斯通过描述二元经济结构困境，把发展中国家经济的“二元性”明确地刻画出来，认为发展中国家的经济结构可以概括为落后的农业部门与现代化的工业部门同时并存。农村富余劳动力的出现使得农业部门的边际生产率低下。与之相反，工业化和现代技术的进步大大提升了工业部门的劳动生产率。两者之间的劳动生产率边际差异吸引着农业劳动力向城市流动，其结果就是农业劳动生产率提升，工业劳动生产率下降，两者逐渐持平。最终的结果就是城乡差距缩小，二元经济结构变为一元经济结构，低水平的农业化朝着高水平的工业化和城市化迈进。这个过程也就是城市化的过程。

二、国内相关理论研究

城镇化是中国现代化进程中必不可少的环节，由于中国工业化起步较晚，因此国内有关城镇化理论的研究也与国外存在一定差距。目前，国内对于城镇化理论的研究主要有以下三种。

1. 城镇化的消费理论

雷潇雨、龚六堂（2014）通过建立包含城市市民、城市中非市民以及农民多种类型的消费者和地方政府的理论框架，分析了我国城镇化建设对居民消费情况的影响。其结论认为城镇化发展能够推动消费水平上升，但过度的城镇化则会对消费增加产生阻碍①。廖执东、宗振利（2014）认为城市中的农村劳动力所面临的不确定性，是影响人口城镇化消费效应的重要因素，因此政府应该更加注重改善进城务工人员的就业环境，稳定收入预期，充分发挥人口城镇化的消费效应②。蔡昉等人认为，促进消费机构转变能够有效提升农村居民的消费水平，通过降低市场的门槛增加农民收入并稳定收入来源，使城镇化对农村居民的消费产生示范效应。而这种市民化的转变，能够从根本上转变农民群体传统的消费观念，进而推动消费的增长。

2. 城镇化的结构转型理论

辜胜阻、刘传江（2000）认为，农业现代化是城镇化的前提和基础，工业化则是推动城镇化发展的动力源泉，城镇化的发展与经济增长和结构变迁有着密切的联系③。魏琴、岳公正（2014）以收入结构为对象，分析我国城镇化发展过程中收入结构变化产生的影响，认为城镇化水平与收入结构转型存在非耦合效应，即城镇化水平与收入结构的非同步、非同构和非同质④。

---

① 雷潇雨，龚六堂．城镇化对于居民消费理念的影响：理论模型与实证分析［J］．经济研究，2014（6）：44－57.

② 廖执东，宗振利．收入不确定性、城乡移民消费行为与城镇化消费效应——基于微观数据的审视［J］．现代财经，2014（04）：27－36.

③ 辜胜阻，刘传江．人口流动与农村城镇化战略管理［M］．武汉：华中理工大学出版社，2000.

④ 魏琴，岳公正．欠发达地区城镇化与收入结构转型分析——基于区域差异和消费结构互动理论的视域［J］．社会科学家，2014（08）：51－54.

中国社会科学院“工业化与城镇化协调发展研究”课题组通过对不同国家工业化发展进程中的城镇化发展速度进行分析，认为生产结构对就业结构产生影响，而就业结构又反作用于城镇化发展水平，因此产业结构的变动趋势直接影响城镇化的发展速度。

3. 城镇化的农村劳动力转移理论

曾湘泉等（2013）使用数据包络法，在各省不同城镇化发展情况的条件下，对城镇吸收农村劳动力的效率进行研究，发现我国城镇在吸收劳动力效率上存在着“东南高，西北低”的特点①。刘雪梅（2014）认为，推动农村劳动力就业是建设中国新型城镇化的关键，目前阶段，由于制度性分割、户籍制度和社会保障等方面存在着制度缺陷，所以农村劳动力不得不选择非正规就业②。针对农村劳动力转移过程中的户籍制度限制、社会保障差异等问题，吕文静（2014）认为，政府必须消除户籍制度带来的不平等问题，提高社会保障的覆盖面积和保障水平，提高剩余劳动力的技术水平③。

“城镇化进程中农村劳动力转移问题研究”课题组通过分析农村劳动力转移数据及其对城镇化的影响认为，当前中国的城镇化与劳动力转移是不同质的，未来需要积极推进城镇化以保持经济的持续发展④。

---

① 曾湘泉，陈力闻，杨玉梅. 城镇化、产业结构与农村劳动力转移吸纳效率［J］. 中国人民大学学报，2013（4）：36 –46.

② 刘雪梅. 新型城镇化进程中农村劳动力转移就业政策研究［J］. 宏观经济研究，2014（2）：81 –86.

③ 吕文静. 论我国新型城镇化下农村劳动力转移与农民工市民化的困境与政策保障［J］. 农业现代化研究，2014（1）：57 –61.

④ 城镇化进程中农村劳动力转移问题研究课题组. 城镇化进程中农村劳动力转移：战略抉择和政策思路［J］. 中国农村经济，2011（6）：4 –14.

第二章　国外城市化的实践进程

第一节　古典时期的城市化

一、古希腊时期的城市化

历史学家和考古学家们普遍认为，世界上最早的城市出现于公元前 3 500 年的美索不达米亚平原。在此之后，北非的埃及、南亚的印度河峡谷、东亚的黄河流域以及中美洲的墨西哥湾地区相继成为城市和文明的发源地，也成为世界上城市化最早开始的地方。至 8—9 世纪，城市开始在世界上多个地区出现。这一时期，城市化大战最为突出的地方是希腊。早在公元前 800 年，古希腊人受美索不达米亚的影响，建造了雅典、斯巴达和科林斯等城市。随着古希腊人的南向远征，城市沿着伊奥尼亚海、西西里岛、意大利南部一直到黑海扩张，形成了相对完整的城市体系。早期的希腊城邦的建设以“卫城”的形式为主，但到了公元前 5 世纪，以集市、庙宇、法庭和其他公共建筑和空间为特征的“城市广场”变得重要起来。

公元前 1 世纪后，古希腊为罗马帝国统治，但城市建设的传统却保留了下来。罗马人不仅通过城市建设不断扩展疆土，也将城市作为广阔帝国管理的机制。与古希腊独立城邦不同的是，古罗马城市以罗马为中心，根据等级进行设计，反应了古罗马严格的阶级制度。7 世纪，罗马帝国的灭亡标志着城市化的古典时期的结束①。

二、古希腊时期的城市化发展的影响因素

回顾城市的出现和城市化的发展，可以看出，有很多影响因素在推动城市出现，影响城市化发展的进程。接下来主要介绍四点：

（1）剩余产品的出现。蔡尔德和伍利（Child，1950；Woolley，1963）认为，对于农业剩余产品的管理和贸易需求会导致新的社会分工和社会组织的出现；而这些非农生产活动正是在城市中进行的②。产品剩余会激发城市之间的贸易以及相关社会分工的出现。古罗马时期在建设城市的同时也注重完善城市之间的道路设施，这一措施大大促进了城市之间的贸易交流，同时也会促进城市的发展壮大以推进城市化进程。

（2）人口增长的压力。安定生活带来的人口增长打破了地区内人口和耕地等资源之间的平衡，从而促进了相关技术的革新和手工业、商品贸易等非农产业的兴起。非农产业的兴起吸引着乡村人口的迁入和定居，城镇也在这种大环境的推动下得到发展。

（3）防卫的需求。在城市起源的研究中，发现古时候很多城市的起源与人们的防卫需求有很大的关系。用防卫城墙来保障城市中人们的宗教、商业、生活、生产的活动得以顺利进行，防卫城墙的建立就意味着土地的有限性，这也使农业生产活动被排除出去，给非农业生产活动的发展提供了条件。

（4）宗教因素。有不少学者认为，宗教是城市出现的社会制度架构。宗教不仅是人们精神上的信仰，还可以作为一种传达工具，将权力通过宗教进行传播，以促进城市发展和社会变化的发生。如宗教圣地对虔诚教徒们的吸引，教徒聚集形成城市，还有教徒不远万里的朝拜带来了人口流动和贸易活动的兴起。因此，在早期，宗教建筑以及宗教在城市居民生活中占有很重要的地位。

第二节　现代世界国外城市化实践历程

现代世界，城市化大规模地兴起开始于工业革命时期，工业革命彻底改变了人类社会的生产生活方式。由于工业产品的生产和农业与手工业自给自足的模式不同，工人们必须集中在有机器的厂房里协作完成生产。有着大量

---

① 田莉，李永浮，沈洁等．城镇化与城乡发展［M］．北京：中国建筑工业出版社，2016：57－58.

② Childe，V. G. The Urban Revolution［J］. Town Planning Review，1950（21）：3－17.

自由劳动力的城市便成了工业生产的集聚地，同时城市通过为工业生产提供工厂、仓库、管理办公室等基础设施以及提供工人们的基本生活设施，吸引着农村的剩余劳动力的迁入。

发达国家是现代城市化的发源地。如，英国是世界上首个启动城市化的国家，其城市化伴随着工业革命的兴起而发生，且在1850年就成了世界上第一个占国家总人口一半以上的人口居住在城市的国家。作为超级大国的发达国家——美国，城市化发展至今已经有200多年的历史，到20世纪初期，美国的城市化达到高潮，1920年，美国城镇居住人口占比超过了总人口的50%。据统计，1950年以前，发达国家城市化进程迅速，到1950年，世界上60%的城市人口都集中在发达国家。但是，1950年后，这些国家的城市化的增长速度开始变缓。

发展中国家的城市人口则是在1950年开始增长的。到20世纪70年代，欠发达地区的城市人口数超过了发达国家。2014年，亚洲已经是城市人口数量最多的地区，其中城市人口占全球总人口数的53%。从城市化率来看，2014年，非洲和亚洲的城市化率分别是40%和48%，其城市化水平和北美、欧洲和澳洲等发达国家的70%～80%的城市化水平还有很大的差距。但是，根据联合国的预测，未来时间里，非洲和亚洲将进入城市化高速发展的时期。

一、美国城市化的发展

美国是世界上经济最发达的国家，同时也是高度城市化的国家。美国从18世纪就开始由农村社会向城市社会转变的进程。1790年美国的城市化率仅为5%。到20世纪20年代，城市化发展达到高潮，实现了超过一半的人口居住在城市的历史时刻。到2010年，城市人口已经占全国总人口的80.7%（表2－1）。

表2－1 美国城市化发展历程

年份	总人口/百万人	人口在5 000人以上的城市个数	城镇地区人口及所占比例		农村地区人口及所占比例	
			城镇人口/百万人	所占比例/%	农村人口/百万人	所占比例/%
1790	3.9	12	0.2	5.1	3.7	94.9
1800	5.3	21	0.3	6.1	5.0	93.9
1810	7.2	28	0.5	7.3	6.7	92.7

续表

年份	总人口/百万人	人口在5 000人以上的城市个数	城镇地区人口及所占比例		农村地区人口及所占比例	
			城镇人口/百万人	所占比例/%	农村人口/百万人	所占比例/%
1820	9.6	35	0.6	7.2	9.0	92.8
1830	12.9	56	1.1	8.8	11.8	91.2
1840	17.1	85	1.8	10.8	15.3	89.2
1850	23.2	147	3.6	15.4	19.6	84.6
1860	31.4	229	6.2	19.8	25.2	80.2
1870	38.6	354	9.9	25.7	28.7	74.3
1880	50.2	472	14.1	28.2	36.1	71.8
1890	63.0	694	22.1	35.1	40.9	64.9
1900	76.2	905	30.2	39.6	46.0	60.4
1910	92.2	1 202	42.1	45.6	50.1	54.4
1920	106.0	1 467	54.0.3	51.2	51.7	48.8
1930	123.2	1 803	69.2	56.1	54.0	43.9
1940	132.2	2 042	74.7	56.5	57.5	43.5
1950	151.3	2 449	96.8	64.0	54.5	36.0
1960	179.3	3 293	125.3	69.9	54.0	30.1
1970	203.3	4 140	149.6	73.6	53.7	26.4
1980	226.5	5 804	167.1	73.7	59.4	26.3
1990	248.7	5 831	187.1	75.2	61.6	24.8

数据来源：王海燕．美国城市化发展的特点和启示［J］．经济研究参考，2013（36）．

1．美国城市化发展阶段

从表2－1显示的美国城市人口以及所占比例的发展进程可以把美国的城市化发展分为以下三个阶段。

（1）萌芽阶段（1880年以前）。

美国最早的城市起源于17世纪初，来自欧洲的移民在美国东海岸建立了充当贸易中转职能的城市，如纽约、波士顿、费城、查尔斯顿。这些城市建设初期，规模很小，但是都拥有优良的港口和广博的腹地，成为美国农产品出口的重要枢纽城市。到1690年，这几座城市随着商业贸易的兴盛也发展起来，人口有所增加，其中，波士顿是当时最大的城市，拥有的人口高达7 000人。18世纪，美国在政治上获得独立，虽然农业依然是美国国民经济的重要组成部分，大量的农产品源源不断地送出国，但这个时期，在城市中从事商业、制造业和其他服务业的非农业产业的人口还在缓慢增加。所以，总体上来说，这一百多年的时间，美国城市化发展缓慢，城市化水平尚未达到30%。

（2）快速发展时期（1880—1960年）。

美国城市化水平在1880—1960年80年间迅速地从28.2%上升到69.9%。中间虽然经历了两次世界大战的冲击，但是城市化进程并没有受到太多的影响。第二次工业革命带来的新技术革新，电力的广泛应用，新交通工具、通信工具的发明使得工业得到了飞跃式的发展。另外，大规模的移民进入为工业的发展提供了大批的廉价劳动力，农奴制度的废除使美国南部大量的劳动力得到释放，南部城市的工业和城市都得到了很大的发展。这些有利条件大大提升了美国城市化的水平，使美国城市化步入快速发展时期，美国在这个时期完成了从乡村社会向城市社会的转型。

（3）缓慢发展阶段（1960年至今）。

1960年以后，美国城市化进入缓慢发展阶段。到2010年，美国的城市化水平为82.3%，几十年的时间里仅提高了13%左右。一方面，前些年城市化的快速发展吸引着人口在城市中心过度快速聚集，这给城市中心带来了巨大的压力。且住宅开发商在地价较便宜的近郊区投资，这一举动吸引了新兴的富裕阶层与中产阶级搬离市中心。另一方面，科学技术的创新促使美国居民汽车拥有量迅速提升，便捷的交通给居住在市中心的人往郊区搬迁创造了条件，这同样也降低了乡村人口往城市搬迁的意愿。美国城市化进程就此放慢速度，美国的城市发展也进入了稳定时期。

2. 美国城市化的发展特点

在200多年城市化进程中，美国城市化进程呈现出一些发展特点，值得我们探讨以学习和借鉴。

（1）美国城镇人口的区域分布比较均衡。

历史上美国人口从南部和东北部地区向中北部和西部的跨区域迁徙，实现了美国城市以及工业的分布从开始分散、不均衡走向聚集、均衡的过程。美国建国初期，人口主要集中在东北部和南部地区。随着美国领土的扩张，人口开始向中西部迁徙，1850年前后，中西部的人口已经达到总人口的23.3%，东北部和南部地区人口基本持平。接下来的时间里，西部人口快速增加，到2010年，美国西部人口达到总人口的23.3%。1960年前后，美国东部人口开始向南部迁徙，到2010年美国南部人口占总人口的比例达到37.1%。从2010年的统计数据来看，美国南部、东北部、中西部、西部人口分别占总人口的比例为37.1%、17.92%、21.68%和23.3%。除南部区域人口占比较高以外，其余三个地区的人口占比差别不大，相对均衡。

（2）美国城市化与产业协调发展。

美国在推进城市化发展的过程中，非常重视产业发展的聚集效应。通过一、二、三产业之间的聚集、关联、协调发展，推动城镇的建设。首先，美国的农业是城市化发展的基础。美国粮食长期富裕，多用于出口，特别是第一、二次世界大战期间，欧洲盟国的粮食净进口一半是来自美国。这就为城市建设积累了大量的资金。其次，工业是美国城市化发展的直接动力。工业的发展和聚集带动了美国城市的建立。美国早期，东北部是全国制造业中心，也是全国城镇聚集的区域。两次工业革命推动了美国工业的发展，钢铁、石油、机械制造业等工业部门得以建立和发展，促进了美国工业化往中西部的扩散。工业革命后新技术、新能源的利用促使美国南部新兴产业爆发式发展，新兴产业的快速发展吸引了大量的人口聚集，带动了美国南部城市的发展。

（3）美国城市化由市场和政府共同推进。

美国城市化的动力机制很大程度上是由市场机制主导的，市场化是城市化发展的前提。产业的聚集和扩散是城市化发展的动力，而生产要素自由流动才能形成产业的聚集和扩散。有了产业聚集才能形成聚集经济，产生城市；作为生产要素的人的自由流动才能实现城乡之间的融合，推动城市化的进程。这一过程的顺利实现得益于美国自由的市场制度。但与此同时，政府的宏观调控作用也不容忽视。美国政府在推进城市化的进程中积极采取措施完善基础设施，如建立四通八达的交通体系，美国很早就建设完成了全国范围内的高速公路网络。美国航空也很便捷，各大城市均拥有2~3个大型机场，航班很多，几乎每分钟都有飞机起飞降落。美国政府为了促进产业发展，提供优惠政策引导和刺激产业的快速发展。

二、英国的城市化发展实践

英国是世界上最早开始城市化同时又是最早实现从乡村型国家到城市型国家角色转变的国家。到2000年，英国的城市化规模已经达到约90%的超高水平。根据英国整个城市化的发展变化进度表可以把英国的城市化进程分为三个时期（表2-2）。

表 2－2　1750—2000 英国城市化率　%

年份	城市化率
1750	25
1801	33.8
1851	50.2
1891	72.05
1901	77.0
1951	80.75
2000	89.1

数据来源：英国城市化的特点与城市化加速的启示 . http：//blog. sina. com. cn/s/blog_ 56499e5a01014spk. html.

1. 英国城市化发展阶段

（1）城市化起步时期（1801 年以前）。

英国城市化的起步很早，可以追溯到古罗马时期，至今已经有 2 000 多年的历史。但是从古罗马帝国崩溃后到公元 1000 年左右，英国的城市化进程和欧洲其他一些国家一样，陷入停滞时期。封建主义是英国城市发展停滞最主要的原因。11 世纪之后，英国的城市化进程开始慢慢拉开帷幕，受文艺复兴思想的影响，城市的复兴和扩建被重视起来。16 世纪末，英国开始进行海外殖民掠夺，通过殖民扩张打开了国外市场。这刺激了手工业和城市化的发展，到工业革命前的 1750 年其城市化水平就已经达到 25% 左右。1765 年，瓦特发明了蒸汽机，这标志着工业革命的到来。英国作为工业革命的发起者和最大受益者，工业化速度加快，吸引了大量的工人，也形成了一批围绕工厂成长起来的新兴城市。到 1801 年，英国的城市化水平超过了百分之三十，进入了城市化的中期阶段。

（2）城市化加速时期（1801—1891 年）。

经过第一次工业革命的洗礼，英国成了世界工厂，城市化进程进入高速增长时期。标榜着“日不落”的英帝国，运用自身的技术、科技以及全球影响力等的优势，紧握世界经济大权，使工业化进程加速，城市化进程也进一步加速。1851 年，统计数据显示，英国的城市化水平已经达到 50.2%，基本实现了城市化。至此，英国成了世界上首个进入城市化国家行列的帝国。英国在经历二次工业革命之后，迅速调整一、二、三产业结构。非农产业从业人员数量增加迅速，城市化的脚步也一直未停歇。到 19 世纪末的 1891 年达到 72.05%，英国已经成为高度城市化的国家。

（3）高度城市化后的慢速时期（1891 年至今）。

1891 年后，英国城市化进程开始放缓，特别是 1891—1951 年，英国城市化水平增长速度明显放缓。1911 年，其城市化水平为 78.1%，1951 年，城市化水平为 80.75%。年平均增长率仅约 0.15%，与城市化高度增长阶段年增长率约 0.43% 的速度相比，慢了近 2 倍。这段时期英国城市化表现出缓慢增速，一方面是城市化进程进入后期，增速变缓是客观情况，城市已经进入饱和时期；另一方面是交通便利度的增加和交通工具的迅速发展、乡村公共设施和卫生条件的改善，进城工作和进城居住关联度变小。还有一个比较重要的原因就是，英国高速增长的城市化水平带来了一系列的问题，特别是 20 世纪以后，弊端日益显露。

2. 英国城市化的发展特点

英国城市化的序幕最早打开，一直引领世界城市化的进程。而英国城市化发展进程中，有着鲜明的特点。

（1）英国的城市化早期表现出盲目性和自发性。

英国的城市化主要是在工业革命的推动下迅速发展起来的，有着自发性和主动性的特点，英国政府几乎没有进行任何干预。早期的英国是近代城市化运动的先驱，几乎所有的发展形式都是首创，无先例可循。处于自由资本主义阶段的英国政府奉行自由放任的政策，对经济完全不干预，对城市也不做任何规划，任其自发形成和扩张。城市化的发生都是在工业化的过程中自然而然地进行着。所以早期英国城市发展相当混乱，没有合理的规划和发展方向，从而导致了严重的环境污染、住房紧张、交通拥堵等问题。

（2）英国城市化以发展城市群为主。

以伦敦为中心的英伦城市群是英国最大的城市群，也是世界六大城市群中发展最早、地域面积最小但城市密度最大的城市群。该城市群由伦敦—利物浦一线的城市构成，其中包括世界纺织工业之都——曼彻斯特、纺织机械重镇——利兹、伯明翰、谢菲尔德等大城市，以及众多小城镇。伦敦位于英格兰东南部，是全英国的政治、经济、文化中心；伦敦地理位置优越，交通运输便利；伦敦又是全国的司法中心。种种优势条件，使得伦敦自然人口流入和机械人口流入都很多，逐渐发展形成了大伦敦市，且随着伦敦在空间上的扩张，邻近城市如格林尼治、索斯沃克等都被并入伦敦的城市群中。由于英国地理因素的影响，整体城市分布都比较集中，城市群带动城市化进程特征明显。

（3）英国城市化过程出现了严重的环境问题。

18—19 世纪，英国凭借自身技术的领先地位和国内的丰富资源，成功成为世界最顶级的资本主义国家。但是，在英国经济和城市化水平快速提高的同时，英国的环境问题也日益凸显。首先是空气污染，统计显示，1869年英国煤炭消费量从1800年的1 000万吨飞速增加到16 700万吨。由于烟煤的污染以及化学气体的污染，英国城市空气质量骤降且危害到了人们的健康。著名的伦敦大雾就是空气污染最有力的证据。其次是水污染，随着英国工业革命的兴起及泰晤士河两岸人口的激增，每天排放的大量生产生活污水使泰晤士河迅速变得污浊不堪，水质严重恶化。1858年的时候，污染达到了顶峰，泰晤士河里难见鱼虾，到处都是恶臭的河水。在当时，这样的情况在很多工业城市都可以见到，污染的河流和沟渠放出的恶臭气体将本来被污染的空气变得更加危险。后来，英国政府痛定思痛，在三位杰出的改革家的指引下，对城市进行了一系列的治理，并颁布了各种法案，为以后各国的城市治理做好了榜样。

第三节　国内新型城市化实践研究

一、新型城镇化路径选择

中国应选择哪种城镇化道路？根据经济学家们的回答，大体分为四种模式：以大城市为主的发展模式，以小城市和小城镇为主的发展模式，以中等城市为主的发展模式（这两种模式又称分散型城镇化道路发展模式），“多元论”或“分阶段、多元化、综合发展”道路模式。

一部分学者认为，中国应当走集中型城镇化发展道路，即以大城市为主的发展模式。因为大城市拥有小城镇达不到的规模经济效益和聚集经济效应，经济、社会、文化等综合效益明显高于小城镇。其次，大城市的经济带动和经济辐射能力强，特别是对现代化的农村经济的发展有重要拉动作用。另外一个重要原因是，从别国发展经验特别是发达国家的城市化道路经验来看，大多数国家都是走集中型城市化道路并取得成功的，如英国、美国和日本等。王小鲁、夏小林（1999）认为，大城市具有明显的聚集效应和较高的规模收益以及更大的经济扩散效应，能提供更多的就业机会，因此大城市在经济、社会和环境方面具有绝对优势。其主张政策的重点是发展100万～200万人口的大城市[①]。周牧之（2005）等人对全球经济一体化、信息革命和新的制造业发展模式下的大城市群的发展作了探讨，他们提出观点，从地

① 王小鲁，夏小林．优化城市规模　推动经济增长［J］．经济研究，1999（9）．

理空间分布来看，长江三角洲、珠江三角洲、京津唐地区的大城市群将变成21世纪中国经济、社会健康发展的支撑力量。中国经济和人口的重心也会向三大城市群靠拢①。安虎森、陈明（2005）认为，为推进我国的城镇化进程，需要完全放弃小城镇优先发展的战略，重点推进我国的大都市区的发展建设，以推动区域城市间的分工与合作②。而于晓明（1999）在总结城市发展实践的基础上，通过使用实证分析论证的方法证明，城市越大，经济规模效益就越好③。也有部分学者主张以小城镇发展为主的城市发展路径，他们认为大力发展小城镇是实现农村现代化的一条捷径，确立小城镇发展战略，是社会主义市场经济条件下农村经济、社会健康、快速发展的客观要求，是中国城镇化有别于西方经典发展模式的“另一条道路”。还有部分学者提出了“中等城市论”，即主张以中等城市为主的发展模式。他们认为不论是大城市还是小城镇，在发展过程中都有难以克服的弊端，而中等城市能够扬长避短，综合平衡各种规模城市的利弊，顺利发展。因此，中等城市应当成为中国城市发展的重点方向。

在长时间的争论和探索后，越来越多的学者开始认同大、中、小城市与小城镇相结合的“多元论”的发展模式。如周一星（1995）认为不存在能被普遍接受的统一发展规模的最佳城市发展模式，城镇体系是由多个大、中、小不同等级的城镇组成的，各级城市的存在和发展都有其客观要求，同时，周一星通过研究城市发展的客观规律提出了“多元化”的城镇化方针④。简新华（1997）在论述中国城镇化道路选择时，提出大、中、小城镇并存的多元化结构应当是未来城市发展规模结构，即实现大、中、小城镇结构合理、搭配适当的发展⑤。

经过长期研究争论和实践，特别是改革开放以来，对我国城镇化的丰富实践及其历史经验和教训的总结，人们对城镇化道路的选择路径，基本上达成了共识。这在2000年10月中共中央关于“十五”计划的建议中得到集中表现，这一重要文件明确指出我国的城镇化要走大、中、小城市和小城镇协调发展的道路。随后，2002年党的十六大报告正式提出，“要逐步提高城镇化水平，坚持大、中、小城市和小城镇协调发展，走中国特色的城镇化道

① 周牧之．托起中国的大城市群［M］．北京：世界知识出版社，2005.

② 安虎森，陈明．工业化、城市化进程与我国城镇化推进的路径选择［J］．南开经济研究，2005（1）.

③ 于晓明．对中国城镇化道路几个问题的思索［J］．城市问题，1999（5）.

④ 周一星．城市地理学［M］北京：商务印书馆，1995.

⑤ 简新华．论农村工业化与城镇化的适度同步发展［J］．经济学动态，1997（7）.

路”。这一提法得到了社会各界人士的普遍认同和推崇。2005 年，中共十六届五中全会通过的“十一五”规划纲要提出，加快工业化、城镇化、市场化、国际化步伐，促进城镇化健康发展；各省的“十一五”规划中开始出现了关于新型城镇化的论述。2007 年 5 月，温家宝总理在长江三角洲地区经济社会发展座谈会上强调，“统筹城乡发展，努力发挥中心城市作用”。严书翰（2005）认为，中国特色的城镇化道路应以科学的发展观为指导，分类指导、因地制宜，实现城镇化发展模式多样化。按照城镇化发展的重点，可以划分为大城市和特大城市模式，中等城市模式，小城镇模式，大、中、小城市和小城镇协调发展模式，等等，政府在其中可以发挥主导作用，动员多方参与因素积极加入①。中国特色的城镇化道路提出之后，各界学者和政策制定者们对新型城镇化的内涵进行了探索，对其发展路径和未来进行了讨论。

二、新型城镇化的发展思想

所谓新型城镇化，就是指坚持以人为本，以新型工业化为动力，以统筹兼顾为原则，推动城市现代化、城市集群化、城市生态化、农村城镇化，全面提升城镇化质量和水平，走科学发展、集约高效、功能完善、环境友好、社会和谐、个性鲜明、城乡一体、大中小城市和小城镇协调发展、新型农村社区协调发展、互促互进的城镇化建设之路。新型城镇化中的“新”就是由过去片面注重追求城市规模扩大、空间扩张，改变为以提升城市的文化、公共服务等内涵为中心，真正使我们的城镇成为具有较高品质的适宜人居之所。

新型城镇化的本质是用科学发展观来统领城镇化建设。所以，新型城镇化的发展思想就是强调“以人为本”、“全面、协调、可持续”的科学发展观思想。

以人为本

人是构成社会的单元，生活在社会中的人，为社会发展提供动力。我国新型城镇化建设强调“以人为本”，目的就是实现个人和社会的协同发展，将发展的成果惠及全体人民，进而推动我国社会协调发展，完成实现中华民族伟大复兴中国梦。

在“以人为本”思想指导下的新型城镇化将建设人的城镇化为核心，

---

① 严书翰．走中国特色的城镇化道路——当前中国重大问题研究报告之三［J］．科学社会主义，2005（3）．

合理引导人口流动，设立合理的户籍管理制度，实现农村转移人口有序地完成身份的转变，稳步推进和完善城镇基本公共服务设施，促进社会公平正义，使全体居民共享现代化建设的成果。因此，目前城镇区域急需解决的就是城镇常住人口以及未来新增城镇人口的基本生活需求问题，其包括子女的教育问题、医疗卫生条件、社会保障、住房保障等公共服务。落实“以人为本”的新型城镇化建设有利于实现工业化、信息化、现代化和城镇化的协调互进；有利于实现社会的公平正义；有利于实现城乡居民共享均等的社会服务；有利于实现人的全面发展，新型城镇化通过保障居民平等的教育权、就业权、社会保障权等，尊重知识、人才和创造，促进人的全面发展。

全面

中国城市经历了几十年的发展，已经积累了大量物质基础。过去城镇化的发展主要是集中在城市规模的扩张和城市中心的建设，未来城镇化建设将从单一的经济、空间规模扩张转变为注重经济、社会、文化、空间，软硬件全面发展。

改革开放到21 世纪初，中国城镇化建设较偏重速度，追求 GDP 的增加，对环境、生态、社会、文化的关注度不够，甚至是忽略了这些方面的发展，以至于出现了一些地区拿环境换 GDP 的失败之举。新型城镇化高度重视城市的全面发展和全面建设，立志建成宜居、生态、绿色、幸福的新城镇。在新型城镇化建设过程中，加大对民生建设、社会管理、社会治理的关注度，全面提升城市综合竞争力与知名度。如建立城乡一体化的推进制度，统一城乡要素市场，实现城乡公共服务的均等化；全面提升交通、通信、供电、供热、供气、排水、垃圾处理等基础设施水平；关注适龄儿童的受教育权，促进地区教育机会的公平和教学资源的均等化；注重培养和保护城市的文化氛围，打造城市的文化名片，提升城市的文化底蕴，进而增强城市的综合实力和竞争力。

协调

新型城镇化的建设过程强调协调发展。中央政府在“十五”计划中正式提出“大、中、小城市和小城镇协调发展”，协调发展既不是同步发展，也不是同地位发展，是要找到最好的定位，相互促进，互补互助地发展。大、中、小城市的协调发展重点在于城市内部之间的分工协作和优势互补，大、中、小城市和小城镇协调发展重点在于统筹城乡，推进城乡一体化发展。

城市群以一个或几个有竞争力的大城市为中心，依托交通、通信等基础设施条件，形成经济社会联系紧密，且空间结构、职能结构和规模结构合理的城市“综合体”，在所属区域中极具有发展优势且具有引领和支撑作用。

通过机制体制的创新，打破要素流动的区域限制等障碍，使生产要素得到充分流动，促进城市群与中小城市的协调发展。新型城镇化中大力推进城乡一体化机制的建设，统一城乡要素市场，引导更多的人才、资金和技术往农村流动，促进城乡的统筹发展。

可持续

可持续的新型城镇是新型城镇化发展的最终目标。一个地区的发展达到可持续的要求是发展的最终奥义。过去几十年我国城镇化只重视速度的发展模式，缺乏整体性和前瞻性，是不可持续的。新型城镇化的发展以可持续为指导思想，在空间规划和城市规划时就注重未来的发展空间。

据调查统计显示，我国 2000—2011 年，全国道路面积、桥梁、排水管道长度、污水处理能力、城市照明设施等城市基础设施方面的建设力度弱，且在早期规划时并没有妥善考虑进去，导致城镇化发展过程中出现“空间城镇化”的速度快于“基础设施城镇化”的速度的现象。同时，出现了很多环境问题。新型城镇化的建设秉持“可持续”发展理念，注重环境保护和生态保护，注重区域资源的协调分配，注重人的全面教育，注重文化的传承，注重人才的培养以实现宜居幸福新型城镇建设。

三、新型城镇化的改革和深化

1. 传统城镇化存在的问题

新型城镇化是相对于传统城镇化而言的，传统城镇化存在很多弊端，如下：城镇化与工业化不匹配；土地城镇化超越人口城镇化；“不完全城市化”导致资源浪费、不利于农业规模经营、进城农民难以转变角色、非市民待遇等；“城市病”和“乡村病”，前者指城市经济系统的脆弱性，后者主要是指“留守问题”；城镇化过程中出现了严重的环境问题；城镇化过程中一些负面效应，如：农业相对弱化和城乡差别的扩大，城镇化导致农村中大量的生产要素流失以及城市扩张对农村耕地资源的侵占等问题[①]。

2. 新型城镇化的深化

新型城镇化在传统城镇化的基础上有了改革和深化，对于传统城镇化表现出的突出问题做出了相应的对策给予解决。从理论基础、关注重点、发展侧重、城乡关系等多个方面，沈清基（2013）总结了传统城镇化和新型城镇化在理论基础、关注重点、发展侧重等方面的诸多区别（表 2－3）。

---

① 田莉，李永浮，沈洁等．城镇化与城乡发展［M］．北京：中国建筑工业出版社，2016(27).

表 2-3 传统城镇化与新型城镇化的比较

比较方面	传统城镇化	新型城镇化
理论基础	经济聚集理论、比较成本理论、效率理论，工业主导理论和城市支配理论	科学发展观、城乡统筹、生态文明等
关注重点	以“业”为主，偏重经济发展，出发点、立足点和关注点都是城市	以人为本，追求城乡经济、社会、环境的协调发展
发展侧重	城市数量增加、规模增大、人口增加、城镇化率快速提升	以提升城市文化、公共服务等内涵为中心，追求城镇化的发展质量
产业发展	以满足传统工业化发展和需要为主，城镇化发展过分依赖工业化	以适应新型工业化发展和需要为主，同时结合农业现代化、现代服务业等的多力支撑体系
资源与环境	以主要消耗自然环境为代价，以资源与环境遭受过度破坏为代价	以生态环境为基础，以资源集约高效利用、开发新型资源为特色，创建经济循环、宜居宜业的人居环境
城乡关系	扩大了城乡二元结构，郊区农村和农民被置于次要的、依附的、服从的、被动的地位	以统筹城乡协调发展为方针，推进城市文明向农村辐射，农民与市民具有统一的公民待遇
推进主体	政府为主导	政府、企业、个人
人与自然	人支配自然	人与自然和谐

资料来源：沈清基. 论基于生态文明的新型城镇化［J］. 城市规划学刊，2013（1）：29-36.

3. 新型城镇化的未来发展路径

过去30年快速的传统城镇化进程，为我国经济长期高速增长提供了劳动力等方面的保障。在我国城镇化一直保持高速发展的情况下，我国城镇化水平飞速提升，到2011年，我国城镇化水平首次超过半数，占比为51.27%。我国进入城市型国家的行列。传统的城镇化道路与我国未来经济的健康发展已经不相适应。新型城镇化作为我国未来城镇化的发展道路，在发展路径选择上不同于传统的城镇化路径，相比传统城镇化，更注重与工业化的协同发展，更注重城镇化过程中的生态环境保护问题，更注重人的发展，推进人口城镇化和土地城镇化协调共进，同时发展路径也更具有自由性，各地区可根据自身情况自由选择适合自己的发展道路。

走与工业化协同发展的新型城镇化道路。从理论上看，工业化和城镇化是一体的，工业化是城镇化经济内容，城镇化是工业化的空间落实。工业化和城镇化应当相互依存、相互促进，但是传统城镇化过程中两者依存度不够，工业化并没有带动城镇化同步发展，城镇化明显落后于工业化①。所以，新型城镇化要从城乡二元分割的现实情况出发，实施工业反哺农业、城市支持农村的统筹措施。坚持以信息化带动工业化、以工业化促进信息化，以此促进城市产业结构升级。东部地区也可以通过产业转移以高质量的工业带动中西部地区的城镇化，充分发挥城镇化为工业化创造需求、工业化为城镇化提供供给的作用，以工业化引领中西部地区的城镇化水平②。

走生态保护、环境友好的新型城镇化道路。新型城镇化与城市生态化相结合，就是要走环境友好的城镇化道路。在城镇化过程中坚持环境、生态优先，将生态文明的理念贯穿于城市发展的全过程。尤其是城市规划时应把生态效益放在首位，考虑各种建设对生态环境的长期影响。同时也要积极转变发展方式，全面落实节能减排措施，并通过现代信息技术和智能化手段提高资源、能源利用效率，实现可持续发展。

走推进人口的新型城镇化道路。只实现劳动力的非农业化和劳动力的空间转移的城镇化，不能称之为真正意义上的城镇化。仅有人口的聚集和产业的优化而没有生活质量的提升、人居环境的优化也称不上高质量的城镇化。然而，这些又是传统城镇化所表现出来的弊端。所以未来新型城镇化的道路选择就是要走人口城镇化，一改中国“土地城镇化”快于“人口城镇化”的局面。推进人口城镇化，就要从改革城镇人口户籍管理制度开始，逐步建立城乡统一的居住地登记体制。健全和完善城镇基础设施、公共卫生服务设施、基本医疗保障设施等，让新入常住人口在医疗、教育、养老、失业救济等方面与原城市人口享受同等的权利，赋予外来落户人口以完全的“市民权”。

走因地制宜、路径多样的新型城镇化道路。中国地域辽阔，各省市、各地区的自然环境、文化氛围、社会现状、产业结构等都有很大的差异。因此，城镇化的发展方向和发展模式不能“一刀切”，应当因地制宜，根据各地经济社会发展水平、区位特点、资源禀赋和环境基础等选择不同的产业发展结构和城镇化发展模式，合理定位各地区城镇化的发展目标、规模和速度，实现宜城则城、宜乡则乡的多元化城镇布局。同时也要注重各城镇与大中城市以及城市群之间的协调合作，共同发展。促使城镇地理空间优化、中心城市与卫星城镇共同繁荣，造就城镇宜居宜业宜游的环境。

---

① 洪名勇．城镇化与工业化协调发展研究［J］．贵州大学学报，2011（06）．

② 王浪．近10年我国城镇化与工业化协调发展研究［J］．科学决策，2014（02）．

第三章　民族地区城镇化进程及其背景因素

第一节　民族地区城镇化发展的影响因素

我国是一个统一的多民族国家，根据第六次全国人口普查数据可知，少数民族人口占全国总人口的8.49%。而目前，我国55个少数民族，有155个民族自治地方，实行区域自治制度的少数民族人口占少数民族总人口的70%左右，民族自治地方的面积占全国国土面积的64%①。推进民族地区城镇化进程，可以促进各民族间的团结、稳定和繁荣，有利于我国构建社会主义和谐社会。但从目前民族地区城镇化建设进程来看，多方面的影响因素（主要包括自然条件、经济发展情况、社会基本情况以及政府相关制度等）在建设过程中不容忽视，且应深入研究探讨并加以解决。

一、影响民族地区城镇化的自然条件因素

1. 民族地区自然条件脆弱

我国民族地区幅员辽阔，地形不一，既有平原、高山、河谷、沙漠，也有高原、沿海和洼地等地形。气候也十分复杂，既有热带、亚热带气候区域，也有干旱半干旱和终年积雪的干旱气候区域。民族地区地形复杂但大多是高山峡谷地区，这导致民族地区水土流失严重，滑坡、泥石流等自然灾害频繁发生，自然环境极为恶劣，土地承载力与东中部平原地区相比较来说，

---

① 国务院关于印发“十三五”促进民族地区和人口较少民族发展规划的通知 . http：//www. gov. cn/zhengce/content/2017 －01/24/content_ 5162950. htm.

差距明显，人地矛盾突出。

民族地区又是我国生态环境脆弱区，我国有七大生态环境脆弱区，其中有5个分布在我国西部，即北方半干旱—半湿润区、西北干旱区、西南山地区、西南石灰岩山地区、青藏高原区，占生态环境脆弱区面积的82%。而这些地区大部分区域又恰恰是少数民族居住的地区。脆弱的自然环境，恶劣的自然条件制约着民族地区很多城市的进程和经济发展。而且，在新型城镇化生态保护理念的指引下，一些民族地区的开发又受到限制，虽然是保护生态的举动，符合时代要求，但无疑也增加了民族地区推进城镇化的困难。

2. 民族地区耕地资源短缺

从土地资源来看，民族地区虽土地面积大，但其中山地、丘陵就分别占47.7%和21.6%。这就造成虽然人均土地资源远远高于全国水平，但是障碍因素和难以利用的土地很多，实际可利用的土地资源少之又少。城镇化需要整片的相对平坦的土地，但是这样的土地一般来说是农民手里的耕地。推进城镇化就意味着农民可利用的耕地减少，可是耕地是现阶段大多数农民家庭的生活来源，这对矛盾一直制约着农村城镇化的进程，如一些地方农民的土地被征用后，农民拿到一次性的资金补偿，但是城市建造房屋的价格远远高于补偿费，且入城生活成本高，这就增加了农民对征地的抵触情绪，从而成为城镇化进程中的障碍因素。

而且城镇化在利用土地的过程中，土壤侵蚀会加剧。城镇化的道路和基础设施建设会使地面硬化面积增加，地面不透水会加强对土壤的侵蚀，且地表封闭也会引起土地的土壤功能下降。这就会使本就短缺的耕地资源面临更大的风险，最终演变为耕地资源越来越少、城镇化推进也越来越困难的两难境地。

二、影响民族地区城镇化的经济条件因素

1. 民族地区产业结构不合理

一般情况下，城镇化水平的不断提高是和产业结构的优化升级相辅相成、相互促进的。城镇化与第一产业的发展呈负向相关关系，与第二、三产业的发展呈正向相关关系。但是民族地区还是农业为主导的经济结构，少数民族人口有80%左右从事农业活动。民族地区现有城镇的聚集能力较低，对二、三产业的推动作用不太明显，不管是劳动力的吸引还是产业的引进，都处于低水平的状态。因此第二、三产业这些年虽然得到了发展，但从产业规模来看，尚未形成规模，聚集效应和规模效应都不明显，对城镇化进程的带动效应不尽如人意。所以，少数民族地区产业结构的不合理，制约了二、

三产业在城镇的聚集和对人口向城镇地区转移的吸引力，制约了产业的发展，也制约了城镇化的发展，两者没形成相互促进的良性循环体系。

2. 民族地区城镇建设资金不足

民族地区的财政收入一般较少，而且由于民族地区经济发展水平严重滞后于全国平均水平，城镇建设主要依靠政府投资。政府投资的资金相较于社会资金来说质量和数量上均不占优势。城镇化建设是社会各个方面的建设，包括农业现代化的投入、基础设施的投入等。融资渠道比较单一，就难以形成足够的资金用以投入到城镇化建设中去，这严重制约了民族地区城镇化建设的进程和速度。

3. 民族地区人才吸引力不够

民族地区的城市和东部沿海城市有很大的差距，除了道路交通等基础设施之外的差距以外，还有对人才吸引力上的差距。文化环境的不同、信息闭塞、交流不便都是造成人才紧缺的原因。最重要的一个影响因素就是人才与产业耦合性差。一方面是人才来到了民族地区没有相关产业和相关职位；另一方面是民族地区的产业基本属于产业链中的低端生产环节，人才来了也无用武之地。此外，鼓励创新的政策没有技术支持，落实不到位。

“双创”活动在东部沿海的大城市里很容易实现的原因就是东部沿海地区有技术和能力，能迅速地将一个好的想法变为现实，但是民族地区由于缺乏这方面的技术和经验，无法迅速地将好的想法变现。在当今这个快节奏的社会，好的想法和产品的生命周期很短，可能来不及实现就开始衰落了，经济效益无法实现，创新也就变得没有意义。所以由于种种原因，民族地区人才的吸引力严重不足，即使有政策上的人才引进制度，愿意在民族地区工作、奋斗的人才寥寥无几。人才是未来经济发展的重要作用力，没有“人才”这个助推力，经济发展增速变缓、城镇化建设的进程缓慢甚至出现滞后也都是很有可能的。

三、影响民族地区城镇化的社会情况因素

1. 交通等基础设施还不够健全

我国民族地区幅员辽阔且地形复杂。高山峡谷居多，交通通达度严重不足。但交通是城镇发展的关键因素，特别是对于民族地区，交通是一个城市发展起来的先决条件。早期，民族地区由于受自然因素的制约，交通条件特别差，相当多的城镇不在交通线上，许多村落也都在大山深处，出入基本靠步行，农产品等的销售也只能依靠村民的肩挑或者牛拉车。目前，在中国扶贫脱贫运动的推行下，很多村子通了公路，安装了网络，交通问题正在逐步

得到解决。但是对于商业等活动来说，交通条件还需进一步加强，需要高速公路、高铁等交通设施以及信息高速公路、智能化城镇管理设施等带动经济和城镇的快速发展，带动城镇间的经济、文化等交流活动。

除了交通之外，水电、医疗、卫生、社会保障等制度也亟须健全和完善。民族地区条件相对恶劣，有些地方甚至有恶性的疾病无法治愈且一直都还有受病痛折磨的人，其原因就是水的来源不安全。搬迁、移民有时候并不能解决问题，反而会产生一些矛盾。“就地城镇化”是解决很多矛盾的一条途径，但水电、医疗卫生等作为人类生产生活最基础的设施还没有做到民族地区的完全覆盖，这将严重影响民族地区城镇化的进程。

2. 教育边缘化，农村劳动力素质偏低

长期以来，民族地区的农村教育是一个薄弱环节，发展总体滞后，主要表现为：农村教育资源短缺，师生比例远远低于全国平均水平，教师资源远远不能满足民族教育发展的需要；农村孩子入学意愿淡薄，很多农村家庭的孩子到了适龄时期却不进入学校学习，有的是因为家庭经济原因，有的则是自身意识没有达到，认为上学不如放牛羊；农村的孩子很难成才，相对于中东部的孩子，民族地区的孩子进入高等学府的路更加艰难，所以高中升学率不高；还有一大部分孩子选择进入职业高中学习，所以进入大学的孩子就更寥寥无几。在这些因素的困扰下，民族地区的可用人才较少，整体劳动力素质也相应地比较低。劳动力素质低使劳动力无法与非农产业的职业要求相适应，既不能解决劳动力就业问题，又使当地产业进程缓慢，影响其发展而导致引进产业困难，最终影响民族地区城镇化进程。

3. 人文环境的制约

我国民族地区是多民族交融、多宗教交汇、多语言共存的特殊地区。比如新疆维吾尔自治区就有 47 个民族，信仰的宗教主要有伊斯兰教、佛教、基督教、道教等，社会情况复杂。我国民族地区多远离内地省份，信息相对闭塞，这使农民大多被束缚在土地上、封闭在农村里，保守和落后的思想意识仍然在封闭的农村社会延续。由于多种因素的影响，许多农民不能接受新思想、新事物，这极大地限制了该地区的城镇化发展。如很多民族地区会有部分民族生产生活方式以游牧为主，游牧生活本身的非固定性决定了游牧的人不能长期定居在城镇①。特殊的人文情况需要政府加以引导，否则就可能影响该民族地区的城镇化进程。

---

① 马远. 新疆特色城镇化路径研究［D］. 新疆石河子大学博士论文，2011.

四、影响民族地区城镇化的制度情况因素

1. 民族地区劳动力转移制度的约束

在我国二元户籍制度的影响下，大多数有意愿转向非农产业部门的农村劳动力，由于受社会保障制度、教育制度、就业政策、医疗和农村土地流转等障碍性制度的影响，转移的成本高、难度大，这就降低了农民进城、劳动力向城镇转移的能力和热情。另外，城市在雇用农民工方面存在歧视现象，农民工的就业范围缩小，不能得到和城市人一样的用工待遇和就业机会。这种城乡分割的二元管理制度，在民族地区也十分明显，农村人口向城镇转移困难，农村劳动力向非农产业的转移也出现困难。

2. 民族地区体制、政策等配合度不够

民族地区整体上对体制创新和机制创新以及政策出台的探索不够，政府、企业、市场三者的角色分工还不够明确。如：企业改制后，现代企业制度尚未健全，本应根据市场调整的企业在出现问题时只能找政府寻求解决办法。另外，关于城镇的规划方面，许多地区相关部门前瞻性不够，计划不够长远。如：很多城市基础设施的建设与城镇化的变化需求严重不符；在城镇化发展过程中，由于相关土地规划不合理，本是稀缺的土地资源却出现了严重浪费。城镇在自我积累功能和自我发展方面，相关机制并没有形成，市场经营和抵御风险的能力还比较薄弱，因此，民族地区城镇化滞后的局面长期得不到彻底改善。

第二节　民族地区城镇化发展意义

实现各民族团结奋斗，共同发展进步、共同繁荣是当前我国作为一个统一多民族国家的民族工作主题。城镇化是现代化的必然途径，没有城镇化的过程，就没有现代化的实现。所以，民族地区大力推进城镇化进程对于缩小民族地区贫富差距，总体提升民族地区人民的生活水平，维护社会稳定，以及实现民族地区的现代化、实现民族地区的工业化进程、实现全面小康社会建设，最终实现社会主义和谐社会建设有着重大的理论和现实意义。

一、有利于维护社会稳定

社会稳定是一个国家或地区生存和发展的基础。民族地区的特殊人文条件和特殊地理位置（国家边疆分布较多）使民族地区的安全稳定尤为重要。城镇化是一个复杂的系统工作，劳动力、资本、物质、信息聚集的背后是社会生活、生产方式的变革，二元结构向一元结构转化的过程。在这期间，各

种矛盾涌现，解决这些问题本质上还是要靠发展。

民族地区城镇化的进一步推进有利于改善欠发达地区的贫困状况，促进少数民族地区的社会稳定，继而走向共同发展和共同繁荣，让少数民族的同胞共享发展的成果，从自身获得的实惠感受到民族区域自治政策的优越性，因此更加拥护共产党和人民政府以及其相关政策，从而实现社会稳定，人民安居乐业。所以，推进民族地区城镇化建设虽不是解决问题的“万能钥匙”，但城镇化进程的加快的确有利于统筹城乡发展，有利于社会平稳有序、公平和谐、团结安定。

二、有利于实现农业现代化

农业现代化是运用现代科学技术，不断提高农业生产力、调整农业结构和农业的社会化分工的农业的可持续发展。民族地区传统的农业具有生产力水平低、农业技术装备落后以及农业发展速度慢的特点。但是城镇化的推进，能促进民族地区特色、珍稀农业资源的集约开发。城镇化的推进使得民族地区的特色、珍稀资源有了一个通向发达地区市场和消费者的桥梁，城镇也成为特色产品的集散地。城镇通过简单的加工，保持珍稀植物如松茸的最原始的形态和营养，推向市场。通过对各类分散的特色资源和珍稀产品的聚集，能够扩大民族地区农业产品的影响，对推动规模化和集约化的现代农业的发展具有很强的促进作用。①

城镇化建设还能解决现代化农业的有效投入不足的问题。首先，城镇化的推进必将带动第二、三产业的发展，如农产品加工、建筑行业等的发展，从而增加地方政府的财政收入，以反哺农业，促进农业的发展。其次城镇化也能带动旅游业、商品贸易、金融、服务等产业的发展。民族地区的特色文化和风俗对中东部地区的人有着强大的吸引力，但是早期由于开发缓慢，所以接待游客能力不强。特色资源的开发能获得相关的社会资金的投资，这就大大提升了该地区的资金聚集能力，同时提升农民的收入，从而有能力增加对农业的资金投入，加快农业的现代化步伐。

三、有利于加快工业化进程

城镇化和工业化之间是一种相互依存的关系，城镇化是工业化的载体，能够提升工业化的层次；工业化是城镇化的支撑，能够促进城镇化的发展。所以城镇化对于工业化的推进也有不可替代的作用。

加快推进民族地区城镇化的进程有利于使得工业结构更加合理，能够培

① 李澜．西部民族地区城镇化发展研究［D］．中央民族大学博士论文，2003.

育出更多的经济增长点。城镇化建设过程会促使建筑业的发展，使新型建材、建筑机械等产业得到刺激。在城镇化建设过程中，城市功能逐步完善，为城市服务的相关产业，尤其是高新技术产业，如电子技术、光缆、医药、软件开发等产业必定会顺势发展，从而弥补民族地区工业产业领域的不足。城镇化建设过程中会带动旅游、商贸等第三产业的繁荣，第三产业的发展必然会吸引大量的人口，城镇人口的增加就会促进加工手工艺品的轻工业发展壮大。所以民族地区的城镇化有利于调整民族地区的工业产业结构，改变以前重工业比重偏大、轻工业和高新技术产业先天不足的问题，对工业化起着积极的推动作用。

四、有利于全面建成小康社会

全面建成小康社会，不仅要从总体上、总量上实现小康，而且要特别关注贫困地区、老区苏区、少数民族地区的小康建设，逐步缩小这些地区同发达地区的差距，让小康惠及全体人民。[①] 民族地区全面建成小康社会的重点在农村，难点在农民，城镇化对解决这一重点和难点起着关键作用。

首先城镇化是提高农民收入的途径。城镇化通过实现农业的机械化和现代化，通过农业的集约化经营，提升劳动生产率，把剩余劳动力转移到城镇。农业产业规模扩大，剩余劳动力进城就业，农村的收入就会提升。其次，城镇化有利于扩大内需。国内消费是拉动经济增长的三驾马车之一，城镇化的发展能启动农村市场，提升农村消费需求。最后随着城镇化水平的提升，城乡经济发展越来越协调，城乡居民收入水平和消费水平就可以普遍提高，带动经济增长。然后，城镇化还有利于增加就业机会。目前，失业问题还是中国社会面临的一个棘手问题，通过城镇化过程中工业的聚集，就业岗位就会增加；城镇化中的基础设施建设项目的启动也会提供很多就业岗位；第三产业的发展也可以增加就业。城镇化多方位地增加就业，能缓解就业问题。最后，城镇化建设还是广大人民群众的普遍需要。根据马斯洛的需要层次理论，人的需要是由低级不断地向高级发展，当人的低级需要满足之后就必然转向更高层次的需要。改革开放后，温饱问题解决了的中国农民渴望进入城市享受现代文明带来的便利，民族地区大力推进城镇化建设符合广大人民的需求。

---

① 郝潞霞．习近平全面建成小康社会思想探析［J］．思想理论教育导刊，2015.12.

第四章　四川民族地区概况

第一节　四川民族分布及人口情况

四川民族地区是一个集经济、地缘政治、生态环境、国防安全、国际影响多重因素于一体的特殊区域。

四川民族地区地处长江、黄河和各大支流地带，既是长江、黄河和各大支流的重要水源涵养地，也是全国生态保护和建设的重点地区。民族地区自然条件和人文环境复杂多样，生物多样性和文化多样性突出，是我国经济、政治、社会、文化、生态建设的重要基础。四川民族地区在维护国家稳定、民族团结、生态安全和促进全国经济社会和谐发展中具有十分重要的战略意义，在四川省经济社会发展乃至全国经济社会发展中具有十分重要的地位。

四川省民族地区既有明确的行政区划，又具有同质区域特性的特殊经济区域。就行政建制而言，四川民族地区包括 3 个自治州（甘孜藏族自治州、阿坝藏族羌族自治州和凉山彝族自治州）、4 个自治县（峨边彝族自治县、马边彝族自治县、北川羌族自治县和木里藏族自治县）和 98 个民族乡。四川少数民族自治县幅员面积 30.2 万平方千米，占全省总面积的 62.1%。

一、四川少数民族人口规模

四川是一个以汉族为主的多民族省份。从人口构成上看，汉族人口占绝大多数，人口比重约为 94%；但是少数民族人口持续增加，且增速超过汉族人口。四川省少数民族人口总数从 2000 年的 411.9 万人增加到 2015 年的 518.2 万人，增加了 106.3 万人，增长了 25%；少数民族人口占四川省总人口比重由2010年的5%提升到6.3%。虽然四川省少数民族人口在全国少数民族总人口中的比重较低，但是总体上也呈上升趋势，四川少数民族人口比重从2000年的3.9%提升到2015年的4.4%[①]（表4-1）。

表4-1 四川省少数民族人口总计

项目	2000年	2010年	2015年
四川省总人口/万人	8 234.8	8 041.8	8 241.8
其中：少数民族人口/万人	411.9	490.8	518.2
少数民族比重/%	5.0	6.1	6.3
全国少数民族总人口/万人	10 522.6	11 196.6	11 735.0*
其中：四川省少数民族比重/%	3.9	4.4	4.4

数据来源：全国“五普”和“六普”数据汇总表，四川省2015年1%人口抽样汇总表。

全国少数民族总人口2015年数据来自国家统计局发布的《2015年全国1%人口抽样调查主要数据公告》。

四川的少数民族构成以彝族、藏族和羌族为主。截至2015年，四川有彝族人口274.4万人，是全国最大的彝族聚居区；藏族人口163.8万人，是全国第二大藏族聚居区；羌族人口35万人，是全国唯一的羌族聚居区。彝族和藏族人口共计438.2万人，占四川省少数民族人口的84.5%。全国有30.3%的彝族和23.8%的藏族人口分布在四川省。羌族人口占全国羌族总人口的95.9%。

除了这三个主要少数民族以外，其他少数民族在四川的人口较少，占全国本民族人口比重也较低。人口超过10万人的民族还有苗族和回族，人口分别是13.3万人和11.1万人，分别占全国本民族人口比重的1.7%和1.0%。人口在10万人以下1万人以上的民族依次有土家族、蒙古族、纳西族、壮族、满族、傈僳族和白族，在1万人以下5 000人以上的民族依次是傣族、布依族和侗族；人口在5 000人以下1 000人以上的民族依次有瑶族、哈尼族、仡佬族、朝鲜族、维吾尔族和佤族。除了傈僳族和纳西族在全国本民族中人口比重达到3%以外，其他少数民族的人口比重均不到1%。

在2000—2015年，各少数民族人口增长率差异较大。四川省彝族和藏族两大少数民族人口均稳步增长，人口增长率达到29%。羌族人口在2000—2010年略有下降，到2015年有了较快增长，累计增长率为16%。此

① 侯水平，陈炜．四川城镇化发展报告（2017）［M］．北京：社科文献出版社，2017：198.

外，在人口较多的少数民族中，苗族人口略有下降，而回族人口基本保持不变。其他少数民族在 15 年间的三次调查中，人口数据均存在一定的波动。个别少数民族（如纳西族、壮族和侗族）的人口数出现剧增现象，可能存在多种因素的影响（表 4 – 2）。

表 4 – 2　四川省 5 000 人以上的少数民族人口数

民族	2000 年/万人	2010 年			2015 年/万人	15 年间人口增长率/%
		全省人口/万人	全国人口/万人	占全国人口比重/%		
彝族	212.2	264.4	871.4	30.3	274.4	29.3
藏族	126.9	149.7	628.2	23.8	163.8	29.0
羌族	30.1	29.7	31.0	95.9	35.0	16.3
苗族	14.8	16.5	942.6	1.7	13.3	–9.6
回族	11.0	10.5	1 058.6	1.0	11.1	1.0
土家族	4.1	5.9	835.4	0.7	5.1	23.5
蒙古族	4.2	3.7	598.2	0.6	4.0	–5.7
纳西族	0.9	1.0	32.6	3.1	1.9	120.7
壮族	0.7	1.0	1 692.6	0.1	1.7	143.5
满族	1.4	1.6	1 038.8	0.2	1.5	7.2
傈僳族	1.9	2.1	70.3	3.0	1.3	–28.3
白族	0.7	0.9	193.4	0.5	1.2	64.4
傣族	0.7	0.8	126.3	0.6	0.7	4.5
布依族	0.8	0.9	287.0	0.3	0.6	–30.5
侗族	0.2	0.2	288.0	0.1	0.6	229.9
其他少数民族	1.4	2.0	—	—	2.1	51.9

数据来源：全国“五普”和“六普”数据汇总表，四川省 2015 年 1% 人口抽样汇总表。

注：由于 2015 年全国 1% 人口抽样资料中暂缺分民族人口构成数据，故以 2010 年为准，对四川省民族人口和全国民族人口进行比较。表中列出总人口 5 000 人以上的少数民族是以 2015 年 1% 抽样数据为依据。

二、四川少数民族的空间分布

四川省有 3 个自治州，分别是阿坝藏族羌族自治州、甘孜藏族自治州、凉山彝族自治州；有4个自治县，分别是凉山州的木里藏族自治县、乐山市的马边、峨边彝族自治县、绵阳市的北川羌族自治县。此外，四川省还有少数民族地区待遇县共16个（表4-3）。

表4-3 四川省少数民族地区待遇县

市名	区县名
攀枝花市	米易县、盐边县、仁和区
乐山市	金口河区
雅安市	石棉县、汉源县、宝兴县；（荥经县）
宜宾市	兴文县；（珙县、筠连县、屏山县）
绵阳市	平武县
达州市	（宣汉县）
泸州市	（叙永县、古蔺县）

注：括号中的7个县为2014年新增。

彝族：人口中有84%居住在凉山州，另有稍高于5%的人口分布在乐山市（集中在马边和峨边自治县）和攀枝花市。

藏族：人口中有33%居住在阿坝州，57%居住在甘孜州，另有4%居住在凉山州，2.3%居住在成都。值得注意的是，虽然藏族人口分布在成都的比例很小，但是考虑到藏族人口基数较大，按2015年163.8万人计算，成都的藏族流动人口仍然达到37 000多人，是常住成都的第一大少数民族。

羌族：人口中约有41%居住在绵阳市（包括北川、盐亭和平武），约52%居住在阿坝州（包括汶川、理县和茂县）。

苗族：有约82%的苗族人口分布在泸州和宜宾两地，但是在过去5年之间在两地的分布比重有所变化，居住在泸州的苗族人口减少，而居住在宜宾的苗族人口则相应增加。

回族：人口分布较为分散，且流动性较大，主要散居在成都、绵阳、阿坝、凉山等地。近5年来，回族人口从成都和凉山州流出，有很大一部分流到绵阳，回族人口分布在绵阳的比重从2010年的7%迅速增加到2015年的24%；也有部分回族人口进一步向阿坝州（松潘县是传统的回族聚集区）流动，致使阿坝州回族人口比重从2010年的26%增加到2015年的34%，成为回族人口主要聚居点。

土家族：两次人口调查中均有约2/3的土家族人口居住在达州市（主

要集中在宣汉县），另有部分居住在成都，数据显示土家族人口分布近5年来呈现扩散趋势，分布在达州和成都之外的土家族人口比重从2010年的15%增加到2015年的22%。

蒙古族：2010年全省有77%的蒙古族人口分布在凉山州（主要集中在盐源和木里县），有11%居住在成都；到2015年，蒙古族人口呈现出明显的扩散趋势，只有51%的蒙古族人口分布在凉山州，有19%居住在成都，剩下的人口散居在省内各市州。

纳西族：人口主要集中在攀枝花的盐边县和凉山州的盐源和木里县；近5年人口在两个聚居区之间的流动较大，主要是从攀枝花流向凉山州，纳西族在攀枝花的人口比重从2010年的31%下降到2015年的9%，而凉山州的人口比重从2010年的56%上升到2015年的84%。

壮族：人口分布一直都比较分散，人口在省内的流动性较高。

满族：在省内本民族人口中，居住在成都的比重最大，2010年有52%的满族常住成都，到2015年这个数字达到了67%；人口在省内的流动性较高，并且主要居住在大城市。

傈僳族：人口主要集中在攀枝花的米易县和凉山州的德昌县，近5年来大量人口从凉山州流动到攀枝花，导致傈僳族在攀枝花的人口比重从2010年的48%上升到2015年的80%。

白族：人口分布在攀枝花、凉山州（德昌县）和成都市，近5年来人口流动趋势主要是从各居住地向凉山州聚集，居住在凉山州的白族人口从2010年的24%增加到2015年的41%。

傣族：分布在攀枝花和凉山州，人口流动性较大，近5年来，居住在凉山州的傣族人口有所减少，部分人口向成都流动。

布依族：人口分布分散，流动性大，近5年来，居住在凉山州的布依族人口逐渐向成都流动，凉山州的布依族人口比重从2010年的58%下降到2015年的7%，而成都的人口比重相应地从15%上升到49%。

侗族：人口分布分散，流动性大，人口流动趋势是从三州或边远地区逐渐向大城市聚集。

其他少数民族：人口基数很小，主要人口常住在成都。

以上是各少数民族在四川省各市州的分布情况，下面是以市州为单位，着重分析在少数民族人口较多或某些少数民族比重较大的市州中，各少数民族的分布情况（表4－4和表4－5）。各市州内主要少数民族的比重可参见表4－6。

表 4-4 四川省主要少数民族分市州人口比重（2010 年）

项目		彝族	藏族	羌族	苗族	回族	土家族	蒙古族	纳西族	壮族	满族	傈僳族	白族	傣族	布依族	侗族	其他少数民族
人口比重/%	成都市		2.2	4.6	3.5	**20.0**	16.1	11.3	3.0	**39.2**	**52.4**	1.2	19.1	5.4	14.6	**46.7**	**41.7**
	自贡市									1.6	1.3				1.2	2.1	2.3
	攀枝花市	5.4			2.4	3.3	2.8	1.5	**31.0**	8.6	8.9	**48.2**	**28.8**	**47.7**	2.9	8.1	5.3
	泸州市				35.3	1.1	1.1			3.3	2.0			1.3	6.2	3.5	5.0
	德阳市					1.9	1.0			3.0	4.2				1.7	1.3	2.3
	绵阳市		1.2	**39.7**		7.0	1.3			5.8	6.8		1.0	1.7	2.2	5.3	6.1
	广元市					7.1				2.1							1.5
	遂宁市									1.7				1.2			3.2
	内江市					2.4				2.0			1.0		1.6	1.6	3.3
	乐山市	5.8			1.1	1.5				2.9	2.7			1.1	1.3	1.1	2.6
	南充市					4.0				2.8					1.4	4.4	3.0
	眉山市					2.5				3.4	1.1		2.5			3.5	3.5
	宜宾市				**47.2**	2.2				3.0	1.4		1.9		1.7	3.2	2.2
	广安市									1.7				1.2	2.1	3.2	3.4
	达州市						**68.6**			1.4						2.0	1.0
	雅安市	1.8	1.9					4.1		2.0	4.8		4.6				2.4

续表

项目		彝族	藏族	羌族	苗族	回族	土家族	蒙古族	纳西族	壮族	满族	傈僳族	白族	傣族	布依族	侗族	其他少数民族
人口比重/%	巴中市																
	资阳市									1.4			1.1		1.1	1.0	1.5
	阿坝州		**32.7**	**53.2**		**25.7**				1.1	4.2		3.2			2.1	3.8
	甘孜州	1.1	**57.1**	1.0		2.1		1.3	7.6		2.0		8.5			1.6	2.1
	凉山州	**84.2**	4.2		7.3	17.0	1.9	**77.1**	**55.6**	12.0	4.8	**46.7**	**23.6**	**34.2**	**57.7**	7.1	3.9
人口数/万人		264.4	149.7	29.7	16.5	10.5	5.9	3.7	1.0	1.0	1.6	2.1	0.7	0.7	0.8	0.2	2.0

数据来源：根据全国“六普”数据汇总表整理（仅显示数值大于1%的数据；数值大于20%的数据用黑体标示）。

表 4-5 四川省主要少数民族分市州人口比重（2015 年）

地区		彝族	藏族	羌族	苗族	回族	土家族	蒙古族	纳西族	壮族	满族	傈僳族	白族	傣族	布依族	侗族	其他少数民族
人口比重/%	成都市		2.3	4.4	4.4	15.9	11.6	18.8	3.6	**31.5**	**66.9**	8.2	15.0	17.4	**49.1**	**51.6**	**42.6**
	自贡市						1.6		1.0	1.8	2.0		1.7	1.4	1.8	6.3	2.0
	攀枝花市	5.5			1.4		1.2	3.0	8.9	10.1	6.8	**79.9**	**23.3**	**47.8**	3.5	4.7	2.0
	泸州市				**24.6**	1.2	2.9	3.0		1.8	1.4		3.3	1.4	3.5	6.3	3.5
	德阳市			1.0		1.1	2.2	3.5	1.6	14.9	11.5			2.9	3.5	6.3	6.9
	绵阳市			**42.1**	1.1	**24.2**	1.6	2.3		3.6	5.4			2.9	12.3		6.9
	广元市					3.1							1.7	1.4			1.0
	遂宁市						1.4	1.8						7.2			5.0
	内江市				1.1		1.0	1.0		3.0						3.1	5.4
	乐山市	5.0					1.0	2.0		3.0	1.4					3.1	0.5
	南充市					1.0	2.2	2.5		4.2				1.4	7.0		2.0
	眉山市				1.0			1.0		6.0						1.6	7.9
	宜宾市				**57.3**	1.1	2.2	1.3		2.4			1.7		5.3	4.7	3.5
	广安市							3.0		1.2			2.5	1.4	8.8	4.7	2.0
	达州市						**66.2**	1.0		2.4		1.5				1.6	1.5
	雅安市	1.6	1.4					1.5			1.4		1.7				0.5

续表

地区		彝族	藏族	羌族	苗族	回族	土家族	蒙古族	纳西族	壮族	满族	傈僳族	白族	傣族	布依族	侗族	其他少数民族
人口比重/%	巴中市																1.5
	资阳市						1.6	1.5		1.8		2.2		1.4		1.6	1.5
	阿坝州		**33.2**	**51.3**		**33.5**							5.0				0.5
	甘孜州	1.4	**57.8**			2.6											1.0
	凉山州	**83.8**	3.2		4.9	11.6		**51.1**	**83.9**	11.3	2.7	6.0	**40.8**	11.6	7.0	4.7	3.5
人口数/万人		274.4	163.8	35.0	13.3	11.1	5.1	4.0	1.9	1.7	1.5	1.3	1.2	0.7	0.6	0.6	2.1

数据来源：根据四川省2015年1%人口抽样汇总表整理（仅显示数值大于1%的数据；数值大于20%的数据用黑体标示）。

表 4－6　四川省少数民族集中市州中主要民族人口比重（2015 年）

地区	少数民族人口/（100 人）	人口比重Ⅰ/%	人口比重Ⅱ/%	主要少数民族人口所占比重/%															其他少数民族/%
				彝族	藏族	羌族	苗族	回族	土家族	蒙古族	傈僳族	满族	纳西族	壮族	白族	布依族	傣族	侗族	
总计	51 817	6.3	100.0	**53.0**	**31.6**	6.8	2.6	2.1	1.0	0.8	0.3	0.3	0.4	0.3	0.2	0.1	0.1	0.1	0.4
分市州																			
凉山州	24 180	51.7	46.7	**95.1**	2.2		0.3	0.5		0.8			0.7	0.1	0.2				
甘孜州	9 913	84.9	19.1	3.8	**95.5**	0.3		0.3											
阿坝州	7 623	80.9	14.7		**71.4**	**23.5**		4.9											
绵阳市	1 943	4.1	3.7	0.9	5.9	**75.7**	0.7	13.8											0.7
攀枝花	1 804	14.4	3.5	**84.3**	0.9		1.0			0.7	5.9	0.6	0.9	0.9	1.6		1.8		
乐山市	1 419	4.4	2.7	**96.0**	1.1														
成都市	1 411	0.9	2.7	12.0	**26.4**	10.8	4.1	12.5	4.2	5.3	0.8	7.0		3.8	1.3	2.0	0.9	2.3	6.1
宜宾市	964	2.2	1.9	15.4			**79.3**	1.2	1.1										
雅安市	681	4.5	1.3	**64.3**	**33.0**														
泸州市	638	1.5	1.2	**37.0**	1.9		**51.4**	2.0	2.4	1.9									
达州市	359	0.7	0.7						**93.9**										

数据来源：根据四川省 2015 年 1% 人口抽样汇总表整理。

注 1：各市州按照少数民族人口数从大到小排序；人口比重Ⅰ＝各市州少数民族人口/各市州总人口；人口比重Ⅱ＝各市州少数民族人口/全省少数民族总人口。

注 2：分市州数据中仅显示人口数值大于 1 000 的百分比；百分比数值大于 20% 的数据用黑体标示；人口数值大于 10 000 的数据用下划线标示。

凉山州：少数民族人口数最多，达到约242万人，占四川省少数民族总人口的46.7%。州内少数民族人口中约95%为彝族，还有少量的藏族、回族、蒙古族和纳西族，人口均超过1万人。

甘孜州：少数民族比重最高，达到约85%。州内少数民族人口中约96%为藏族，此外还有3.8%的彝族人口。

阿坝州：少数民族人口主要由藏族和彝族组成，分别占71.4%和23.5%，此外还有约5%的回族人口。

三州少数民族人口累计占四川省少数民族总人口的80%。其他少数民族人口超过10万人的城市有绵阳、攀枝花、乐山和成都。

根据2010年和2015年的四川省分市州统计结果，并结合关于四川省少数民族分布特征的文献资料，可以大致整理出一个各主要少数民族分布地区的名单，多数区域可以直接定位到区县一级，见表4－7。

表4－7　四川省5 000人以上少数民族地区分布

民族	人口/万人	分布地区
彝族	274.37	凉山；乐山（马边、峨边）；攀枝花（仁和、米易、盐边）
藏族	163.76	甘孜；阿坝
羌族	34.97	阿坝（汶川、理县、茂县）；绵阳（北川、盐亭、平武）
苗族	13.33	泸州（叙永、古蔺）；宜宾（兴文、筠连、珙县）
回族	11.11	成都；阿坝（松潘）；凉山（西昌）；绵阳（盐亭）；广元（青川）
土家族	5.09	达州（宣汉）；成都
蒙古族	3.99	凉山（盐源、木里）；成都
纳西族	1.92	凉山（盐源、木里）；攀枝花（盐边）
壮族	1.68	成都；凉山（宁南、木里、会东）
满族	1.48	以成都为主散居
傈僳族	1.34	凉山（德昌）；攀枝花（米易）
白族	1.20	凉山（德昌）；攀枝花；成都
傣族	0.69	攀枝花；凉山（会理）

续表

民族	人口/万人	分布地区
布依族	0.57	凉山（会理）；成都
侗族	0.64	以成都为主散居
其他少数民族	2.02	以成都为主散居

数据来源：四川省 2015 年 1% 人口抽样汇总表。

第二节 四川主要少数民族历史及文化风俗

四川民族地区的人民在艰苦的自然环境状态下，用自己的勤劳与智慧，为四川的经济社会发展做出了重大的贡献。

一、彝族

彝族的活动范围曾遍及今云南、四川、贵州三省的广大地区，各地的彝族人都传说他们是出自仲牟由，其所生 6 子发展为“六祖”部落。位于四川省西南部的凉山彝族自治州是全国最大的彝族聚居区，也是四川省民族类别最多、少数民族人口最多的地区。行政区划辖西昌市、德昌、会理、会东、宁南、普格、布拖、昭觉、金阳、雷波、美姑、甘洛、越西、喜德、冕宁、盐源、木里藏族自治县共 17 个县（市）。首府设在西昌市。

彝族服饰，各地不尽相同。由于大小凉山天堑壑障的隔绝所造成的特定自然地理环境以及特定历史阶段上的社会形态——奴隶制，其服饰古朴、独特，较完整地保持了传统服饰的文化特征。凉山男、女上衣均为右衽大襟衣。男女老幼皆披擦尔瓦，披毡，裹绑腿，套毡袜。男子发式为传统的“天菩萨”，即蓄一绺长发椎髻于头顶上，大多头上盘缠黑色或深蓝色长巾，且常裹成一尖锥状，斜插额前，称为“英雄结”，左耳戴蜜腊珠、银耳圈等饰物。下着长裤，并因语言、地域不同而有大、中、小裤脚之分，佩饰最富特色的是“图塔”，是斜挎于身上的佩带，用细牛筋编织成带，带面镶以白色砗磲片。妇女着裙，戴头帕，生育后戴帽或缠帕。双耳佩银、珊瑚、玉、贝等耳饰，重颈部修饰，戴银领牌。下着百褶长裙，成年裙分为三节，上节为裙腰，中节成筒状，下节多皱褶。多在腰际佩挂一三角形荷包，包面精饰各种纹样，下端缀以五色飘带，用于盛物。另在胸前佩戴口弦、针筒以及装饰过的獐牙，信能以之辟邪。其衣饰的传统衣料以自织自染的毛麻织品为主，喜用黑、红、黄等色，其工艺可用挑、绣、镶、滚等多种技法，火镰、羊角、蕨芨草等图案是其传统纹样，下分依诺、圣乍、所底三个样式。

彝族的文献典籍卷帙浩繁，内容涉及哲学、史学、宗教、文学等诸方面。其中《西南彝志》是记述彝族历史、风俗的彝文书籍，被誉为彝族的百科全书。史诗《梅葛》描绘了先民开天辟地的经过，想象奇特，瑰丽多彩。火把节是彝族的古老传统节日，有着深厚的民俗文化内涵，被称为“东方的狂欢节”。火把节的时间大多是在农历的六月二十四，主要活动有斗牛、斗羊、斗鸡、赛马、摔跤、歌舞表演、选美等。在新时代，火把节被赋予了新的民俗功能，产生了新的形式。

“彝海结盟”是中国共产党的民族政策在实践中的第一次体现和重大胜利，给奇迹般的万里长征增添了最光彩的一笔。在通过彝区的过程中，中国工农红军提出了：“中国工农红军，解放弱小民族；一切夷汉平民，都是兄弟骨肉”“设立夷人政府，夷族管理夷族”等主张，为革命胜利后制定民族政策和民族区域自治制度打下了坚实的基础。

二、藏族

四川藏区主要聚居在川西横断山地区和川西北高原的甘孜藏族自治州、阿坝藏族羌族自治州和凉山彝族自治州的木里藏族自治县。另外，冕宁、盐源、宝兴、石棉、平武等县也居住有一些藏族。目前全四川的藏族人口约有一百万余人。四川藏区是中国第二大藏区，是康巴文化的核心区，亦是内地连接西藏的重要通衢，自古就是“汉藏走廊”。

四川藏区历史悠久，有史前旧、新石器时代的文化遗址、遗迹存在。汉代有冉、駹等部落在阿坝州境内游牧生活。六七世纪又逐渐演化为“西山八国”诸部，此时四川藏区进入奴隶制社会。10—13 世纪逐步封建化。元、明、清三朝，四川藏区分别受中央王朝分封的土司统治。19 世纪末 20 世纪初，清政府在四川藏区实行大规模的“改土归流”政策，但由于清王朝的迅速崩溃，流官制度未能巩固，土司制度因此一直延续到 1949 年以后才被废除。四川藏族语言属汉藏语系藏缅语族藏语支，说康巴、安多方言属及嘉戎语，还有汉语，用藏文和汉文。信仰藏传佛教。以青稞为主食，制成“糌粑”，喝酥油茶，或以牛、羊肉和乳酪佐食。婚姻以一夫一妻制为主。有塔葬、火葬、天葬、水葬、土葬等丧葬方式。节日与宗教相关，主要有藏历年、转山会、燃灯节。藏区民众主要从事畜牧业和部分农业。

四川藏区地处长江、黄河源头区，沟壑纵横，落差大，较大的支流有 570 条。地势从西北向东南倾斜，地貌分为高原和高山峡谷两部分。森林、雪山、冰川、峡谷、草原多种自然景观并存，其水利、林产、矿产、旅游资源等得天独厚。这里有被称为“水蓝色星球上的最后一片净土”的稻城亚丁，“蜀山之王”贡嘎雪山，360°全方位“中国最大的观景平台”牛背山，藏区旅游业得到全面发展，为当地居民带来巨大的经济效益和社会效益。

四川藏区在中国近代历史中也发挥了重要的作用。1935—1936 年，中国工农红军长征途经甘孜州。一、二、四方面军的指战员们，冲破国民党军队的重重堵截，克服高原上空气稀薄、粮食奇缺等困难，爬雪山、过草地、穿林海，全州 15 个县的山山水水，留下了英雄们的足迹。红军所到之处，执行党的民族政策，宣传北上抗日主张，在甘孜、炉霍、道孚、丹巴和泸定、康定等县帮助藏族劳动人民建立博巴政府、格勒得沙政府、苏维埃政府和农民协会。红军飞夺泸定桥和二、四方面军在甘孜胜利会师地址，至今成为对各族人民特别是青少年进行革命传统教育的课堂。

三、羌族

羌族是中国西部的一个古老民族，自称“日麦”“尔玛”，被称为“云朵上的民族”。羌族主要聚居地在中国西南的四川省，包括阿坝藏族羌族自治州的茂县、汶川、理县，绵阳北川羌族自治县、平武县，其余散居在阿坝州松潘、黑水、九寨沟等县，甘孜藏族自治州的丹巴县、都江堰市、雅安市少数分布。在贵州省江口县、石阡县，陕西省汉中市宁强县、略阳县，宝鸡市凤县部分地区，甘肃南部、云南也有少量分布。

今天的羌族与汉族、藏族、彝族、纳西族、白族、哈尼族、傈僳族、普米族、景颇族、拉祜族、基诺族等为兄弟民族，皆具有部分黄帝部落的血统。羌族尊称周武王为灭商复羌的大英雄，而周武王是黄帝姬姓的直系后代，所以羌族是黄帝的后代无误。大禹也是黄帝的直系后代，可以说汉羌同源，羌族也是黄帝的后代。据 2005 年统计，户籍登记为羌族的人口为 32.65 万人。在 2008 年“5・12”特大地震灾难中，羌族人口损失将近 10%。但是令人欣慰的是，在党中央、国务院的高度重视下，羌族文化的拯救与保护正在稳步进行中。今天的羌族正是古代百余支羌支中保留羌族名称以及最传统文化的支系。

羌民族和其他历史悠久的民族一样，民间流传着许多史诗。提到羌族的民间文学，《羌戈大战》与《木姐珠与斗安珠》两部史诗广为流传。除此之外，羌族还有诸如《萨朗姐》《玉花姑娘》《木依和格基》《“衔经足”和“眼睛足”》《后悔的火鸡》等民间传说故事，表达了羌族人民对美好生活、爱情的向往与渴求，还有《龙坪事件》《十个红军歼敌一个营》等革命战争传说。

羌族人民自古注重社会教育，但在旧社会由于民族歧视及汉族政府的忽视，羌族的社会教育直到20世纪40年代仍处于以口耳相传和观察模仿为主的原始状态。1949年以后，羌区人民政府高度重视发展社会教育，把发掘、搜集、整理羌、藏民族文化遗产和开展民族文艺创作等作为重要任务。各县既不断优化和繁荣传统的社会习俗教育、民族文艺教育和社会性体育等，还把群众卫生教育、成人扫盲教育和干部培训等逐步推向深入，不少乡镇和机关单位还组建了农友之家、职工俱乐部等，电视插转台、教育电视台也逐步新设和开通。自1988年起，茂县、汶川、理县、北川四县还轮流举办庆羌年活动。这种综合性的社会活动包括羌族历史教育、文艺演出、体育比赛、书法美术摄影展览、羌区建设成就展览，以及经济、科技、文化和商品交流等，融民族传统、风情习俗、艺体科技等内容为一体，是当代羌族社会教育的一种广泛增强民族团结、富有娱乐性和科学性的别具一格的新形式。1949年以后，羌族教育不断发展。现初步形成从学前教育到高等教育的结构层次完整的学校教育系统，各类社会教育内容丰富、形式多样，手段日趋现代化，构成了具有羌族特色的立体教育体系。

羌族区内有较多的自然景观和历史文化遗址。位于四川省汶川县雁门乡境内的雁门沟西羌大峡谷属羌族地区自然景观。它距成都150 km，为阿坝藏族羌族自治州内最大的峡谷。景区内雪山、奇峰、怪石、幽谷、森林、秀水融为一体。峡谷笔直处高达400 m，挺拔俊美，是游客观光、漂流的好去处。北川羌族自治县小寨子沟自然保护区于1979年建立。位于岷山山脉主峰雪宝顶南端，属青片乡境内的国有林区，森林覆盖率达85%，全区地势由西北向东南倾斜，最高峰海拔4 073 m，沟口蔡家坪1 640 m，相对高差2 433 m，平均每千米高差8%，山高谷深，溪底陡峻，两岸峭壁束流，溪水奔腾咆哮，飞瀑高悬，气势磅礴。猿王洞是羌族地区自然风景名胜，位于北川羌族自治县桂溪乡，系方圆3.65 km范围内10个溶洞之最大者。此洞形、色独特，现已是四川省著名风景区，其他诸如叠溪地震遗址、金洞鸳鸯树、龙池等自然景观多不胜数。另外，历史文化遗产更是犹如天上繁星，著名的有：藏羌历史文化走廊、茂县营盘山新石器时代文化遗址、勒石村聚居遗址、克枯栈道、青坡门河坝遗址、石棺葬、砖石墓、布瓦羌族古碉楼、无影塔等。

第三节　四川民族地区经济发展现状

一、四川民族地区经济发展情况

由于历史、社会、自然等方面的原因，加之“5·12”汶川特大地震的破坏，四川民族地区经济发展较为缓慢。近年来，四川省委、省政府认真贯彻中央加快民族地区发展的一系列方针政策，提出新形势下四川民族工作要突出抓好加快发展、改善民生和维护稳定三件大事，促进民族地区跨越发展和长治久安。2016 年，四川省民族自治地方实现生产总值 2 031.7 亿元，比上年增长 6.2%。其中，第一产业增加值 406.6 亿元，增长 4.2%；第二产业增加值 953.1 亿元，增长 6.9%；第三产业增加值 671.9 亿元，增长 6.4%。三次产业结构由上年的 20.0∶47.6∶32.4 调整为 20.0∶46.9∶33.1，第三产业增加值占比提高 0.7 个百分点。全年实现全部工业增加值 677.5 亿元，比上年增长 4.0%；全社会固定资产投资 2 052.7 亿元，增长 3.1%；社会消费品零售总额 766.8 亿元，增长 10.9%。全年农牧民人均可支配收入 10 201 元，增长 10.3%；城镇居民人均可支配收入 26 387 元，增长 8.0%。

“十二五”期间，四川省委、省政府通过集中投入、综合施策，在全省民族地区实施了一系列扶贫工程，使民族地区农村贫困面貌得到改善，切实推动了民族地区民生改善。

一是阿坝州扶贫开发和综合防治大骨节病试点及巩固提升。“十二五”期间阿坝州扶贫开发和综合防治大骨节病试点项目与巩固提升项目共投入各类资金 14.05 亿元，其中省级以上财政扶贫资金 9.96 亿元，实施“易地育人、易地搬迁、更换粮食、社会保障、移民安置、调整结构（产业提升）、卫生防治、科技攻关”等项目建设。

二是大小凉山综合扶贫开发及“十项扶贫工程”。2010—2013 年累计投入各类资金 204.33 亿元，其中各级财政扶贫资金 44.47 亿元，建成彝家新寨 1 012 个，住房建设 8.6 万户，惠及群众 40 多万人。2014 年，省委、省政府在继续实施大小凉山综合扶贫开发的基础上，研究制定了《大小凉山彝区“十项扶贫工程”总体方案》及 2014 年实施方案。大小凉山综合扶贫开发和“十项扶贫工程”两项共计划投入各类资金 59.91 亿元，其中各级财政扶贫投资 14.58 亿元，实施彝家新寨建设 250 个，住房建设 21 713 户等项目。建立资源开发与就业协调推进责任制，加强就业服务平台建设，加大就业促进力度，确保城镇登记失业率控制在 4% 以内；培训农村劳动力 11 万人，转移输出 110 万人，实现劳务收入 126 亿元。创新扶贫开发工作机制，加快构建政府、市场、社会协同推进的大扶贫开发格局，瞄准贫困对象精准扶贫，减少贫困人口 9.43 万人。

三是贫困村整村推进项目。甘孜、阿坝、凉山共有 906 个贫困村纳入国家《扶贫开发整村推进“十二五”规划》。2011—2014 年共下达财政专项扶贫资金 7.98 亿元，每村补助 100 万元，实施 798 个贫困村整村推进项目，其中阿坝188个、甘孜336个、凉山274个。通过村内基础设施建设和农户产业扶持，不断改善贫困村发展条件，促进农村贫困人口增收。

四是藏区扶贫攻坚项目。2011—2014年共实施藏区扶贫攻坚项目32个，其中，阿坝州12个、甘孜州16个、木里县4个，共安排财政专项扶贫资金1.6亿元，每个项目补助500万元。实施连片开发，通过基础设施建设和产业扶持，使广大藏族群众生产生活条件得到有效改善。

五是红原县现代草原畜牧业示范县建设项目。按照《红原县现代草原畜牧业示范县建设规划（2013—2015年）》，2013—2014年共安排下达财政专项扶贫项目资金0.20亿元，主要用于红原县牧业生产点道路建设和高原绿色蔬菜等种植扶贫基地建设。

六是“溜索改桥”项目。2014年新增安排在藏区实施10条溜索改桥项目，共下达财政专项扶贫资金0.85亿元（阿坝州2条578万元，甘孜州7条4 915万元，凉山州1条3 031万元）。旨在通过项目实施，进一步改善贫困地区群众基础的出行条件，为贫困群众增收提供良好的交通保障。

七是甘孜州地方病防治。2013年安排下达财政专项扶贫资金0.20亿元，用于地方病综合防治相关的建卡及贫困农牧民增收的产业培育项目。

八是东西协作扶贫。①浙川东西扶贫协作。“十二五”期间浙江省对口帮扶四川藏区的项目资金共计2.98亿元，实施扶贫新村建设、人才培训、产业合作、公共服务四类150多个项目建设，帮助广大藏族同胞改善生产生活条件。②珠海凉山东西扶贫协作。“十二五”期间，珠海市共向凉山州贫困地区投入0.53亿元，实施住房、交通、教育、卫生、社会事业等50个项目，改善16万贫困群众的生产生活条件。

九是其他项目。①以工代赈项目。投入资金4.03亿元，其中甘孜1.46亿元、阿坝1.1亿元、凉山1.47亿元，重点开展藏区“千桥工程”、红原现代畜牧业示范县牧道建设等省委、省政府确定的藏区重大民生项目建设，同时安排实施与贫困农牧民生产生活密切相关的、急需建设的其他小型农村基础设施项目。②易地扶贫搬迁工程。投入资金7.91亿元，其中甘孜2.21亿元、阿坝1.31亿元、凉山4.39亿元，搬迁安置贫困农牧民13.64万人，主要开展搬迁群众住房及附属设施建设，同时配套安置地必要生产生活设施建设。[①]

1. 民族地区经济持续发展，经济结构得到优化

“十二五”期间，四川省民族宗教委员会坚持集中资金，服从服务于民

---

① 《四川省民族地区“十二五”期间扶贫工程建设成效显著》，四川省人民政府网站，http：//www.sc.gov.cn/10462/10464/10465/10574/2014/11/12/10318238.shtml.

族地区的总体发展要求。坚持面向基层群众，为民着想，把资金最大限度地辐射到基层，扶持到各族群众特别是困难群众的身上，投入到解决老百姓急需解决的问题上，投入到有助于增加农牧民收入的项目上。四年来，全省累计投入少数民族发展资金2.37亿元，其中：支持农牧区四小工程（小路、小桥、小水、小能源）1.254 4亿元；支持农牧区种植业养殖业0.537 6亿元；支持少数民族特色村寨保护与发展工程0.578 0亿元。目前少数民族发展资金支持的项目正在民族地区发挥应有的经济和社会效益。“十二五”期间四川民族地区经济持续增长，人均地区生产总值超过了25 000元（表4－8）。

表4－8 “十二五”时期民族地区GDP及增长情况

项目	2011年	2012年		2013年		2014年		2015年	
	产值/亿元	产值/亿元	增长/%	产值/亿元	增长/%	产值/亿元	增长/%	产值/亿元	增长/%
GDP合计	1 397.2	1 587.5	13.6	1 742.6	10.3	1 869.3	7.6	1 900.6	4
第一产业	276.6	311.7	4.7	336.0	4.6	364.2	4.5	379.9	4.2
第二产业	698.3	800.6	18.9	889.3	14.6	944.2	9.1	905.6	2
第三产业	422.3	475.2	11	517.3	6.5	560.9	6.7	615.1	7.7
人均GDP	19 818（元）	22 412（元）	13.9	24 432（元）	9.0	26 011（元）	6.5	26 171（元）	6.1

数据来源：《四川省统计年鉴2016》。

从表4－8中可以看出，整个“十二五”期间，民族地区产业结构不断优化，三个产业结构比重由2011年的19.8∶50.0∶30.2，调整为2015年的20.0∶47.6∶32.4。第三产业的比重提高了2.2个百分点。四川民族地区GDP贡献重点是第二产业，工业成为推动经济增长的主要动力。同时，第三产业保持了高速增长的趋势，而且占GDP的比重也越来越高，显然第三产业在民族地区经济发展中的贡献越来越大。

尽管第一产业增加值比重下降，但农业生产结构得到优化。民族地区特色农业以名、特、优、精、新等为基本特点，以各地独特的光热、水土和物种等自然条件为基础和依托，如会理石榴近30万亩①，产业规模全国第一；凉山苦荞，既是世界苦荞主要起源地之一，也是主要产区，产量占全国的一半以上。民族地区工业经济在保持较快增长的同时，在结构调整方面也取得

① 1亩＝666.67 m^2.

新成效。2012年，中央财政安排1 525万元淘汰落后产能财政奖励资金，省级财政安排824万元，淘汰了铅冶炼、炼钢、铁合金、水泥等13个行业33户企业的落后产能，其中18户企业列入国家淘汰落后产能公告。新上产业结构调整项目坚持循环发展、绿色发展、高端发展，严格开工建设4项条件。第三产业在四川民族地区经济发展中居于十分重要的地位。近几年，旅游业带动了第三产业的发展，流通市场稳中趋旺，与旅游业相关的交通运输、邮电通信、批发零售贸易、餐饮业等对经济增长的贡献率逐年升高，生态旅游业已成为发展绿色GDP的主导产业。

2. 民族地区经济质量提高，财政自给能力提升

在“十二五”期间经济发展的同时，四川民族地方财政、金融状况进一步深入发展，人民收入、生活水平得到了进一步提高（表4－9）。

表4－9 “十二五”时期民族地方财政收支、金融和人民生活水平状况

项目	2011年	2012年		2013年		2014年		2015年	
	总额	总额	增长/%	总额	增长/%	总额	增长/%	总额	增长/%
财政收入	129.3亿元	155.7亿元	20.4	164.7亿元	5.8	176.6亿元	7.2	179.1亿元	1.4
人均财政收入	1 731.7元	2 049.9元	18.4	2 140.4元	4.4	2 288.7元	6.9	2 450.7元	7.1
财政支出	599.0亿元	711.9亿元	18.8	825.1亿元	15.9	896.5亿元	8.7	994.9亿元	10.9
金融机构存款余额	1 762.7亿元	2 039.2亿元	15.7	2 314.6亿元	13.5	2 528.5亿元	9.2	2 322.3亿元	—
金融机构贷款余额	805.3亿元	933.0亿元	3.5	1 054.1亿元	30.0	1 199.1亿元	16.5	1 083.7亿元	—
居民储蓄余额	712.8亿元	860.2亿元	16.6	1 006.8亿元	18.8	1 111.6亿元	15.2	1 019.2亿元	—
人均储蓄额	9 546.4元	11 325.3元	18.6	13 082.9元	15.5	14 406.1元	10.1	13 946.2元	—
社会消费品零售额	396.4亿元	459.1亿元	15.8	521.8亿元	13.7	624.8亿元	19.7	691.8亿元	10.7

数据来源：《四川省统计年鉴2012—2016年》。

表4－9的数据显示，在“十二五”时期，四川民族地方财政收入呈现

逐渐递增的趋势，财政收入每年增长幅度很高，财政收入大幅度增长，地方财力也随着提升。从财政支出平均增长幅度10%也可以看出国家对民族地方的财政转移支出的力度很大，极大地促进了民族地方各项事业的建设。

金融业与产业发展相匹配，保持了高速增长。人民收入水平不断提高，生活水平不断得到改善。居民储蓄余额和人均储蓄水平基本保持两位数的增长比例，社会商品零售额基本保持平稳增长的态势。社会消费零售额保持持续稳定增长，表明民族地方物质生活水平得到了稳步提高。经济的快速发展、财力不断增强，为民族地区经济社会的协调发展和社会稳定奠定了坚实的物质基础，为实现跨越式发展提供了有力支撑。

3. 基础设施建设取得突破性进展

“十二五”期间民族地区固定资产由2011年的1 442.1亿元提升到2015年的1 991.4亿元，其中用于基本建设的投入共计5 458.4亿元。2015年用于基本建设的投入为1 593.1亿元，是2010年的1.8倍。

“十二五”期间基础设施建设包括完善公路交通网络，加快构建民族地区与省会中心城市相连的快捷通道。重点完善和提升了国省干道、出州通道、旅游公路、县际公路、农村公路和配套客运汽车站点建设。建设完成了雅西、攀西、都汶高速公路，改造完成了108、318、213、317国道。积极推动甘孜、阿坝进州高速公路、国道318、317连接公路、金沙江公路（凉山段）的工作。抓好了“西环线”等重点旅游线路和县到重点乡镇的经济线路建设，提高农村公路通达能力，使民族地区公路在总量、质量、通达深度、覆盖面等方面有新的发展和突破。结合城镇和路网建设做好客运车站规划。在旅游重点县城和重要集镇建设具有相应规模、功能比较完善的车站。

铁路方面抓住国家铁道部建设成都至燕岗铁路复线的机遇，将成昆全线的改造列入国家计划，开展前期准备工作。做好九绵遂旅游专线铁路的前期工作，积极筹建北（川）绵（阳）地方铁路，提高铁路运输能力。航空方面扩建九寨黄龙机场，提高起降能力。建成康定机场和亚丁机场。积极做好甘孜、马尔康机场前期工作。进一步发挥西昌机场的作用，扩大航空运输。努力发展水运。抓住金沙江、雅砻江电站建设机遇，做好相关库区码头规划建设，将水运发展作为交通发展的重要补充。

四川民族地区的基础建设投资中，一手抓关系全局的重大工程，一手抓关系广大农牧民切身利益的中小项目，改善农村生产生活条件，使四川省民族地区的交通条件发生了历史性的变化。农网改造、送电到乡使四川民族地区乡镇通电率大幅度提升，大多数农牧民饮水安全有了保障，对居住在生态环境脆弱、不具备基本生存条件地区的贫困人口实施了生态移民。

二、民族地区公共服务事业发展状况

民族地区经济的发展也积极推动了民族地区文化教育和卫生事业的发展，在物质生活不断改善的同时，各民族生活质量也得到了不断提高。据统计[①]，2015 年民族自治地方财政一般预算支出中用于民族地方文教卫生事业的费用占财政支出总额的 30%，确保了民族地方文教卫生事业的稳步发展。2016 年 1—10 月，四川省藏区“六项民生工程计划”共计到位资金 61. 8 亿元，占年度计划 60. 9 亿元的 101. 5%，超额完成年度目标任务。“六项民生工程计划”包括扶贫解困行动、就业社保促进、教育发展振兴、医疗卫生提升、文化发展繁荣和藏区新居建设。

1. 教育

四川省民族地区作为经济欠发达地区，在国家民族政策的支持下，民族教育事业得到了迅速发展，已形成涵盖学前教育、义务教育、中等教育、高等教育、职业教育、特殊教育的现代民族教育体系。

一是以“保基本、广覆盖”为总体思路，先后在民族地区实施“三免一补”、农村义务教育学生营养改善计划、高海拔取暖补助、学前教育保教费减免、高中阶段学生资助等一系列教育惠民政策，形成了惠及从学前教育到高中阶段教育的学生资助体系。

二是扎实推进第二个“民族地区教育发展十年行动计划”，每年专项投入 7 亿元以上资金，实施“民族团结教育、学校办学条件改善、教师队伍保障体系建设、学生保障体系建设、双语教育、职业教育”等六大工程，全力推进民族地区教育整体实现跨越式发展。

三是按照“缺什么，补什么”的原则，实施全域化规划建设和配置学校基础设施及装备，全面升级民族地区学校办学条件。先后实施“两基”攻坚计划、农村寄宿制学校建设工程、农村中小学危房改造工程、学前三年行动计划、教育基础薄弱县普通高中建设规划等重大工程，新建和改扩建学校项目 4 215 个，配置 4. 7 亿元实验仪器和远程教育设施，修建 623 所寄宿制学校小农牧场和种植养殖基地，使河谷沟坝、高山村寨的破旧校舍被一栋栋崭新、规范的教学楼、宿舍楼代替。

四是针对民族地区教师量少质弱的问题，积极采取吸引和鼓励优秀人才到民族地区任教的优惠政策，鼓励优秀人才到民族地区长期从教。严把新进

---

① 根据四川省统计年鉴，这部分的数据主要是甘孜州、阿坝州、凉山州教育、文化体育与传媒、医疗卫生支出的合计.

教师"入口关"，新补充教师学历合格率和培训率达100%。实施省级免费师范生计划，每年定向培养民族地区和贫困地区新师资2 000人。采取脱产进修、集中培训、远程培训等多种形式提高教师的综合素质和专业能力，近五年共培训教师6万余人次。

五是实施藏区"9+3"免费教育计划和《大小凉山彝区教育振兴行动计划》。藏区"9+3"免费教育计划，五年来共投入经费20.8亿元，招收学生5万多人。三届毕业生初次就业率均达到98%以上。2014年，省委、省政府针对彝区教育存在的特殊困难和问题，又启动实施《大小凉山彝区教育振兴行动计划》，从进一步落实主体责任、加大资金投入、强化工作措施、完善保障机制、加强督促检查等方面，不断加大大小凉山彝区教育发展的推进力度。实施大小凉山彝区"职业技术培训工程"，比照藏区"9+3"免费教育计划政策，每年组织一批学生到内地中职学校免费接受职业教育。

六是针对民族地区学校交通不便、信息闭塞、教师吸收前沿教育信息理念渠道单一的实际，在民族地区率先启动现代远程教育试点。截至目前，已为民族地区181所中小学校开通了成都七中东方闻道网校和成都石室祥云网校的远程教育高中直播、初中录播、小学植入式教学，将优质教育资源输送到民族地区。[①]

专栏一　四川省民族地区教育发展十年行动计划（2011—2020年）

三个阶段

2011—2012年

主要任务是全面巩固义务教育普及成果，学龄儿童、少年全部按时入学，巩固率达到国家规定要求。

2013—2015年

主要任务是实现义务教育县域内初步均衡，确保适龄儿童、少年接受良好义务教育，学前两年毛入园率达到65%以上，高中阶段毛入学率达到70%以上。

2016—2020年

全面提高义务教育普及水平和教育质量，基本实现义务教育县域内均衡发展，普及学前一年双语教育，基本普及高中阶段教育，职普比例达到1:1。

---

① 四川省大力推进民族地区教育事业加快发展，中华人民共和国国家民族事务委员会，http://www.seac.gov.cn/art/2015/5/22/art_92_228377.html.

2. 文化

文化是民族的重要特征，是民族生命力、创造力和凝聚力的重要源泉。少数民族文化是中华文化的重要组成部分，是中华民族的共有精神财富。四川是多民族大省，自然资源、人文资源、文化艺术资源十分丰富。“十二五”时期四川省委、省政府对民族地区推进了一系列文化惠民工程：广播电视村村通、文化信息资源共享、乡镇综合文化站建设、农村电影放映、农家书屋、移动书屋等多姿多彩的文化活动，不断夯实的民族地区基础文化设施建设，丰富着民族地区百姓的生活。

积极协调把繁荣发展少数民族文化事业纳入了四川省经济社会发展的总体规划，建成了一批公共文化项目，民族地区实现了县县有文化馆、图书馆，共有村文化活动室 339 个、民族地区非物质文化遗产保护工作得到加强，现有国家级名录 44 项、省级 192 项；启动实施了“藏羌民族文化走廊”建设，完成投资 90 亿元；完成了《四川省汶川地震灾后非物质文化遗产抢救保护与恢复重建规划纲要》和《羌族文化生态保护实验区保护纲要》并已获国家批准实施。

2014 年，四川省向全省民族地区文化（文物）建设投入资金 4. 16 亿元，推进“五馆一站”免费开放、农村文化建设和国家文化生态保护实验区建设。与此同时，“春雨工程”、四川文化志愿者进藏区等系列公共文化品牌活动，也通过“大讲堂”“大舞台”“大展台”等方式走进民族地区的学校、图书室、村寨，有效促进了公共文化服务均等化。广播电视“户户通”“村村响”致力于把覆盖面延伸到最边远的民族地区，惠及藏区 240 多万名群众的四川康巴卫视频道使用康巴藏语播出电视节目，开通近 5 年已经打造了《康巴卫视新闻》《拉姆报天气》《康巴欢乐汇》等一批在藏区极具人气的品牌栏目。在文化发展繁荣计划中，组织开展重走长征路文艺扶贫采风创作惠民演出、“四川作家写四川”之讲述松潘故事等系列采风活动，创作了一批优秀文化作品。四川省政府还将加强民族文化遗产保护工作，做好国家级羌族文化生态保护实验区建设，打造以“藏羌彝文化走廊”为核心的民族文化产业带。支持和吸引各类人才到民族地区发展创业，研究制订进一步吸引和留住急需紧缺人才和骨干人才的政策，提升民族地区发展智力支撑能力。

“十三五”时期四川将把更多的文化资源向四川贫困地区、民族地区、革命老区刚性配置，推动全省公共文化服务体系均等化、标准化。四川将大力实施“文化 +”、“互联网 +”以推动传统文化业态提升和新型文化业态发展，把富饶的文化资源与“双创”有机结合，带动各个区域特色文化产业发展。

3. 卫生

最能体现民族地方公共医疗卫生事业发展的是2003年全省实施的新型农村合作医疗保险制度，2015年新型农村合作医疗试点工作覆盖民族地区51个县（市），民族地区新农合参合率达到97.79%，人均筹资标准由2010年的60元提高到2014年的340元，住院实际补偿比提高至64.4%，较全省平均水平高6.14个百分点。2015年民族地区拥有卫生机构10 331个，床位33 443张，卫生技术人员33 505人。该项公共制度的实施，全面提升了民族地区医疗卫生水平和技术服务水平，并从根本上解决了民族地区看病难、缺医少药和因病返贫等社会问题，使各族同胞逐步分享经济社会发展所取得的成就。甲乙丙类传染病发病率由2010年的409.70人/（10万人）下降到2014年的206.35人/（10万人），与全省平均差距从65.4%缩小到31.5%；2016年为减少因病致贫、因病返贫情况的发生，医疗卫生提升计划加大了工作进度，藏区已完成包虫病病情调查48.5万人，占目标任务的161.6%。民族地区人均预寿命达到74.33岁。卫生发展计划覆盖整个民族地区。

专栏二　四川省民族地区卫生发展十年行动计划（2011—2020年）

三、行动目标

（一）总体目标。

到2020年，建立健全覆盖民族地区全体居民的基本医疗卫生制度，建立适合民族地区特点的公共卫生服务体系、医疗服务体系、医疗保障体系和药品供应保障体系。建立相对稳定并逐年递增的卫生事业投入机制和人才队伍稳定、发展机制，加快卫生事业发展，提高基本医疗卫生服务的可及性和可得性，基本满足民族地区居民的医疗卫生服务需求，使我省民族地区医疗卫生事业发展和居民健康状况达到或接近全国民族地区平均水平。

（二）具体目标。

1. 健康指标

人均期望寿命，2015年比2010年增加0.8岁，2020年比2015年增加0.8岁；婴儿死亡率，2015年降至20‰以下，2020年降至15‰以下；孕产妇死亡率，2015年降至81/（10万）以下，2020年降至65/（10万）以下。

2. 卫生资源指标

每千人卫生技术人员数，2015 年达到 4.3 人，2020 年达到 5 人。其中：每千人执业（助理）医师数，2015 年达到 1.6 人，2020 年达到 1.8 人；每千人注册护士数，2015 年达到 1 人，2020 年达到 1.5 人。

3. 疾病控制指标

（1）传染病发病率，2015 年较 2010 年下降 5%，2020 年较 2015 年下降 5%。

（2）免疫规划接种率，2015 年以县为单位达到 85% 以上，2020 年达到 90% 以上。

4. 医疗保障指标

（1）新型农村合作医疗覆盖率达 100%，2015 年统筹区常住农村居民参合率达 97% 以上，筹资水平达到每人每年 250 元以上，政策范围内补偿比例达 60% 以上；2020 年统筹区常住农村居民参合率达 98% 以上，筹资水平达到每人每年 300 元以上，政策范围内补偿比例达 65% 以上。

（2）2015 年城镇居民基本医疗保险成年人人均筹资不低于 230 元，未成年人人均筹资不低于 130 元，政策范围内补偿比例达 60% 以上；2020 年城镇居民基本医疗保险成年人人均筹资不低于 260 元，未成年人人均筹资不低于 160 元，政策范围内补偿比例达 65% 以上。

5. 卫生信息指标

2015 年，民族地区 100% 的州、县医疗卫生机构开通互联网，80% 的县级医疗卫生机构实现与内地帮扶医疗卫生机构的远程医疗，80% 的乡镇卫生院与州、县实现信息链接。

2020 年，100% 的县级医疗卫生机构实现与内地帮扶医疗卫生机构的远程医疗，100% 的乡镇卫生院与州、县实现信息链接。

6. 民族医药指标

（1）乡镇卫生院设立中（民族）医科室或相应人员的比例，2015 年达到 95%，2020 年达到 100%。

（2）中（民族）医药服务量占医药服务量比例，2015 年达到 30%，2020 年达到 40%。

第四节　民族社会经济在四川经济发展中的地位

一、四川民族地区区位分析

四川民族地区地处青藏高原东南缘，属高原和高山峡谷地貌。少数民族按照山系聚集分布，彝族主要分布在云贵高原向四川盆地过渡的大小凉山，藏族主要聚居在青藏高原东缘的川西高原，羌族主要聚居在岷江上游干旱河谷地区。其生存条件恶劣，平均海拔在 3 000 m 以上，地势高寒险峻，自然灾害频发，土壤质量低下，水土流失严重，植物生长缓慢，草场载畜率低。以甘孜州石渠县为例，其平均海拔 4 230 m，年平均气温 -1.6℃，基本属于生命的禁区。水、电、燃料等基本生活条件难以得到保障，雪灾、虫灾、鼠害连年不断，每年因灾致贫人口占农牧民总数的 10% 以上。①

四川民族地区的森林资源十分丰富，是我国第二大林区—长江上游林区的主体部分。1998 年以前仅甘孜州、阿坝州两州的森林砍伐量就在 2.86 亿 m^3 以上，支持国家建设。大量的森林砍伐导致森林覆盖率大幅度下降，甘孜州的森林覆盖率由 20 世纪 50 年代的 30.8% 下降至 11.3%。1998 年开展天然林保护工程以来，甘孜、阿坝、凉山三州又付出了极大的代价。近年来，四川加大投入力度，生态状况显著改善。“十二五”以来，林业向民族地区项目投入资金 168 亿元，其中兑现森林生态效益补偿、森林抚育等补助补贴资金 32.8 亿元。常年有效管护森林 1.67 亿亩，巩固退耕还林 519.79 万亩，累计实施营林造林 968.9 万亩。建成自然保护区、森林公园、湿地公园 99 个，保护管理面积 1 亿亩。启动实施川西藏区生态保护与建设工程，已治理沙化土地 51.93 万亩、石漠化土地 98.72 万亩。同“十一五”末相比，四川民族地区森林面积、森林蓄积分别增长 1.95%、2.81%，森林覆盖率提高 0.87 个百分点。2013 年，川西民族地区林业减少土壤侵蚀 6 568 万 t，涵养水源量 430 亿 m^3，林业生态服务价值高达 1.42 万亿元。②

四川民族地区是第二次国内革命战争时期面积最大的革命老区，是中国共产党第一个少数民族自治政权诞生之地，一半以上的县是革命老区县。整

① 杜受祜. 民族地区西部大开发效应研究 [M]. 北京：中国大百科全书出版社，2011：17.

② 四川林业加快民族地区发展，四川省人民政府网站，2014 年 12 月 9 日，http：//www.sc.gov.cn/10462/10464/10465/10574/2014/12/9/10320562.shtml.

个地区地处偏远，基础设施保障能力差，生态环境脆弱。甘孜州 18 个县与成都的平均距离都在 733 km 以上，北部的石渠县和南部的得荣县距离成都 1 000 多公里①。区内地广人稀，县内村与村之间的距离也有几十公里，基本公共产品供给与内地发达地区形成了巨大的差距。饮水难、用电难等问题在民族地区也尚未得到根本解决。公路网络不健全，通畅能力和应对自然灾害能力弱，已建成公路养路困难，部分路段安全隐患较多。受交通“瓶颈”制约，基建材料价格和群众生活成本高。

二、四川民族地区在全省的态势和地位

进入 21 世纪，经济的发展极大地改善了民族地区的物质生活条件，尤其是在国家西部大开发政策的实施、扶贫攻坚计划的贯彻执行、全面解决贫困和温饱问题之后，开始进入“全面建设小康社会”的发展阶段。但是，由于受自然条件和历史的影响，民族地区经济发展总体水平还比较低，对四川经济发展促进作用有限。民族地区经济发展缓慢，在一定程度上将影响四川经济未来发展的水平和速度。

1. 2015 年民族地区经济在四川省的态势

地区生产总值：民族地区经济总量比重小，仅占全省的 6%，如图 4－1 所示。

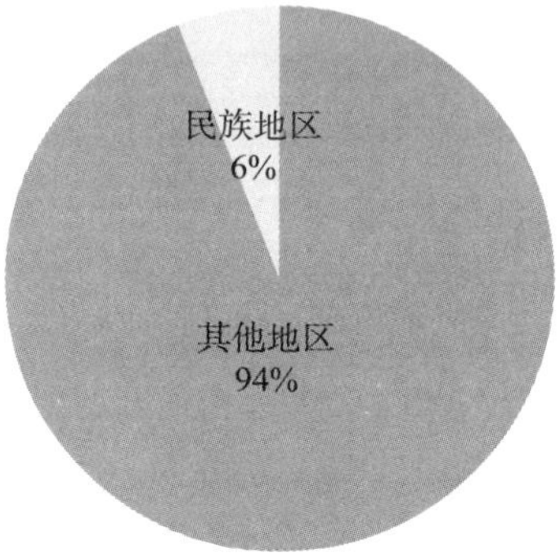

图 4－1　民族地区占全省 GDP 贡献比率

工业：2015 年民族地区全年实现全部工业增加值 664.4 亿元，工业增加值仅占全省的 5.5%，工业化进程滞后，如图 4－2 所示。

投资：民族地区的全社会固定资产投资排在全省的末位，仅占全省的 7.7%，如图 4－3 所示。

① 1 公里＝1 000 m.

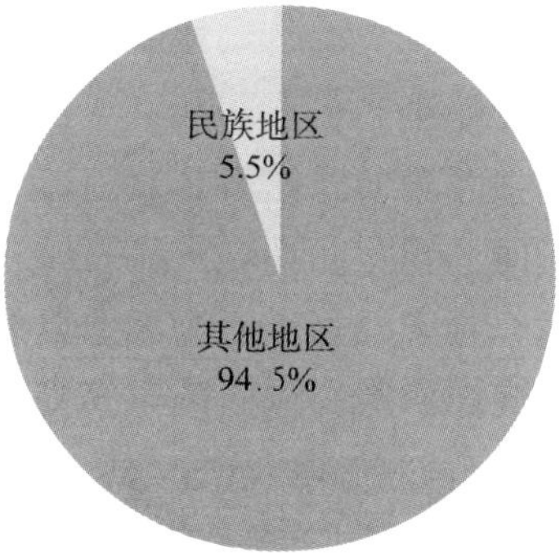

图4－2 民族地区占全省工业比率

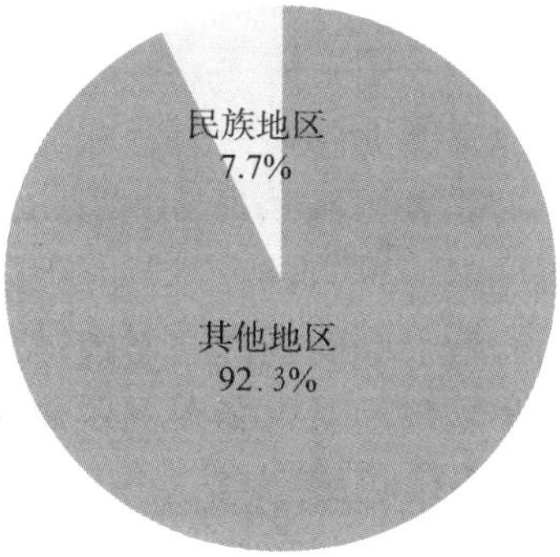

图4－3 民族地区占全省投资比率

消费：民族地区社会消费品零售总额698.1亿元，仍处于全省的末位，仅占全省的5%，如图4－4所示。

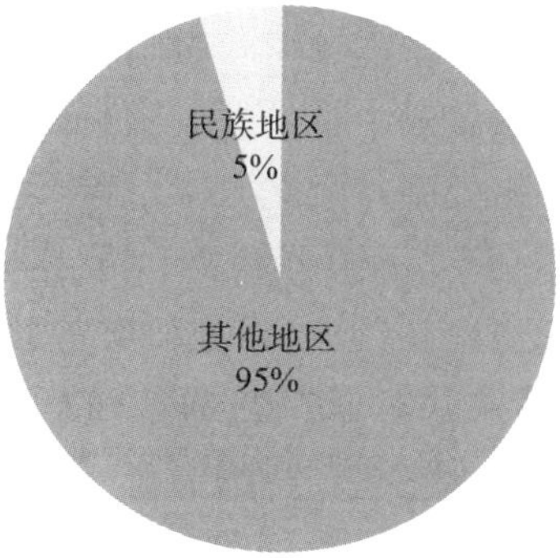

图4－4 民族地区占全省消费比率

地方财政收入：民族地区排在末位，占全省的5.4%，如图4-5所示。

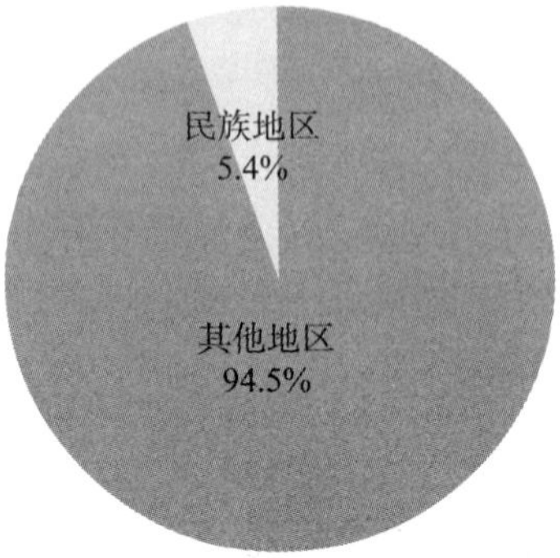

图4-5　民族地区占全省财政收入比率

2. 四川经济中的民族地方经济

从表4-10可以看出四川经济与民族地区经济状况。

表4-10　四川经济与民族地区经济状况

项目	2010年（“十一五”末）			2015年（“十二五”末）		
	全省/亿元	民族地区/亿元	民族地区比重/%	全省/亿元	民族地区/亿元	民族地区比重/%
生产总值	17 185.5	1 102.6	6.4	30 103.1	1 900.6	6.3
第一产业	2 482.9	240.3	9.7	3 677.3	379.9	10.3
第二产业	8 672.2	504.1	5.8	14 293.2	905.6	6.3
第三产业	6 030.4	358.2	5.9	12 132.6	615.1	5.1
人均生产总值	21 182（元）	15 129（元）	71.4	36 836（元）	26 171（元）	71.0
财政一般预算收入	1 561.0	101.6	6.5	3 329.1	179.1	5.4
财政一般预算支出	4 242.5	586.0	13.8	7 511.7	995.0	13.2
金融机构年末存款余额	30 299.7	1 506.0	5	59 184.8	2 322.3	3.9

续表

项目	2010 年（“十一五”末）			2015 年（“十二五”末）		
	全省/亿元	民族地区/亿元	民族地区比重/%	全省/亿元	民族地区/亿元	民族地区比重/%
金融机构年末贷款余额	19 129.8	698.7	3.7	38 011.8	1 083.7	2.9
城乡居民储蓄余额	13 650.8	584.8	4.3	28 575.9	1 019.2	3.6
公路里程	26.6（万公里）	6.1（万公里）	22.9	33.6（万公里）	7.6（万公里）	22.6
社会消费零售总额	6 634.7	337.0	5.1	13 877.7	691.8	5.0

数据来源：《四川省统计年鉴》（2011 年、2016 年）。

第一，民族地区与全省的发展差距仍在扩大。2010 年，人均国内生产总值比全省低 6 053 元，仅为全省平均水平的 71.4%；2015 年人均国民生产总值与全省的差距扩大到 10 665 元，比重为全省平均水平的 71%，下降了 0.4 个百分点。

第二，经济增长的投资依存度高，产业结构单一。农村经济结构调整始终未实现大的突破，传统工业结构优化升级步伐缓慢，支撑国民经济发展的支柱产业尚未培育形成。

第三，财政收支中民族地区地方比重较低。2010—2015 年民族地区地方财政一般预算收入在绝对数上大幅提升，但在相对数上仅为全省总量的 5.4%。因此，为了促进民族地方社会经济发展，中央财政应加大对民族地区财政转移支付力度和专项扶持，以推动民族地方社会经济和社会各项事业的发展。

第四，统计数据还可以看出民族地区“社会消费零售总额”不仅比重低，而且增长幅度也不大，一定程度上反映了民族地区经济还欠发达的现实。这也说明，采取一定的措施推动民族地区消费的发展，不仅有利于提高当地人民群众的物质生活水平，而且有利于推动地方经济的发展。

占全省很大比重的民族地区，基本上都面临着农业沉重、工业落后和财政困难等问题，工业反哺农业、城市支援农村的效应在这些地区还很薄弱，比较优势不明显、资金缺乏、人才匮乏、产业滞后等矛盾成为制约民族地区发展的因素。民族地区如何走出一条符合当地实际的新型城镇化道路，是一个需要深入探索的课题。

第五章　四川民族地区新型城镇化发展现状

第一节　四川民族地区新型城镇化的现状

新常态下，四川民族地区在省委、省政府的领导下，贯彻执行国家关于加快推进新型城镇化和城市化建设的各项精神和要求，明确提出了新型城镇化的目标和措施，抓住各项机遇，以基础设施建设和精准扶贫为先导，在新型城镇化发展上取得很大进展，这集中表现在以下六个方面。

一、城镇化水平稳步提升

四川省民族地区城镇化水平稳步提升，2015 年四川民族城镇化率为 32.3%，比 2011 年城镇化率提升了 17.7 个百分点。阿坝州 2015 年城镇化率为 36.8%，比 2011 年提高 5.1 个百分点，年均增长 1.02 个百分点；甘孜州 2015 年城镇化率为 28.1%，比 2011 年提高 5.7 个百分点，年均增长 1.14 个百分点；凉山州 2015 年城镇化率为 32.4%，比 2011 年提高 2.4 个百分点，年均增长 0.48 个百分点。尽管民族地区城镇化水平仍然普遍较低，但每年都在稳步提升，详情见表 5－1。

表 5－1　2011—2014 年三州城镇化率对比　　%

项目	2011 年	2012 年	2013 年	2014 年
阿坝州	31.7	33.4	34.6	35.7
甘孜州	22.4	24.4	25.8	26.9
凉山州	30.0	29.6	30.6	31.4

资料来源：《四川省统计年鉴》（2012—2016 年）。

二、基础设施建设不断完善

近年来，随着中央财政对民族地区投入力度不断加大，四川民族地区的城镇基础设施建设不断完善。特别是“十一五”期间中央和省级财政特殊安排的“四川少数民族地区发展资金”（“三州开发资金”）和四川支援不发达地区发展资金（简称“民族地区两项资金”），解决了民族地区经济发展和老百姓亟需解决的大量根本问题，农田、县乡公路、水利、电力、通信、广播电视、新能源建设等方面得到了很大改善。以甘孜州为例，截至2015年，新增城市供水能力1万t，13个城市生活垃圾处理工程新增垃圾处理能力300 t。

“十二五”时期，民族地区新改建公路里程8 106 km。特别是三州通县油路建设工程的实施，使三州所有县的公路全部实现了黑色化，极大地改善了三州的交通条件。又通过投入民族地区两项资金实施农村道路通畅工程，修建通村公路1 944 km，修建山区公路水泥桥、钢架桥和人行铁索桥等127座，解决了431个村道路交通运输难问题，促进了城镇交通网络建设。

城镇基础设施的完善对于改善城镇面貌、增强城镇功能、推进城镇化发展、保护生态环境、提高人民生活水平、促进城镇经济社会又好又快发展起到了重要作用。

三、小城镇发展较快

在民族地区经济、社会和生态的可持续发展中小城镇发挥着越来越重要的作用，它是城市化发展战略的重要组成部分，是经济、社会主要空间载体和城乡经济交流的重要渠道，也是民族地区统筹城乡经济社会协调发展的重要纽带。20世纪90年代初，随着建立社会主义市场经济体制的要求，四川民族地区开展了以村镇建设、市场建设、道路建设为主要内容的城镇化建设，使民族地区的城镇建设得到了前所未有的发展，城镇规模比原有的扩大了好几倍，城镇功能进一步增强，城镇人口得到了空前的发展，城市环境有了明显的改善。第三产业的比重迅速上升，出现了一批在全省乃至全国有影响的著名城镇，如以工矿企业为代表的泸定县的冷碛镇，以水电业为特色的汶川县映秀镇，以旅游业为基础的理县米亚罗镇等。

国家西部大开发战略的启动，又为四川省民族地区城镇建设提供了前所未有的发展机遇，为经济建设注入了新的活力。城镇化进程迅速，且主要表现在三个方面：一是中心城镇急速膨胀；二是小城镇大量兴起；三是中心城镇将周边小城镇纳入城市扩张和影响范围，实行区域整合。在新常态下，阿坝州、甘孜州、凉山州的城镇建设都已初具规模。阿坝州城镇主要沿国道G213、G317和省道S302建设，这三条主要交通干线上汇集了60%以上的城镇。目前阿坝州共有13个县城、19个镇（不包括13个边关镇）、191个乡，基本形成了以汶川、茂县、马尔康、九寨沟4个州级中心，松潘、金川、小金、黑水等9个县城为县域中心，19个城镇节点的城市体系雏形。① 城镇间联系日趋紧密，人口沿城镇轴线聚集的趋势加快，已形成典型的以城镇为区域增长极，以交通干线为城镇发展轴的“点—轴”城镇空间结构。大规模城镇建设，不仅使民族地区基础设施长期滞后的局面有了很大的改变，城乡面貌发生了显著变化，城镇功能明显增强，市场档次明显提高，交通状况大为改善，投资环境得到优化，而且在转移农村剩余劳动力、促进乡镇企业集中、促进农村产业结构调整和形成地方支柱产业等方面都起到了十分重要的作用。②

四、城镇化质量不断提高

四川民族地区城镇化质量不断提升，城镇功能日趋完善，公共服务体系建设逐步完备。以阿坝州为例，2015年阿坝州人均日生活用水量达到170.1L，用水普及率为94.6%，燃气普及率为49.2%。县城供水综合能力为10万m^3/日，供水管道长度为340.3 km。建成区供水管道密度为7.5 km/km^2，排水管道密度为5.5 km/km^2。污水集中处理率为14.2%，生活垃圾处理率为70%，生活垃圾无害化处理率为38.5%。天然气储气能力为14.7万m^3，供气总量为750.2万m^3，供气管道长度为110.3 km。排水管道长度为24.1 km，道路长度为250.9 km，道路面积为260.7万m^2；污水处理厂6座，日处理污水能力达到6万m^3；松潘、茂县、九寨沟三个县的生活垃圾处理率已达到100%。城镇功能和人居环境的改善，提高了城镇的承载力，对城镇化的推动作用逐步增强。

五、城乡人民生活水平稳步提升

近年来，四川民族地区以科学发展为主题，以加快转变经济发展为主线，推进新型城镇化建设，居民收入稳定增长，生活水平持续改善，不断开创全面建设小康社会新局面。“十一五”末期的2010年，城镇在岗职工年平均工资为16 995元，农牧民人均纯收入为4 121元，到2015年分别达到24 430元和9 250元。五年间，城镇职工工资增长值为7 435元，增加了1.4倍；农牧民人均纯收入增长了5 129元，增加了2.2倍。随着城乡居民收入的持续增长，城乡居民的消费能力也在不断增强，消费水平和层次不断提升，

---

① 《四川省民族地区城镇化概况》摘自四川城镇化发展报告（2015）. 北京：社科文献出版社，2015：187.

② 蒋彬. 四川藏区城镇化进程与社会文化变迁研究［M］. 成都：巴蜀书社，2005：105.

城乡居民人均消费支出逐步加快，以居住、交通通信、文教娱乐、医疗保健为热点的城乡居民消费支出明显增加，食品消费占消费支出的比重在逐步降低，2015 年社会消费品零售总额 691.8 亿元，城乡居民储蓄存款余额 1 019.2 亿元，城市居民恩格尔系数为 45.3%；农村居民恩格尔系数为 60.1%。经济发展给民族地区群众带来了实惠，人民群众也切实享受到了发展的成果。

2015 年，四川省三州农牧民增速均高于全省平均水平，分别位居全省前三位（表 5－2）。阿坝州全年城镇居民人均可支配收入 25 939 元，低于全省平均水平 26 205 元，比上年增收 789 元，增长 8.0%。农村居民人均可支配收入 9 711 元，比上年增收 1 845 元，增长 13.1%。甘孜州城镇居民人均可支配收入 24 978 元，增长 8.7%；农村居民人均可支配收入 8 408 元，增长 14.5%。凉山州城镇居民人均可支配收入 24 084 元，增长 7.7%；农村居民人均纯收入 9 422 元，比上年净增 1 158 元，增长 11.3%。

表 5－2　2015 年四川全省和三州居民收入对比

项目	城镇居民收入/元	增长率/%	农村居民收入/元	增长率/%
全省	26 205	8.0	10 247	9.6
阿坝州	25 939	8.0	9 711	13.1
甘孜州	24 978	8.7	8 408	14.5
凉山州	24 084	7.7	9 422	11.3

数据来源：《四川省统计年鉴》（2016 年）。

六、乡镇企业发展已成为推动农村城镇化的重要载体

乡镇企业起步于 20 世纪 50 年代末和 60 年代初，当时是作为农业生产的补充形式出现的。党的十一届三中全会以后，随着民族地区各项事业的蓬勃发展，乡镇企业同样得到迅猛发展。党的十四大把发展民族地区乡镇企业摆上重要日程，并进一步提出："继续大力发展乡镇企业，特别要扶持和加快中西部地区和少数民族地区乡镇企业的发展"，为民族地区乡镇企业的大发展、快发展明确了目标和方向。发展乡镇企业是实现农业现代化、农村工业化、乡村城市化、城乡一体化的根本途径，这已被发达地区的实践所证明。民族地区乡镇企业在改革开放以来也获得了快速发展，取得了较好成绩，日益成为民族地区农村经济的重要组成部分。

四川民族地区乡镇企业是在我国商品经济逐步发展、改革开放不断深入的历史背景下逐步发展起来的，经过近 20 年的发展、改革，乡镇企业已成为四川民族地区农村经济的重要组成部分。乡镇企业的快速发展，不仅增加

了农村剩余劳动力的就业机会，增加了农牧民的收入，更为重要的是改变了民族地区人们封闭落后的思想观念，促进了民族地区农村经济结构的调整。乡镇企业对四川民族地区经济和“三农”的贡献日益增强，也在一定程度上促进了城镇化的发展。

第二节　四川民族地区新型城镇化发展水平评价

一、四川民族地区新型城镇化水平

从纵向上看，四川民族地区新型城镇化发展取得了前所未有的成效，但从横向上看，由于特殊的自然环境和城乡二元结构尚未从根本上改变等原因，民族地区经济发展水平滞后于全国、全省水平，民族地区与非民族地区之间还存在着不平衡性，城乡发展不协调客观存在。

1. 城镇化水平差距

2015 年四川农村非农劳动力的比例是 49.3%，而民族地区约为 16%，农村劳动力转移率低。2015 年四川全省城镇化率 47.7%，民族地区城镇化率仅为 32.3%，比全省城镇化率低 15.4 个百分点。

2. 经济和人口总量

2015 年，四川 GDP 总量达 30 103.1 亿元，而 3 个民族自治州、3 个民族自治县 2015 年国民生产总值为 1 900.6 亿元，仅占全省国民生产总值的 6.3%，对四川经济发展贡献率低。民族地区经济发展相对于全省经济发展水平的差距也在扩大。2010 年人均 GDP 为 15 129 元，比全省低 6 053 元，仅为全省平均水平的 71.4%；2015 年人均国民生产总值与全省的差距扩大到 10 665 元，比重为全省平均水平的 71%，下降了 0.4 个百分点。

3. 县域经济实力薄弱

县域经济实力薄弱主要表现在各县 GDP 总值和人均 GDP 较低。2012 年，四川民族地区 51 个县人均 GDP 为 18 155 元，比全省的平均水平低 11 453 元，仅相当于全省人均水平的 61.3%，这一比例在 2010 年为 71.5%、2011 年为 72.8%，可见，四川民族地区 51 个县的人均 GDP 与全省人均 GDP 的差距在拉大。[①] 2015 年，甘孜州 18 个县中有 11 个县的 GDP 不超过 10 亿元，阿坝州 13 个县也有 8 个县的 GDP 没有超过 10 亿元。

---

① 四川民族地区县域经济发展研究，四川县域经济网，2016 年 12 月 19 日，http://www.ddxyjj.com/zhuanti_xiangxi.asp?i=6101.

从总量上看，2012 年地区生产总值最高的西昌市达 334.04 亿元，而最低的炉霍县仅为 4.07 亿元，最高县是最低县的 82.07 倍；财政收入最高的西昌市为 28.82 亿元，最低的壤塘县仅为 0.15 亿元，最高县是最低县的 192.13 倍，县与县之间的差距巨大。从发展速度上看，2012 年，民族地区有 41 个县地区生产总值同比增速超过 10%，同比增速最高的县甚至超过 30%，如黑水县同比增速为 39.5%、泸定县同比增速为 35%；但某个县地区生产总值比上年下降了 7.9%；2012 年，四川民族地区 51 个县中有 22 个县 GDP 增速低于全省 12.6% 的增速,[①] 见表 5－3。

表 5－3　2012 年不同发展层次县主要指标对比

项目	全部县	最低收入县	最高收入县	最高是最低的倍数
县域 GDP/亿元	1 594.56	4.07	334.04	82.07
财政收入/亿元	130.04	0.15	28.82	192.13
人均 GDP/元	18 155	6 513	45 762	7.0
城镇人均可支配收入/元	19 600	14 559	16 014.9	1.1
农民人均纯收入/元	5 290	3 607	8 296.1	2.3

4. 全面建设小康社会实现程度

十八大报告明确提出要在 2020 年全面建成小康社会。根据国家统计局下发的《全面建设小康社会统计监测指标体系》测算，2015 年四川省全面建设小康社会的实现程度为 90%。而民族地区全面建设小康社会实现程度仅为全省平均数的 67.9%，甘孜州 18 个县仅为 61%。对四川民族地区 51 个县达到全面小康的难度进行分析发现：51 个民族县中得荣、石渠、巴塘、理塘和壤塘等 31 个县（同时是连片特殊困难区的贫困县）的农民人均纯收入必须以 19.0% 及以上的速度增加，到 2020 年才能实现 15 000 元的目标，达到全面小康的水平。而过去的收入增长速度远低于 19%，甚至低于全省的平均水平。要实现全面小康，必须采取超常规措施、跨越式发展县域经济。这一数据也说明，四川省内区域经济社会长期发展不均衡、不同步。要改变现状，实现惠及全省人口的全面小康社会，工作重点需要加大力度支持民族地区的经济发展。

① 四川民族地区县域经济发展研究，四川县域经济网，2016 年 12 月 19 日，http://www.ddxyjj.com/zhuanti_xiangxi.asp?i=6101.

5. 社会保障事业情况

我国城镇居民从实行计划经济起，就逐步建立了系统全面的退休养老和医疗保障制度，这一制度经过几轮的改革日益完善。农村居民，除在20世纪六七十年代有过较短时期的极低水平的农村合作医疗保障外，基本无养老、医疗等社会保障制度。近年来，农村社会保障问题开始凸现①。四川省民族地区农村社会保障制度也大致相同，发展明显滞后，与城镇和其他发展迅速的农村存在巨大差距。

在医疗卫生方面，民族地区卫生资源主要集中在城镇。城镇有比较完善的医疗体系，农村医疗网点少，偏远地区卫生资源极其缺乏，医务人员数量少且业务水平不高。城镇居民一般享有医疗保险，而农牧民医疗费用由家庭个人负担。2003年国家开始探索农村新型合作医疗制度，虽然这一制度在解决农民看病难、看病贵方面发挥了一定的积极作用，但这一制度规定的筹资水平低，远不及城镇职工医保的筹资水平。

社会保障制度是经济社会发展的“稳定器”和“调节器”。我国的社会保障制度特别是民族地区的社会保障制度存在着很多缺陷，表现之一就是社会保障体系对农牧民的覆盖面小，社保范围偏于城镇居民。相对于正在逐步健全和完善的农村新型合作医疗制度，民族地区农村社会养老保险制度仍然以家庭为主，行之有效的制度构架没有建立，以至于依赖农村最低生活保障制度和民政救济安排。因此，构建符合民族地区农村社会经济水平和习俗，与城市社会基本养老保险制度相衔接的保障制度，是四川民族地区需要解决的重大问题。

二、四川三个民族自治州新型城镇化发展测评

1. 三个民族自治州城镇化历年发展变化

三个民族自治州城镇化历年发展变化情况见表5－4。

表5－4　三个民族自治州在2000、2005、2010、2015年与全省其他市州城镇化率比较

%

市（州）	2000年	2005年	2010年	2015年	2010—2015年年均增长
成都市	53.48	59.9	65.51	71.47	1.19
自贡市	28.37	35	41.02	47.88	1.37

① 王飞跃．公共政策与民族地区城乡统筹发展对策研究——以贵州省为例［M］．北京：经济科学出版社，2008：101.

续表

市（州）	2000 年	2005 年	2010 年	2015 年	2010—2015 年年均增长
攀枝花市	56.1	56.6	60.1	64.74	0.93
泸州市	28.4	34	38.8	46.08	1.46
德阳市	26.6	35.8	41.32	48.47	1.43
绵阳市	32.5	36.4	39.85	48	1.63
广元市	26	27.4	32.98	40.83	1.57
遂宁市	28.6	31.7	38.38	45.91	1.51
内江市	21.4	34.7	39.36	45.61	1.25
乐山市	25.9	34.5	39.48	47.31	1.57
南充市	18.7	28.3	35.91	43.82	1.58
眉山市	19.8	26	34.11	41.87	1.55
宜宾市	16.6	28.3	38	45.1	1.42
广安市	23.3	19.8	29.07	37.22	1.63
达州市	23.3	25.5	32.71	40.87	1.63
雅安市	14.1	29.3	34.62	42.55	1.59
巴中市	16.6	21.6	29.31	37.52	1.64
资阳市	12.5	23.7	32.73	39.5	1.35
阿坝州	14.7	27.9	30.1	36.77	1.33
甘孜州	14.9	17.5	20.53	28.06	1.51
凉山州	18	24.5	27.52	32.44	0.98

数据来源：《四川统计年鉴》2001 年、2006 年、2011 年、2016 年。

从表 5－4 可以看出，四川三个民族自治州城镇化率不断提升，但增速较慢，与四川省其他市比较还有较大的差距。

2. 2015 年四川三个民族自治州与其他市城镇化水平比较

经测算，2015 年四川省 21 个市（州）城镇化水平综合分值如表 5－5 所示。总体上说，在新常态下，2015 年四川省 21 个市（州）城镇化发展仍然在稳步推进。成都市综合城镇化排名第一，依旧处于城镇化的先进水平。三个民族自治州城镇化均处在排名靠后的位置。①

① 文字、图表均来自《四川城镇化蓝皮书（2017 年）》总报告［M］. 北京：社科文献出版社，2017 年 4 月第 12 页.

表 5－5　2015 年四川省 21 个市（州）城镇化水平综合分值

区域	人口规模		产业支撑		基础设施		公共服务		资源环境		协调发展		综合城镇化	
	得分	排名	得分	排名	得分	排名	得分	排名	得分	排名	得分	排名	得分	排名
成都市	14.72	1	17.55	1	17.06	1	15.29	1	11.68	3	11.57	1	87.86	1
自贡市	9.32	6	6.02	9	6.86	7	7.13	11	9.49	14	9.82	11	48.61	9
攀枝花市	11.51	2	8.51	3	10.25	2	8.48	2	8.62	19	10.72	3	58.09	3
泸州市	8.99	7	5.73	11	8.33	4	7.52	8	9.07	17	9.85	10	49.49	5
德阳市	9.54	4	8.38	4	6.92	6	7.84	5	10.92	4	10.39	6	54.00	4
绵阳市	8.70	8	11.65	2	8.74	3	8.08	4	10.09	8	11.51	2	58.76	2
广元市	7.05	18	4.93	16	5.97	20	6.43	16	9.63	12	9.06	18	43.07	17
遂宁市	8.46	9	4.67	18	6.46	11	6.61	14	9.05	18	10.71	4	45.95	15
内江市	9.99	3	5.86	10	6.07	21	6.60	15	9.59	13	9.40	14	47.51	13
乐山市	7.98	12	6.45	5	7.01	5	7.66	6	9.09	16	10.18	7	48.37	10
南充市	8.17	11	6.33	6	6.40	13	8.43	3	9.99	9	9.37	16	48.69	8
眉山市	7.75	13	5.29	14	6.78	8	6.63	13	10.66	6	10.56	5	47.67	12
宜宾市	9.26	5	6.32	7	6.58	10	7.56	7	9.41	15	9.81	12	48.94	6
广安市	7.62	14	4.88	17	6.36	8	7.05	12	12.12	2	10.11	8	48.15	11

续表

区域	人口规模		产业支撑		基础设施		公共服务		资源环境		协调发展		综合城镇化	
	得分	排名	得分	排名	得分	排名	得分	排名	得分	排名	得分	排名	得分	排名
达州市	7.21	16	5.62	12	5.09	19	7.13	10	9.72	11	8.73	19	43.51	16
雅安市	8.11	10	5.33	13	6.68	9	6.30	17	10.47	7	9.72	13	46.60	14
巴中市	6.32	19	3.97	20	3.66	13	5.92	19	9.85	10	9.38	15	39.11	19
资阳市	7.19	17	5.21	15	6.46	12	7.33	9	12.80	1	9.90	9	48.88	7
阿坝州	5.59	20	4.44	19	5.07	17	5.55	20	5.28	21	9.21	17	35.14	21
甘孜州	7.53	15	3.70	21	5.74	10	5.01	21	6.27	20	7.82	21	36.08	20
凉山州	5.45	21	6.24	8	4.85	18	6.28	18	10.87	5	7.94	20	41.63	18

数据来源：根据《四川省统计年鉴》（2016）整理而得。

2015 年 21 个市（州）综合城镇化排名：前五名是成都市、绵阳市、攀枝花市、德阳市、泸州市；后五名是广元市、凉山州、巴中市、甘孜州、阿坝州。

◆ 人口规模得分排名：前五名是成都市、攀枝花市、内江市、德阳市，宜宾市；后五名是资阳市、广元市、巴中市、阿坝州、凉山州。

◆ 产业支撑得分排名：前五名是成都市、绵阳市、攀枝花市、德阳市、乐山市；后五名是广安市、遂宁市、阿坝州、巴中市、甘孜州。

◆ 基础设施得分排名：前五名是成都市、攀枝花市、绵阳市、泸州市、乐山市；后五名是阿坝州、凉山州、达州市、广元市、内江市。

◆ 公共服务得分排名：前五名是成都市、攀枝花市、南充市、绵阳市、德阳市；后五名是雅安市、凉山州、巴中市、阿坝州、甘孜州。

◆ 资源环境得分排名：前五名是资阳市、广安市、成都市、德阳市、凉山州；后五名是泸州市、遂宁市、攀枝花市、甘孜州、阿坝州。

◆ 协调发展得分排名：前五名是成都市、绵阳市、攀枝花市、遂宁市、眉山市；后五名是阿坝州、广元市、达州市、凉山州、甘孜州。

第六章　四川民族地区新型城镇化发展的主要问题和对策

第一节　四川民族地区新型城镇化发展的现实问题

一、城镇化水平低，城镇规模偏小

四川省民族地区城镇化水平较低。2015 年，四川民族地区城镇化率为 32.3%，三个民族自治州的城镇化率分别为：阿坝州城镇化率 36.8%，甘孜州城镇化率 28.1%，凉山州城镇化率 32.4%。它们分别低于全省城镇化率。和全国相比，城镇化率差距更大，见表 6－1。

表 6－1　2015 年四川民族地区城镇化率与全国、全省比较

项目	城镇化率/%
全国	56.1
四川省	47.7
四川民族地区	32.3

在城市规模方面，甘孜州只有康定市城镇人口超过 5 万人，人口低于 1 万人的县城就有 4 个，约占甘孜州 18 个县城的 22.2%。凉山州除了西昌市城镇人口超过 40 万人以外，大多数县城人口在 1 万～3 万人，多数小城镇人口仅有几百到几千人，上万人的小城镇屈指可数，城镇规模偏小，且众多小城镇还处在自然发展状态。由于城镇化水平低和城镇规模过小，所以在很大程度上制约了城镇的聚集能力和辐射能力。

二、产业结构单一，支撑作用有限

四川省民族地区城镇产业构成单一，社会经济发育程度低，产业对城镇化发展支撑作用有限。第一产业方面，大部分县城的第一产业产值比重在30%以上，农业是县域经济的主体，同时也是县域城镇发展的经济支柱。第三产业方面，以旅游、商贸、餐饮服务业为主，且整体消费能力和层次比较低，金融、信息、咨询等现代服务业几乎没有发展。旅游资源丰富的城镇大多数尚未建立旅游服务体系，城镇缺乏特色产业支撑，千城一面。

工业是国民经济的支柱产业，改革开放以来四川少数民族地区工业经济发展迅猛。2015 年，民族地区 51 个县工业总产值突破 2 000 亿元。但同时，民族地区工业经济发展已面临新的问题和挑战。一是主导产业单一。四川民族地区的产业结构和物质基础决定了民族地区在过去很长一段时间内，主要以水电和矿产资源的开发利用为主，这种发展模式已根植于民族地区的发展脉络中，逐渐形成了资源依赖型经济，导致民族地区主导产业单一，个别县甚至没有支柱产业，难以保持经济持续健康发展。二是产业规模小。从总体上看四川民族地区工业规模小，数量少，平均产值低，未形成规模效益和集群效应。工业增长方式没有摆脱资源型、粗放型增长模式，有一定规模的企业大都集中在能源类、基建类，且基本上还处于对自然资源（如矿产等）进行初加工的传统工业发展初级阶段。部分县没有发展工业的条件。有 32 个县规模以上工业企业个数在 10 个以下，其中有 11 个县甚至一个规模以上企业都没有。三是产业资金投入不足。原因之一，政府投入不足。四川民族地区政府虽然逐年加大了资金投入，但由于财力相对薄弱，加上资金投入方向较为分散，专项资金少，相对于目前产业发展的现状和需要，对产业化的投入还显得不足。原因之二，企业投入不足。一则企业自有资金不足，投入少；二则企业融资困难。民族地区虽有相关政策支持，但企业贷款仍然比较困难，发展产业资金不足。四是产业发展科技支撑不足。主要表现在专业人才缺失，缺乏发展高科技产业的专业技术人才，新技术普及难度大，先进生产技术和管理水平亟待提高。

民族地区大部分城镇非农产业支撑弱，城镇功能不完善，就业机会小，部分偏远城镇对人口的吸引力不够，极化作用不明显，人口外流，部分县城及城镇人口呈机械负增长。

三、城镇化水平差距较大，发展极不平衡

四川民族地区各县城镇化水平差距较大，所处城镇化进程阶段各不相同。2015 年甘孜州康定市城镇化率为 51.4%，新龙县城镇化率最低，为

14.1%，康定市比新龙县高出37.3个百分点。在甘孜州18个县中理塘县城镇化率增长最快，年均增长4个百分点。而新龙县、德格县、白玉县3个县城镇化水平呈现负增长趋势，州域内各县之间的城镇化发展差距正加速扩大。根据城镇化发展阶段的规律，康定市、泸定县、理塘县已经进入城镇化的快速增长阶段（城镇化率超过了30%），而其余各县仍处于缓慢的增长阶段，见表6-2。

表6-2　2015年四川省三州各县城镇化率

区域	年末常住人口/万人	城镇人口/万人	乡村人口/万人	城镇化率/%
阿坝州				
马尔康市	5.96	2.92	3.04	49.0
汶川县	9.75	4.37	5.38	44.8
理县	4.81	1.68	3.13	34.8
茂县	10.76	4.81	5.95	44.7
松潘县	7.48	2.72	4.76	36.4
九寨沟县	8.19	3.98	4.21	48.6
金川县	7.40	2.27	5.13	30.7
小金县	7.98	2.76	5.22	34.6
黑水县	6.37	2.19	4.18	34.5
壤塘县	4.16	0.88	3.28	21.1
阿坝县	7.52	1.93	5.59	25.7
若尔盖县	7.81	2.15	5.66	27.6
红原县	4.82	1.54	3.28	31.9
甘孜州				
康定市	13.38	6.88	6.50	51.4
泸定县	8.87	3.67	5.20	41.4
丹巴县	7.03	2.09	4.94	29.8
九龙县	6.64	1.41	5.23	21.3
雅江县	5.31	1.13	4.18	21.3
道孚县	5.84	1.60	4.24	27.4

续表

区域	年末常住人口/万人	城镇人口/万人	乡村人口/万人	城镇化率/%
炉霍县	4.84	1.39	3.45	28.8
甘孜县	7.20	2.13	5.07	29.6
新龙县	5.09	0.72	4.37	14.1
德格县	8.55	1.40	7.15	16.4
白玉县	5.91	1.02	4.89	17.3
石渠县	9.97	1.62	8.35	16.3
色达县	6.10	1.33	4.77	21.7
理塘县	7.20	2.60	4.60	36.1
巴塘县	5.08	1.45	3.63	28.5
乡城县	3.45	0.92	2.53	26.6
稻城县	3.27	0.77	2.50	23.7
得荣县	2.76	0.56	2.20	20.2
凉山州				
西昌市	75.40	42.93	32.47	56.9
木里县	13.30	1.87	11.43	14.0
盐源县	36.10	10.27	25.83	28.4
德昌县	21.90	7.74	14.16	35.4
会理县	44.20	18.19	26.01	41.2
会东县	37.40	13.91	23.49	37.2
宁南县	18.40	5.76	12.64	31.3
普格县	16.20	3.46	12.74	21.4
布拖县	16.80	3.10	13.70	18.5
金阳县	17.00	2.57	14.43	15.1
昭觉县	25.60	5.17	20.43	20.2
喜德县	16.90	4.01	12.89	23.7
冕宁县	35.70	13.51	22.19	37.9
越西县	28.20	7.22	20.98	25.6

续表

区域	年末常住人口/万人	城镇人口/万人	乡村人口/万人	城镇化率/%
甘洛县	19.80	3.88	15.92	19.6
美姑县	22.30	1.99	20.31	8.9
雷波县	22.80	6.24	16.56	27.4

数据来源：《四川省统计年鉴》（2016 年）。

四、基础设施建设滞后，城镇承载能力有限

四川民族地区大多处在高原或者高山地区，地形较为复杂，行路难、用电难、饮水难等基本公共产品供给状况与其他地区形成了强烈的反差。加之基础设施建设难度大、成本高、周期长，基础设施建设仍然十分落后。据统计，“十二五”之后，全省民族地区尚有 14% 的行政村不通公路，20% 的行政村不通电，约 150 万人饮水安全问题得不到保障。

城镇基础设施建设滞后的突出表现为城镇道路建设质量差、城镇供水设施建设远不能满足供应需求、城镇生活污水处理设施和管网建设严重滞后、城镇生活垃圾处理设施落后及城镇基础设施建设发展不均衡。如凉山州的安宁河谷地区地势较为开阔，交通发展较快，G108 国道、成昆铁路、成昆高速，以及即将开工建设的成昆快速铁路，使得安宁河谷地区的交通基础设施得到了飞跃式发展。而阿坝州、甘孜州等地区由于山势较陡，加上地质灾害的影响，道路的通达能力较差，缺乏能承担大容量安全稳定运输任务的铁路交通，各个县城出口通道数量少，部分县城只有一条出口通道，难以满足经济社会发展和应对灾害、紧急事件的需要，极大影响了对外开放与交流合作。基础设施滞后严重制约了城镇的承载能力和城镇化进一步发展的空间。①

五、城镇体系结构不合理，城市功能单一

四川省民族地区城镇体系规模分布受地形地貌、经济发展水平、用地条件等因素的影响，城镇等级结构不完善，城镇体系结构松散，存在城镇规模小、职能单一、低水平均衡发展的特征。

从整体上看，5 万人以上的城市和人口大于 1 万人的建制镇数量明显不足，城镇密度较低。阿坝州城镇密度为 3.7 人/（万 km^2），仅为全省平均密

① 《四川省民族地区城镇化概况》，摘自《四川城镇化发展报告（2015）》. 北京：社科文献出版社，2015：192.

度（37.5）的1/10；甘孜州的城镇密度为1.8人/（万km^2），为全省平均密度的4.7%，是四川省城镇密度最小的地区。目前四川省每257 km^2就有一个建制镇，全国每499 km^2有一个建制镇，四川民族地区城镇分布密度远远低于全国和全省水平。整个民族地区设市的城市只有阿坝州的马尔康市、甘孜州的康定市和凉山州的西昌市，数量少。城镇化水平最低的甘孜州2015年城镇人口规模是32.69万人，352个镇（乡）平均城镇人口规模是928人，而全省镇（乡）平均人口规模为1 500人左右。可见，无论是城市数量还是城镇数量，四川民族地区均低于全国和全省的平均水平，城镇体系结构极不合理。

四川民族专业化城镇数量不多，城镇职能趋同。由于缺乏主导产业带动，城镇间分工不尽明确合理。大部分城镇以承担行政职能为主，而集政治、经济、文化于一地，融工农、财贸于一体，作为经济中心的吸纳和辐射能力有限。由于城镇布局分散、公共设施和服务供给难以形成规模效益，城镇之间横向联系薄弱，人才、信息、资金交流缺乏畅通的渠道。城镇的行政职能强而经济职能严重不足，这是四川民族地区普遍存在的问题。①

六、城乡收入差距进一步扩大

城镇居民人均可支配收入和农民人均纯收入反映了城乡居民收入水平的指标。虽然四川民族地区城乡收入尚无系统资料可以查询，但表6-3，表6-4以及图6-1～图6-3所示的阿坝州、凉山州、甘孜州主要民族地区的数据在一定程度上反映了民族地区本身城乡收入差距的扩大及与非民族地区的差距。

表6-3　四川省与三州城乡人均纯收入对比情况

项目	2010年			2015年		
	城镇居民人均可支配收入/元	农民人均纯收入/元	比例	城镇居民人均可支配收入/元	农民人均纯收入/元	比例
四川省	15 461	5 140	3:1	26 025	10 247	2.5:1
阿坝州	15 939	3 741	4.2:1	25 939	9 711	2.7:1
甘孜州	14 880	2 744	5.4:1	24 978	8 408	2.9:1
凉山州	14 879	4 565	3.3:1	24 084	9 422	2.6:1

数据来源：《四川省统计年鉴》

① 钟海燕．城市群发展战略下的四川民族地区城镇布局［J］．西南民族大学学报（人文社会科学版），2010（9）：181.

表 6－4　2010—2015 年四川省及三州城乡居民收入　　　　元

年份	四川省		阿坝州		甘孜州		凉山州	
	城镇居民人均可支配收入	农民人均纯收入	城镇居民人均可支配收入	农民人均纯收入	城镇居民人均可支配收入	农民人均纯收入	城镇居民人均可支配收入	农民人均纯收入
2010	15 461	5 140	15 939	3 741	14 880	2 744	14 879	4 565
2011	17 899	6 129	18 403	4 663	17 038	3 570	17 218	5 538
2012	20 307	7 001	21 168	5 770	19 560	4 610	19 835	6 419
2013	22 368	7 895	23 115	6 793	21 418	5 435	21 699	7 539
2014	24 381	8 803	25 150	7 866	23 303	6 307	23 609	8 264
2015	26 025	10 247	25 939	9 711	24 978	8 408	24 084	9 422

数据来源：《四川省统计年鉴》（2011—2016 年）。

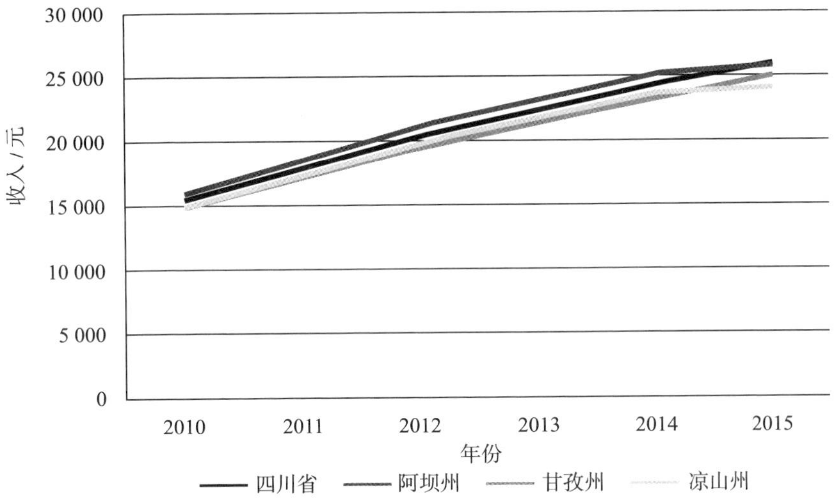

图 6－1　2010—2015 年城镇居民人均可支配收入变化

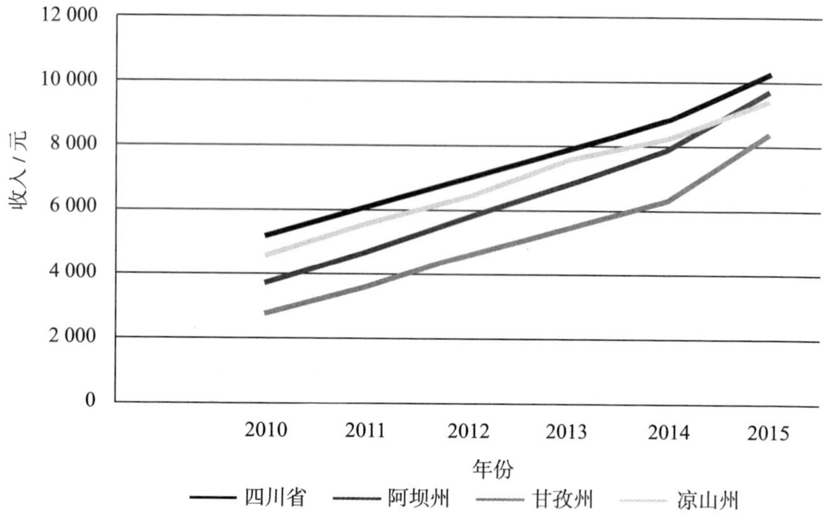

图 6－2　2010—2015 年农民人均纯收入变化

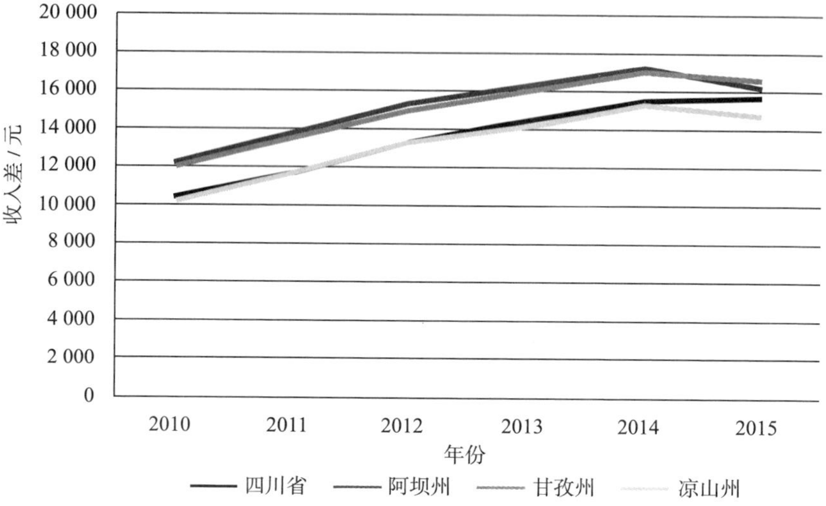

图 6－3　2010—2015 年城乡居民收入绝对差距

从图 6－1 可以看出，不论是从全省范围看，还是从各民族自治地区来看，城镇居民人均可支配收入在 2010—2015 年一直是呈上升趋势。① 2015 年的城镇居民人均可支配收入较 2010 年绝对增长数分别为：四川省 10 564

① 李杰. 民族地区城乡居民收入差距现状及对策研究——以四川省为例［J］. 智富时代，2015（2）.

元，阿坝州 10 000 元，甘孜州 10 098 元，凉山州 9 205 元。总体上看，全省水平及三州地区间的城镇人均收入的差距没有农民人均收入那样明显。在 2010—2014 年，阿坝州地区的城镇居民人均纯收入一直都要高于全省的平均收入水平。

从图 6－2 可以看出，不论是从全省范围看，还是从各民族自治地区来看，农民人均纯收入在 2010—2015 年一直是呈上升趋势。但从绝对收入水平看，在每一个相对应的年份中四川省总体的农民人均纯收入高于阿坝州地区，阿坝州又比凉山州要高，最低的是甘孜州。也就是说与全省平均水平相比，差距最大的是甘孜州，最小的是阿坝州，凉山州居中。2015 年甘孜州农民人均纯收入是 8 408 元，与全省人均水平间的绝对差值是 1 839 元。相当于四川省和凉山州 2014 年的水平。因此可以简单地理解为，甘孜州地区的发展比全省整体水平和凉山州慢约 1 年。

图 6－3 中的数据客观反映出民族地区与非民族地区城乡居民收入差距和增长差异。随着时间的推移，全省及三个民族地区的城乡居民收入间的绝对差距呈现出逐渐扩大趋势。城镇居民人均可支配收入与农民人均纯收入分别随时间的推移而增大，二者间的绝对差距逐年扩大，这说明农民收入的增长速度较城镇居民收入的增长速度要慢一些。

以上分析表明，四川民族地区农民收入与城镇居民收入的差距呈扩大的"剪刀差"状，"马太效应"越来越明显。收入水平决定居民的消费水平，而消费水平决定了生活质量。由于城镇居民收入水平明显高于农村居民，决定了其消费水平和生活质量也明显高于农村居民。城镇居民收入水平与农村居民收入的增长差异使得城乡物质消费水平也同样存在较大的差距。因此，四川民族地区的城乡收入差距问题值得高度重视。

第二节 四川民族地区新型城镇化发展的战略重点

一、四川民族地区新型城镇化发展的指导思想

四川民族地区自然地理条件恶劣，经济社会发展水平落后，居民居住相对分散，导致新型城镇化建设基础十分薄弱，建设环境十分复杂。因此，未来推进四川民族地区新型城镇化建设必须首先明确指导思想。

1. 推行新型城镇化战略

2015 年 3 月 17 日国务院颁布的《国民经济和社会发展第十三个五年规划纲要》明确提出要"坚持以人的城镇化为核心、以城市群为主题形态，

以体制机制创新为保障，加快新型城镇化步伐，提高社会主义新农村建设水平，努力缩小城乡发展差距，推进城乡发展一体化”，“建设包昆通道为纵轴，大中小城市和小城镇合理分布、协调发展的城市化战略格局”的新型城镇化发展战略。《国家新型城镇化规划（2014—2020 年）》强调要加快培育成渝城市群，强化城市分工合作，提升中心城市辐射带动能力；加强城市群规划与城镇体系规划、土地利用规划、生态环境规划等的衔接；要把加快发展中、小城市作为优化城镇规模结构的主攻方向，有重点地发展小城镇，促进大、中、小城市和小城镇协调发展；培育壮大陆路边境口岸城镇，完善边境贸易、金融服务、交通枢纽等功能，建设国际贸易物流节点和加工基地，依托陆桥通道上的城市群和节点城市，构建丝绸之路经济带。

2. 实施主体功能区规划

城镇建设必须依托一定的空间、人口、资源与环境，基于国土空间科学开发，实现经济、社会与环境可持续发展为目的的《全国主体功能区规划》（以下简称《规划》）对我国尤其是四川民族地区城镇建设具有重要的指导作用，该《规划》指出，未来，我国在推进城镇建设方面应“引导人口相对集中分布、经济相对集中布局，走空间集约化利用的发展道路”，要把城市群作为推进城镇化的主体形态，精心打造建设县城和有发展潜力的小城镇。在西部地区，要切实按照人口、经济、资源、生态环境相协调、统筹城乡发展、统筹区域发展的基本原则，尽快培育和发展一批聚集效率高、辐射作用大、城镇体系优、功能互补性强的城市群，重点开发建设北部湾、成渝、呼包鄂榆、关中—天水、黔中、滇中、藏中南、兰州—西宁、宁夏沿黄经济区与天山北坡等区域，尽快形成若干新的大城市群和区域性的城市群。上述区域作为西部少数民族重要的聚集地区，对推进西部民族地区城镇化进程具有重要作用，对四川民族地区的新型城镇化发展也有带动作用。

3. 促进新时期扶贫攻坚

区域城镇化发展阶段与当地经济与社会发展水平紧密相关，《中国农村扶贫开发纲要（2011—2020 年）》指出，要坚持扶贫开发与推进城镇化、建设新农村相结合，贫困地区要充分发展其资源优势，促进经济社会发展与资源环境相协调。四川民族地区作为我国经济社会发展水平较低区域，区域发展不平衡问题较为突出，贫困地区特别是集中连片特殊困难地区发展相对滞后。民族地区中的贫困地区既是扶贫攻坚的主战场，也是民族地区城镇建设的空间载体。因此，民族地区城镇化进程必须将扶贫开发充分考虑进来，紧紧抓住国家对贫困地区实施扶贫开发的重要契机，充分利用扶贫开发政策与资金，借助教育、卫生、文化、就业、社会保障等民生工程建设，利用好易地扶贫搬迁、整村推进、重点群体等专项扶贫措施，建立城镇建设用地增加规模同吸纳农业转移人口落户数量挂钩机制，加快推进当地城镇化建设。①

二、四川民族地区新型城镇化发展的战略原则

1. 以人为本

新型城镇化的核心是人的城镇化，城镇化不仅是居住人口数量的增加、城镇空间的扩张，更应该是公共服务的及时保质保量供给与居民生活方式的转变及文化的认同。《国民经济和社会发展第十三个五年规划纲要》明确提出要“坚持以人的城镇化为核心”，以人为本的城镇化必须深化户籍制度改革，使在城镇有稳定工作的农业转移人口可以在城镇安家落户，并享有与原城镇居民同等的社会保障。民族地区各城镇可依据自身实际承载力、经济状况与社会发展水平制定有差异的落户政策；要尽快全面落实居住证制度，保障居住证持有人在居住地享有义务教育、公共卫生与就业服务等基本公共服务，鼓励有条件的民族地区扩大对居住证持有居民的公共服务范围，提高服务质量。切实维护进城落户农民的土地承包权、宅基地使用权、集体收益分配权，并支持引导其依法自愿有偿转让。

2. 因地制宜

空间的异质性特征与城镇必须以空间为载体的特性决定了不同空间的城镇及其建设存在一定的差异，尤其在自然地理条件差异较大的民族地区，在推进城镇化进程中必须牢牢坚持因地制宜的原则，充分考虑当地生态环境、地质地貌、气候特征、自然资源、人口数量、经济基础、民族习俗、社会发展等因素，发挥自身比较优势，打造特色城镇。在自然资源储存丰富的地区可通过矿产资源的深加工，打造资源产业链条；对于区位条件较为优越的地区可通过发展商贸产业，推进城镇化建设；对于旅游资源较为丰富的地区可通过深度挖掘其旅游资源，打造旅游产业链条以推进城镇化建设；对于交通条件较为便利的地区，可以利用交通沿线优势推进城镇化建设。

总之，民族地区推进城镇化建设必须坚持因地制宜原则，通过发挥各自资源优势，以资源促产业，以产业来兴城，构建各具特色的工业、商贸、旅游等城镇及城镇群。

3. 文化认同

文化作为一种普遍的社会现象，对于一国或地区经济社会发展及其居民日常生产生活具有重要影响，文化认同作为构建社会整体性的基础，对社会

① 何燕．中国西部民族地区新型城镇化发展战略研究［D］．西南财经大学硕士论文，2016 年．

和谐与稳定具有直接影响。《国民经济和社会发展第十三个五年规划纲要》提出，未来要提高城市治理能力与开放度和包容性，打造和谐宜居、富有活力的城市，而文化作为促进城市和谐的重要因素，就要求在城镇发展进程中注重对文化认同的培育，紧紧坚持文化认同的原则。四川民族地区因为少数民族传统文化的影响，往往存在多种文化，尤其是宗教文化氛围特别浓厚，这更需要在推进新型城镇化进程中注意对文化认同原则的坚持，尤其是针对进城的少数民族人口，当地社区要充分考虑并尊重其民族风俗习惯，积极鼓励少数民族居民在社区活动中发挥自身民族特色。

4. 生态宜居

人口在空间的迅速聚集会改变生态系统自有的循环速度，城镇生产生活废弃物的大量排放往往会超出城镇自身生态系统的自我净化能力，进而对生态环境造成破坏，加剧城镇人口与生态环境间的矛盾，不利于城镇的良性发展。《国民经济和社会发展第十三个五年规划纲要》明确提出，城镇要依据自身资源环境承载力调整建设规模，实行绿色规划，建设绿色城市的要求。四川民族地区大多处于生态环境优美但生态系统比较脆弱的限制开发区与禁止开发区，因此，在推进新型城镇化进程中，始终坚持“生态宜居”的战略原则来打造宜居空间就显得尤为重要。

四川民族地区的城镇规划要将低碳、循环、生态、宜居的理念引进来，建设过程中要科学合理利用空间，尽可能减少对周边环境的污染和生态破坏，尽量使用环保型建设原材料，减少资源浪费，降低建筑能耗，开展绿化行动，严禁移植天然大型树木进城，增加绿地面积。对荒漠化较为严重的民族地区，要切实扩大退耕还林还草，保护治理草原生态系统，推进禁牧休牧轮牧和天然草原退牧还草，加快推进荒漠化、石漠化、水土流失综合治理，有序对居住在自然保护区核心区和缓冲区的居民实施生态移民，对居民普及绿色生产与生活理念，丰富城镇生态产品，优化生态服务空间配置，适度开发公众休闲、旅游观光、生态康养服务和产品，提升城镇生态公共服务供给能力，加快城乡绿道、郊野公园等城乡生态基础设施建设，发展森林城市，拓展绿色宜人的生态居住空间，为城镇居民创造优美的宜居生产生活环境，实现生态环境与人文环境的和谐。

三、四川民族地区新型城镇化发展的动力机制

1. 重视发展特色生态产业，增强城镇化发展基础动力

积极发展生态绿色农业，提高农业劳动力的生产效率，推动农村剩余劳动力向城镇尽快转移。大力发展高原生态农业、沿河谷地带的水果种植

产业、草原地区的畜牧养殖业，畅通渠道，以专供、直供形式与城市超市对接。积极发展农副产品加工业，提高商品竞争力及附加值，为城镇提供充足就业岗位，增强城镇经济实力及就业吸纳能力，增强城镇化发展基础动力。

2. 积极发展旅游产业，增强城镇差异化发展动力

四川民族地区丰富的旅游资源，依托旅游产业的推动力和促进作用，积极推动城镇化发展。积极依托“新大九环线”战略的形成以及大香格里拉旅游环线、环德格康巴文化旅游圈、藏羌彝走廊等旅游线路和产品，提升旅游业发展等级，以生态观光、休闲度假、商务会展、生态养生为重点开发旅游项目。结合新型城镇化建设发展旅游项目，可以提高城镇旅游接待能力，持续增强旅游业的可持续发展能力，提高民族地区城镇差异化发展能力。

3. 创新发展新型工业，增强区域辐射带动能力

积极利用四川省民族地区矿产资源和水资源优势，壮大第二产业，辐射带动城镇化发展。民族地区的矿产资源比较丰富，水能资源开发量大。积极推进高价值矿产资源开发、石材资源开发、生物资源开发和水电能源开发，拉动城镇经济发展。在条件许可的城市加快工业集中区建设，引入沿海地区资金雄厚、技术先进的大企业入驻工业园区，逐渐形成以大企业集团为主导，以大量中小企业为基础，大企业和小企业紧密分工协作的产业集群。同时，在工业企业周围将积聚起大量为其服务的生产服务型小企业，提供金融、咨询、科技研发、广告、营销、包装、物流等服务，带动相关配套产业的发展，从而提供大量就业岗位，为城镇完善基础配套设施，提高人口吸纳能力。

4. 加快重大交通基础设施建设，增强城镇发展的支撑能力

发达国家、我国经济特区以及沿海开放城市促进经济发展的一条重要经验就是把完善基础设施建设作为重要载体，使之适度超前于经济的发展。因此，四川民族地区应着力抓好区域性交通如高等级公路、高速公路或者铁路和机场的建设，同时下大力气抓好供水、供电、通信等基础设施建设，使之成为经济发展的重要载体，增强城镇发展的支撑能力。

5. 加强生态环境建设，增强城镇可持续发展能力

四川民族地区地处长江、黄河源头，是中下游和全国生态安全的关键地区。其生态环境状况不仅关系到四川省的可持续发展，也关系到江河中下游地区的生态安全和可持续发展。因此，实施西部大开发战略以来，四川省把生态环境保护作为民族地区经济发展的根本，根据各地区的实际情况，坚持“因地制宜、分类指导、重点突破、突出特色”的原则，对生产力合理布

局，注重发挥区域比较优势和竞争优势。

从四川省的实际出发，民族地区在城镇化进程中，要大力推进生态保护和综合治理，在确保生态安全的前提下进行适度开发。要求民族地区也要明确规划形成主体功能区，引导经济布局、人口分布与资源环境承载力相适应。按照建设节能型社会和环境友好型社会的要求，使城镇的发展与资源环境和公共服务能力相协调，坚持综合开发、配套建设、节约用地、集约发展，加大环境污染治理力度，走城镇建设相统一、城镇发展与生态容量相协调的道路。

第三节　四川民族地区新型城镇化发展的具体思路

四川民族地区新型城镇化发展的思路是：深入贯彻“五大发展”理念，实施可持续发展战略；转变经济增长方式，把资源优势转化为经济优势，积极调整产业结构，增强民族地区自我发展能力；认真落实各项强农惠农政策，不断加大对农村和农业的投入，增加农牧民收入，缩小城乡居民生活水平差距；创新机制，加快推进城镇公共服务均等化，实现“以人为核心”的城镇化；认真实践以城带乡、以工促农、城乡统筹，实现民族地区经济社会跨越式发展。

一、充分发挥政府和市场两只手的作用

从前面的理论分析可知，市场的力量倾向于增大而不是减少区域间的差距，因此在经济发展落后的四川少数民族地区城镇化的发展还是要以政府主导“筑巢”，市场主导“引凤”。具体来说，就是通过倾斜的政策扶持和基础设施投资来迅速改变城镇落后的面貌，然后通过市场机制吸引更多投资者和居民。其他民族地区的实践，为四川民族地区的新型城镇化发展提供了经验。民族地区可以利用内陆潜在的广阔市场及发达地区对民族地区扶持开发的契机，强化项目包装，构筑区域性优势的产业和产品，实现区域性的开放服务。政府抓好社会保障制度和公共产品供给等方面的改革，创建良好的适应开放和经济发展的体制环境，保证劳动力的充分就业，维护社会的稳定。

二、加强空间管制，进行分类指导

城市群是推进城镇化的主体形态，但民族地区经济社会发展具有特殊性，并非所有地区都适合大规模的城镇开发和城市群发展，所以要加强空间管制，进行分类指导。适宜城市群发展的地区以城市群作为推进城镇化的主体形态，通过发展核心城市和城市群，培育新的经济增长极，辐射带动周边

地区发展。不适宜发展城市群的区域重视培育中心城市和发展区域性中心镇，增强其公共服务和居住功能。不宜进行大规模城镇开发的地区注重生态环境保护。①

三、体制改革与制度创新相结合

深化城镇管理体制改革，破除城乡分割的体制障碍，逐步形成农村人口资源平稳有序进入城镇的体制，建立新型城乡关系、提高城镇管理水平，形成城镇建设投资主体多元化的格局。在这个方面，四川民族地区虽然已经在小城镇建设用地、户籍制度等方面进行改革，但还需不断探索培育城镇生产要素市场，完善城镇管理体制，营造良好地生产生活环境。四川民族地区三个最主要的民族自治州经济开发自主有序，但难以形成合力，所以可以探索突破行政区划限制、联合开发的机制。

四、转变思想观念，提高人的素质

思想观念转变对于经济发展具有重大的促进作用。从我国经济发展的实践来看，经济的发展与思想的解放、观念的更新是同步的。因此，民族地区的经济发展要以“五大发展”理念为指导，培育适应新常态下的市场、公平、效率、人才等先进观念，有效地促进经济发展。同时，为了增强经济发展的后劲，树立“今日的教育，就是明日的生产力”的观念，把教育科技放在重要的位置，加大教育事业的投入，造就一批高素质的劳动者，进一步提高人们的思想、文化素质，为经济的可持续发展提供良好的条件。

五、坚持多样化城镇发展模式

四川民族地区有其独特的资源禀赋和发展条件，城镇化过程中要充分挖掘各地的资源优势和特征，确定城镇化发展的理念和战略方向，突出城镇化的灵魂和个性。各地区城镇化发展要根据自己的特色产业和资源禀赋，或以历史文化模式，或以交通区位模式，或以产业优势模式，或以优越的自然生态环境模式，或以几种资源配置复合模式等。民族地区的城镇化应根据各地的经济基础和环境条件，找准城镇发展定位，实行差异化发展战略和非均衡发展战略，使城镇化建设特色更加鲜明。并按照功能区划的要求，对条件优越的城市进行集中投资，重点建设和聚集发展。对生态环境脆弱的城镇，应该以人口疏散为主，控制城镇规模，走具有民族特色的聚集型差异化发展和

---

① 钟海燕．中国少数民族地区构建新型城镇化战略格局研究［M］．北京：中国经济出版社，2013：106.

可持续发展、有市场竞争力的城镇化道路。

六、积极推进区域性经济合作

四川民族地区要以优势产业、优势产品为龙头，大力发展跨地区跨区域的企业集团，推进区域性经济合作。民族地区旅游资源丰富，其风土人情、自然风光富有吸引力，发展旅游业具有很好的条件。旅游业又是一个产业群的核心，对相关产业有显著的带动作用。因此，民族地区在抓好其他经济领域发展的同时，要下大力气抓好区域旅游合作，使之成为带动相关产业发展的新经济增长点。

总体而言，四川民族地区新型城镇化仍然要致力于战略产业培育和重点地区的选择，并要优先发展这类地区和产业，培养增长极、增长轴线，将沿轴线的城镇建设与生态移民、新牧区建设相结合，最终实现区域经济非均衡、动态、协调、可持续发展。

第四节　四川民族地区新型城镇化发展的政策建议

民族地区的城镇化是世界与中国城镇化发展的有机组成部分，我们绝不能违背客观规律，脱离世界城市化和中国城镇化的主流，关起门来搞所谓的民族地区的城镇化。四川民族地区城镇化发展必须在吸取世界各国城市化和我国城镇化成功经验的基础上，充分利用比较优势和后发优势，根据民族地区资源状况和城镇化的有利条件，走出一条具有民族地区特色的新型城镇化道路。

一、统筹各项社会经济发展规划

科学规划是推进新型城镇化的基本依据，也是科学发展和依法行政的基础。“十二五”时期，四川省民族自治地方单独制定了发展规划，赢得了国家有关部门的充分肯定。民族地区新型城镇化发展也应该坚持规划先行，立足经济、社会、人口、资源和环境的整体性，把城镇、农村经济和社会发展作为一体来规划，在充分考虑城乡空间布局的同时，注重与全面建设小康社会规划相衔接、与城市规划相衔接、与小城镇发展规划相衔接。此外，还要兼顾全面协调原则，既包括经济、社会、环境的协调，一、二、三产业的协调，各个产业与基础设施的协调，物质文明与精神文明的协调，也包括区域间的协调，如中心城镇与周边村镇及区域内其他小城镇的协调等。形成分工明确、梯度有序、开放互通的城乡空间结构体系，使新型城镇化建设达到预期的效果，同时也把城市的现代化建设推进到一个新阶段。

在规划实施过程中，要坚持基础设施先行的原则，做到统一征地、统一开发。抓好城镇产业小区建设，对中小企业和乡镇企业要依据集中布局、连片发展、形成规模、产业聚集效应的理论，并通过垃圾和污水的集中处理，提高城镇的环境质量，使城镇建设做到规模适度、合理布局、节约土地、保护环境、面向未来。

二、培育城镇的经济基础

四川民族地区资源优势突出，特色明显。但目前产业结构比较落后，主导产业发展与就业之间偏离度高，阻碍了人口城镇化，也加大了对生态环境的压力。结合区域资源禀赋和产业发展潜力，四川民族地区应当积极调整农业产业结构，壮大农副产品加工，并通过推进畜牧业产业化增加产品附加值，提高地区收入水平，增加非农就业岗位。第二产业发展方面，目前四川民族地区以资源开采和粗放加工为主的工业化发展对城镇化的推力不明显，所以该地区应当提高技术水平，发展优势农牧产品及工业，矿产资源开发要注意生态环境保护，向新型工业化转变。第三产业方面，民族地区特有的旅游资源在四川省内极具优势，在国内很有影响力，应当结合民族文化特色，合理开发，可持续发展。

1. 积极推进农牧业产业化发展

在广大农区和牧区，应根据当地主要农畜产品的特色，在具有区位优势的地区，大力发展种植业和畜牧业，以养殖业为推动力。应围绕如何促使种植业和畜牧业由分散的粗放经营向规模化、专业化发展，在交通便利的农区、牧区和林区应通过养殖基地的建设来推动城镇的发展。

农牧业产业化是提高农牧业经济效益，使农牧业持续稳定发展的有效途径和必然选择。由于四川民族地区自然条件差，农牧民单方面抵御风险的能力较差，信息不畅通，接受新技术的机会很少，所以首先要选择紧密型的产业组织类型，即龙头企业与农牧民之间建立稳定的契约关系或股份合作关系，共同抵御风险。其次，大力培育和引进外向型农牧业和流通领域的龙头企业，积极引导其参与当地经营，促进农牧业经营集约化、规模化发展。最后，稳定发展农牧业生产基地。当地政府应利用一定的政策引导，大力培育和发展建设一批上规模的农牧业生产基地，保障企业与基地的连接，推动生态农牧业的发展，改善生态环境，促进当地农牧业产业化的可持续发展。

2. 在优势区域发展新型工业化

四川民族地区由于其特殊的地理位置，经济发展必须以保护生态环境为前提，工业发展也受到客观环境的制约。由于本地区的工业经济发展比较落后，规模还比较小，在实现工业经济的转型方面有较大的后发优势，转型成本相对较低。新型工业化社会是国家大力提倡的经济发展思路，实现新型工业化符合国家的发展要求，易于得到国家的政策支持、资金支持、税收支持等。[①] 因此民族地区必须突破传统的工业发展模式，在优势区域大力发展新型工业。

首先，民族地区要根据当地的经济、社会发展水平、人文条件及城镇体系等因素，对小城镇进行科学定位。在资源富集地区，应通过发展劳动密集型和资源开发型产业，变资源优势为经济优势；在铁路、高速公路干线、内河航线沿线等交通便利之地，可发展加工贸易业，以加工贸易业为推动力，加快城镇化的步伐；在商品经济比较发达的地区，开展以现代农业、乡镇工业为主要特征的产品开发业，如中藏药制造，特色旅游纪念品制造等；在工业主导优势明显的地区，以发展工业为推动力，承接大工业配套的产业转移，建设产业园区。

其次，民族地区推进新型工业化与新型城镇化协调发展，以特色产业园区或工业集中区为重点，强化推进两化互动。优化升级水电开发、矿石冶炼及深加工和电子材料加工产业，加速推进产业升级和产业转型，实现农村剩余劳动力的就地转移。抓好工业园区建设，将工业园区纳入城镇规划区范围进行布局，引导和强化工业企业向城镇集中、向园区集中。通过提升产业集聚规模和发展水平，增强产业对人口的就业吸纳能力，并且完善城镇功能，强化城镇对园区的服务支撑作用，使工业园区作为城镇的产业功能区，加快新区人口、生产要素聚集，促进城镇技术资金与农村劳动力等生产要素良性互动与优化配置。

3. *着力发展民族地区旅游业和现代服务业*

发展旅游经济和现代服务业是四川民族地区优化经济结构、推动区域经济和城镇化绿色发展的重要途径。

积极发展旅游业，实现旅游产业与城镇化发展的良性互动。“全域景区”促进旅游产业向民族地区腹地纵深推进。积极推动西部民族地域无障碍旅游区的建设，争取贯通连接川、甘、青、滇、藏等旅游风景名胜区的高等级公路，与周边景区联合打造世界级的旅游发展高地。通过构建多条满足旅游差异化消费需求的跨州、跨省旅游环线，利用跨地区合作的“叠加效应”实现旅游产业的有序竞争、有序发展。同时，积极延长旅游上下游产

---

① 丁生喜．环青海湖少数民族地区特色城镇化研究［M］．北京：中国经济出版社，2012：238.

业链，实现旅游开发与城镇发展的良性互动。优化重组旅游产业链，发挥旅游对区域资源的有序开发利用和整体经济发展的推动作用，提高区域经济的自我发展能力。坚持景区开发与城镇建设并举的方针，抑制景区内城镇化现象，依托城镇开发一批有着良好市场需求前景的旅游资源及其产品，有效地促进城镇产业结构调整特别是第三产业的发展。加强城镇基础设施和旅游接待设施的建设，为旅游者营造健康、舒适的旅游环境，有效推动城镇转型和功能转变。加强城镇风貌改造，充分挖掘城镇历史文化内涵，塑造富有民族文化特色的城镇风貌。

以旅游业带动城镇现代服务业发展，提高城镇化质量。随着九寨沟、稻城亚丁等旅游品牌的国际化和人们生活水平的提高，到这些地区旅游的人数不断增加。旅游人数的上升，必定会带动相关工业品的需求、餐饮服务业的需求、基础设施的需求。民族地区工业部门吸纳就业的能力相对有限，大量农牧区剩余劳动力向非农业的转移取决于服务业的发展。同时，三次产业结构调整的重点是提高第三产业的比重，工业和农业的结构升级也依赖市场和高层次服务业的较快发展。因此，民族地区可以将满足旅游业需求作为产业结构调整的一个方面，吸引和转移当地农牧民转向特色产品加工业、旅游服务业等二、三产业，开展以餐饮、旅游商品经营、民族风情表演等为主的旅游服务活动，改变对传统农业的依赖，从而实现生产观念的转变和区域产业结构调整，拓展经济发展空间，产生更高的综合效益；在旅游开发建设中，要力求做到以特色见长，以特色取胜。加强民族地区配套设施建设和绿色消费的理念，使旅游者行则安全、游能尽兴、住则舒适、吃有风味、购有特色、娱有设施。[①]

三、加快城乡统筹，努力实现公共服务均等化

在民族地区城镇化进程中，仅依靠市场力量无法成功解决民族地区城镇化之后的问题，政府必须主动制定相应的政策来促进财富在相对发达地区和欠发达地区之间更为公平地分配，避免集中导致基本生活水平差异扩大，对市场力量辅以经济一体化政策，实现兼顾空间效率和空间公平。而且如果区域政策力度小于一定的门槛值，政策的边际变动就无法改变现有的空间分布。世界银行《2009 年世界发展报告》指出，经济生产集中和生活水平地区平等其实是可以同时实现的，而且“通过公共制度、基础设施和干预政策的最佳组合，将同时实现不平衡的增长和和谐发展”。因而，在民族地区

① 赵世杰．青海湖流域开发与环境保护［J］．青海民族学院学报（社会科学版），2001（3）．

城镇化进程中，这样的政策要求实施公共服务均等化供给战略。[①]

民族地区要加快城乡统筹步伐，按照“布局科学化、环境生态化、景观田园化、风貌特色化”的要求打造“田园牧歌”式的新型农牧民村落，将村落改造和旅游发展结合起来，形成一批旅游村、文化村和现代村，促使生产要素、生活要素向旅游城镇（村落）集中。鼓励条件成熟的牧民退出牧业生产向工业、旅游业及其他三产部门转移，促进农牧民向城镇经济的生产经营者转变，通过生产方式的转变推动农村剩余劳动力向城镇的尽快转移。积极引导工程移民、生态移民有序转移，合理引导移民向县城、公路沿线乡（镇）聚集，或以新建新村居民点或牧民定居点为载体，完善基础设施和公共服务设施配置，实现移民人口的相对集中。再通过吸引各种生产要素的集中布局，发展旅游接待、农副产品加工、手工业、农产品生产销售等产业，为转移人口提供充足的就业岗位，满足他们的生产生活需求。同时，加强对城郊地区新村点的建设力度，将其纳入城市建设中统筹考虑，从布局、功能、管理层面推进“城郊新村一体化”，使新村融入城镇建设区，协调城镇—新村间的功能，使之成为城镇新的功能组成部分。

民族地区城乡统筹的主要环节在于加快推进城乡基本公共服务均等化，提供城乡基本公共服务水平，构建覆盖城乡的社会保障体系，加强城乡基础设施建设。着力在城乡规划、基础实施、公共服务等方面推进城乡统筹，促进城乡要素平等交换和公共资源均衡配置。实现城乡居民就业充分、生活富足，享有均等的基本公共服务，贫困人口基本消除，与全国基本同步实现全面小康社会目标。

四、因地制宜制定城镇发展模式

根据《国家新型城镇化规划（2014—2020）》中的规定，结合四川民族地区城镇化发展的需求，民族地区的城镇发展模式主要有功能辐射型发展模式、产业开发型模式、市场主导型发展模式、生态建设型发展模式和文化保护型发展模式。

1. 功能辐射型发展模式

目前，四川民族地区城镇化建设进程中尤其是小城镇建设中存在的普遍现象是城镇与城镇之间的联系较少，甚至没有联系，很难形成信息与资源共享的局面，造成了重复建设和社会资本的大量浪费，这就需要通过科学合理

---

① 郑长德．中国少数民族地区经济发展报告（2013）［M］．北京：中国经济出版社，2014：340.

的规划安排，认清区域发展的现实情况，然后对区域内的城镇进行客观评估、统筹安排、做出合理的排序、确定优先发展的重点城镇，培育出来的重点城镇成为该区域的增长极点，带动周围及整个区域的发展。

2. 产业开发型发展模式

在民族地区城镇化建设中，一类是依靠本区域的自然资源开发成为资源型城镇，另一类是以依托乡镇企业为龙头而发展形成不同规模的城镇。前者的资源型产业的开发已经对这类城镇的发展起着决定性的作用；而后者是时代的产物，可以更进一步发展。当前，民族地区的乡镇企业起步晚、规模小，而且较为分散，在推进产业开发型城镇模式时，首先要发展乡镇企业。随着区域经济的发展，要求乡镇企业发展模式转型，引入市场机制，淘汰过剩产能，调整产业结构，实施有效的企业兼并和重组等手段来实现乡镇企业的转型。另一方面，大力发展现代农业，提高农业效率，增加农民收入，完善农村社保体系，使农民从土地上解放出来，成为发展二、三产业的后备军。引导乡镇企业的基础设施配套服务体系的建设，使乡镇企业集中和规模生产，形成新的区域增长中心城镇。

3. 市场主导型发展模式

四川民族地区城镇化的初始发展多是因为商品贸易。小城镇处于我国城乡结合的缓冲地带，具有一定的市场开发作用。四川甘孜州的巴塘县就是典型的市场主导型城镇，改革开放前，巴塘县是我国贫困区域，20 世纪 90 年代，巴塘县利用自身的地缘优势，利用对外贸易政策实施城镇化建设，巴塘县已经改变了过去落后的发展局面，城镇化率得到提升。

4. 生态建设型发展模式

由于市场经济的引导，城乡差距日益明显，很多城镇趋于利益的迫使，盲目聚集，包括城镇人口的聚集和工业产业的聚集。从此“城市病”在城镇生根发芽，城镇的生态环境遭到破坏。这一模式的提出是为了警示民族地区在发展城镇化的过程中，要避免走“先开发，后治理”的传统城镇发展的道路。特别是以旅游业为主的区域在开发旅游资源为主导产业时，要始终坚持保护生态环境与产业开发平衡发展，才能实现城镇化发展协调并可持续。

5. 文化保护型发展模式

民族地区文化底蕴丰富，历史悠久，如彝族的火把节、藏族的格萨尔风情节都是传统民族文化资源，还有松潘、德格等历史文化名城。这些代表着人类文明的城镇所表达的含义是有差异的，有的是一幅幅山水画，有的是一部部历史长剧，还有别有风味的异域风情，这里既有传统的藏羌文化，还有独特的彝族文化。对于这类城市的发展，可以不断挖掘文化产业价值，通过打造文化产业链条来推进城镇化建设。

五、推进城镇的可持续发展

1. 人的可持续发展

新型城镇化发展的实质是人的城镇化，既不能人口过度增长又要设立合理的人口规模。四川民族地区人口在本区域数量较多与区域经济落后的现实局面造成了人口资源各个方面的低水平发展，这对于民族地区城镇化建设中人口素质的提高是一个现实的巨大挑战。要协调城镇人口、资源、环境的关系，做到人口数量的增长与资源、环境的承载力相适应，就要实施城镇人口可持续发展，有步骤、有计划地控制和适度增加人口。目前，民族地区的大部分人口仍然生活在农村，生活贫困，而且受教育程度低，人口素质普遍不高，从而导致民族地区城镇化建设发展滞后。要促进民族地区的城镇化可持续发展，在民族地区农村区域的重点小城镇的人口规模要与农村人口整体联系在一起，一方面要完善各类吸收农村剩余劳动力的政策和机制，为实现农业现代化创造条件；另一方面要提高人口素质，优化人口结构，提高人口质量以使其适应不断优化的城镇产业结构。

2. 实现城镇水资源的可持续发展

水资源是经济社会发展的不可或缺的资源，也是我国城镇化可持续发展的基础。民族地区水质差也是一个现实的问题，在当前民族地区城镇化发展中保证水质和可持续利用是主要问题。第一，为了使水资源问题不再成为民族地区城镇化发展的“瓶颈”，必须做到“科学治水、生态保护，制度创新、规范管理”。要对城镇地表水和地下水的总量、开发的潜力、水质情况等多方面进行全面的调查、勘测、分析研究、正确客观的测评。第二，在城镇发展过程中尽可能慎重地发展数量大、污染高的化工产业，城镇的工业布局以及规模的设置都要在水资源可以承载的能力范围之内和水资源自净范围之内。在城镇建设中，要加大提高污水处理能力，开发研究制造污水处理装置，实现废水可持续利用。实现粗放型发展方式向集约型发展方式转变，对水资源实施一体化的综合管理，统一规划、合理调配，供水、取水、节水、治水、管水等环节相结合。加大资金投入力度、加强基础设施配套建设。由于民族地区的气候差异，对于缺水地区要做好水源储备工作，修建水库和蓄水工程，严格规划工业布局，严厉禁止水库周围设置工业企业进行排污。

3. 合理规划土地资源

土地资源是影响城镇化进程的重要因素，对于区域的土地资源要进行科学的总体规划。通过规划，一方面可以优化城镇建设用地结构，更大程度地提高土地资源的利用率；另一方面可以对城镇建设用地的审批制度进行约束，在一定程度上避免建设用地被随意占用。民族地区自然条件艰苦，可以用的土地更加缺乏。在实现农业现代化的过程中，农业土地资源最为宝贵，这就要求保护现有的可利用的土地面积和数量，将土地资源的利用强度规划在其生产力可更新的范围之内，以确保土地资源生产力的持续性。同时制定耕地保护政策，禁止对土地资源造成污染和破坏。加大对土地违法行为的处理，不断深化土地利用制度的改革，明确规定土地的使用权、占有权、所有权、经营权等各产权的责、权、利关系，促进合理用地的自我约束力。

六、加强城镇生态建设，提高城镇应急防灾能力

四川民族地区城镇化建设中城镇的生态环境将关系到城镇化发展的质量。合理开发利用自然资源，在生产生活中保护生态环境，推进城镇生态建设，一是要加强对居民环保意识的培育。在进行城镇规划的过程中，要本着促进生产、生活便捷的原则进行功能划分，城镇内部的各种经济活动，城镇经济、城镇建设与城镇环境保持良好、协调发展。重视城镇生活环境的营造，及时进行垃圾分类处理、污水处理，有效实施和发展循环经济。二是要大力实施城镇环境工程。科学合理设置城镇环境评价体系，根据城镇的容纳度与环境的自净能力，科学安排好城镇建设用地和乡镇企业的工业用地，根据城镇化发展和区域发展的要求，遵循城镇的地理特点，科学规划和设置住宅区、工业区，从而实现城镇人口、经济结构、用地结构、科技结构和环境保护协调发展，扩大城镇的绿化覆盖面积。这样做的目的是增强城镇的自我控制和自我调节作用，珍惜和充分利用每一寸城镇土地，建设、完善和保护城镇供水体系，规划好城镇林地和农田，不断扩大绿化面积，提高城镇环境质量，以保证民族地区城镇化建设的质量和可持续发展。三是要优化城镇布局结构。在城镇体系规划的制定中，科学合理地布局城镇产业和公路交通，确保城镇经济系统畅通运作、高效率。

民族地区的城镇生态建设，要以可持续的经济发展和可持续的生态环境相结合的协调发展为基础，改变传统的、粗放的、“三高”的经济增长和消费模式，以科学合理的经营方式管理好目前区域现有的自然资源，降低成本，划定区域可持续发展的生态环境的“底线”，为促进城镇健康发展塑造良好的生态“基底”。同时要重视城镇公共安全设施及生命线工程建设，提高重点工程抗灾防护等级，加大防灾设施建设投入，增强城镇综合防灾、减灾能力。严格按照城镇总体规划及相关专项规划，建设完善城镇消防站、消

火栓等消防设施；新建和完善区域内主要河流及重要支流防洪工程，重点加强黄河上游、大渡河、岷江、金沙江、雅砻江、安宁河等河流城镇堤防建设。采取生物和工程措施治理有安全隐患的地质灾害。城镇新建、改造工程抗震防裂度应达到国家建筑抗震防裂分类标准的规定。城镇和重大基础设施建设选址要避让行洪区、地震断裂带和地质灾害易发地区。健全应急处理机制，区域联动优化综合防灾减灾应急体系，建立专业性突出、协作性强、可统一调度的应急防灾减灾队伍，包括地震救援队伍、抢险救援队伍、森林火灾扑救队伍、防汛抢险救援队伍、抗旱救援队伍、地质灾害应急救援队伍、气象灾害应急队伍、公安救援力量、医疗急救队伍等，形成完善的现场治安、医疗救援、应急通信、自然灾害救助、红十字会救助、生活物资等保障体系。各城镇要建立不同等级的避难场所，重视城镇绿地的防灾避险功能，具体落实避难场所建设用地并严格管理控制，从而为民族地区城镇化建设营造一个良好的发展环境。

第七章　四川民族地区新型城镇化发展的制度保障

第一节　四川民族地区新型城镇化的制度创新

创新是现代经济活力之源，是经济发展、生产率提高和人民生活水平提高的基本驱动力。四川民族地区仍然是自上而下的城镇化，制度对于城镇化发展有明显的推动力，因此通过制度创新推动该区域城镇化发展也是当务之急。

一、深化户籍制度和社会保障制度创新，实施积极的人口迁移制度

户籍改革的作用体现在消除二元化城乡人口格局的影响，让每个公民有自由迁徙和平等享有城镇公共资源的权利。把农牧业中剩余劳动力转移到非农产业，转移到城镇，就必须改革现有的户籍制度，按照城镇的接纳能力以及经济生活发展水平，分期分批取消区域农业、非农业的户籍划分，按居住地进行户口登记。小城镇可以完全放开户籍管理，只要在本地有固定住所且长期居住的，都可登记办理城镇常住人口，真正实现户口登记制度和户籍管理模式创新。同时，对取得常住人口的农牧民，应和常住地的永久性居民一样享有完全等同的权利和义务，尤其是在就业、教育、社会保障等方面享有相同待遇。这种管理制度既可以促进城乡之间人员的合理流动，为农牧民进城创造必要的条件，又可以调动进城农牧民的积极性，增强他们的进取心和对流入地的认同感，保障城乡社会的稳定与可持续发展。

二、增加科研和教育投入，提高农牧民的文化素质和劳动技能

内生经济增长理论认为，长期增长率是由内生因素解释的，也就是说，在劳动投入过程中包含着因正规教育、培训、在职学习等形成的人力资本，在物质资本积累过程中包含着因研究与开放、发明、创新等活动而形成的技术进步，从而把技术进步等要素内生化，得到“因技术进步的存在，要素收益会递增而长期增长率是正的”的结论。

四川民族地区人口整体素质较低，是制约区域城镇化发展进程的最重要因素之一。针对民族地区传统生产要素相对富集而新生产要素缺乏的现状，要努力在人力资本投资、引进资金、提升技术水平方面开展区域经济合作。

第一，对科技人员采取“走出去、请进来”的方式，实施继续教育，鼓励和支持科技人员继续深造，不断提高理论基础和专业技术水平。

第二，坚持基础教育和职业教育并举，不断改善农牧区各级各类学校办学条件。只有优先发展教育，使农牧民掌握在城市生活的基本技能，才能真正把广大农牧民转移到城市中来。必须改革农村教育体制，改变以应试教育为重心的教育模式，构建以职业技术教育为主，以应试教育为辅，基础教育与职业教育、成人教育协调发展的教育体系，提高农牧区青少年的人力资本水平。

第三，努力推动“市场引导培训、培训促进就业”机制的迅速形成，在为民族地区培育大量新型适用人才的同时，提高民族地区劳动力的科技素质和非农就业能力，拓宽就业门路。建立规范化、专业化、现代化中介服务组织，切实为农村剩余劳动力提供职业介绍、就业指导、信息咨询、社会保障等多种促进就业的良性服务，加快劳动力转移步伐，减轻民族地区生态环境压力，促进生态经济可持续发展，为促进新型城镇化发展提供条件。

三、加强行政管理机制创新，保障新型城镇化建设

1. 完善城镇建设投融资机制，改善区域投资环境

实施西部大开发战略以来，国家加大了对西部地区的投资力度，但城镇建设的资金仍然是捉襟见肘。当前，在四川民族地区城镇建设过程中，应当将自上而下的政策扶持与自下而上的区域自身发展相结合，建立政府主导与市场化运作相结合的城镇基础设施投融资体制。一是要加大政府对城镇公共设施建设投资力度，保障在城镇最基本的公共设施建设的基础上，充分调动社会各方面的积极性，鼓励和引导社会资金参与城镇化建设。将可经营的城镇基础设施推向市场，根据“谁投资、谁受益”的原则，鼓励企业、个人

以多种方式参与建设、经营和管理，使其产业化。二是要发挥金融机构在城镇建设中的作用。金融是现代经济的核心，政府应当采取激励措施，推进信用环境建设，吸引金融机构在民族地区设立分支机构，强化金融对区域经济发展的带动作用。政府应支持和引导金融部门适当调整投资区域和方向，以适应城镇发展的需要。

2. 创新行政管理机制

现代企业在决定选址时，往往并不一定是寻找生产成本最低的地方，而是趋向集中于制度相对完善、政策透明度高、办事效率高、法律和市场环境规范有序、交易成本低的区域。四川民族地区要实现生态产业的聚集发展，制度环境等软件要素是重要保障，应在宽松自由、尊重知识、尊重人才、讲究信誉、等价公平、鼓励创新等方面下功夫，不断探索产业聚集、科技创新、人才引进等方面的激励措施，对重点发展企业在市场准入、办公用房、财税政策、贴息补助、信贷担保、知识产权投资入股、用地审批、规划容积率等方面给予政策支持，营造良好的经济发展环境。不断深化体制改革，使四川民族地区的发展建立在高效规范的管理机制之上。

3. 创新社会保障制度

深化民族地区的医疗、养老、失业、就业、创业等社会保障制度改革，逐步建立个人养老保险账户和失业保险金以及农村与城镇社会保险之间的转换渠道，解决农民离开土地的后顾之忧。同时，引导城镇居民开展社会化社会保障活动。扩大保障面和实行保障社会化，建立面向民族地区所有非农就业人员的养老保险、失业保险和医疗保险，建立与经济发展水平相协调的保险费率征收调整机制，努力做到社会化筹措、社会化发放，公开透明，社会监督。对依法转让、承包土地草场等生产资料进城的“新市民”与其他城镇居民同等对待，使其享有平等的公共服务资源、最低生活保障等。

第二节　四川民族地区新型城镇化建设的法律保障

一、依法制定科学合理的城镇发展规划

目前，在民族地区城镇建设方面普遍存在的突出问题有三个：一是城镇建设缺乏必要的宏观指导，同一地区的城镇与城镇之间彼此雷同，分工不明确，产业结构趋同，缺乏城镇的个性特色，且重复建设较多。二是有些地区城镇建设，主要通过行政区划变动的机制形成新城镇，没有科学地反映出该地区城镇化与现代化的进程，其突出表现就是城镇数量的增加与城镇人口的

增长不成比例。三是在城镇供水、供电、道路、通信、绿化等基础设施建设及文化、学校、医院等服务功能建设方面缺少科学规划，致使现实经济规模和人口规模脱节。

民族地区依法制定科学合理的城镇发展规划就要打破过去那种封闭的、按行政区划画地为牢的分散格局，试行按产业结构和发展特色经济的要求扩大行政区划范围，加速民族地区区域化和城镇化建设。城镇建设的发展规模要按照“城镇建设要合理布局、科学规划、体现特色、规模适度、注重实效”这一原则为指导，以产业和市场所形成的经济总量为依托，相互促进。通常认为，小城市人口规模一般以涵盖、辐射10万人左右为宜，镇区常住人口以不低于2万~3万人为宜，辐射10 km以内为宜。民族地区的城镇建设，既不能照搬别国模式，也不能效仿东部发达地区的套路，必须突出民族地区的地理区位特色，体现资源、产业、文化、历史、经济等个性，把它同当地的人文景观和文化传统有机结合起来考虑，提高民族地区城镇的文化品位，形成一批特色鲜明、风格各异的小城镇群落。

二、依法完善土地征用制度

四川民族地区在合理征用土地方面，一定要贯彻执行《中华人民共和国土地管理法》《中华人民共和国城镇国有土地使用权出让和转让暂行条例》《中华人民共和国城市规划法》《村庄和集镇规划建设管理条例》等法律法规，坚持“改革完善城镇用地制度，调整土地利用结构，盘活土地存量，在保护耕地和保障农民合法权益的前提下，妥善解决城镇建设用地”①。对城镇发展要统筹规划、集中用地，切实做到集约用地和保护耕地。尤其要通过挖掘、改造旧城（镇）区，积极开展迁村并点，土地整理，开发利用荒地和废弃地的方式，解决城镇扩建、改建的用地问题。要采取严格保护耕地的措施，防止乱占耕地和良田。城镇建设用地必须纳入省、市（州）、县土地利用总体规划和土地利用年度计划。对于重点小城镇的建设用地指标，宜优先安排，除法律规定可以划拨的土地之外，一律实行有偿使用，其有偿使用收益，依法留给镇级财政用于小城镇开发建设。

三、依法做好保护历史文化名城的工作

《中华人民共和国文物保护法》第十条至第十二条规定“各级人民政府制定城乡建设规划时，事先要由城乡规划部门会同文化行政管理部门商定对

① 《中华人民共和国国民经济和社会发展第十三个五年规划纲要》，2016年3月17日，http：//news. ifeng. com/a/20160317/47926128_ 0. shtml.

本行政区域内各级文物保护单位的保护措施，纳入规划”。“文物保护单位的保护范围不得进行其他工程建设。如果有特殊需要，必须经原公布的人民政府和上一级文化行政管理部门同意”。“根据保护文物的实际需要，经省、自治区、直辖市人民政府批准，可以在文物保护单位的周围划出一定的建设控制地带。在这个地带内修建新建筑和构筑物，不得破坏文物保护单位的环境风貌”。四川民族地区城镇化建设必须严格执行文物保护法，将历史文化名城和文化古迹保护纳入城市规划范围，并制定和完善相关法律法规。要认真总结过去在旧城改造和城镇化建设过程中的教训，保护好历史文化。在这方面，四川民族地区可以借鉴云南丽江城镇化建设的经验。如丽江在1997年遭遇地震之后，由于城镇化规划合理，精心实施，重建后的丽江古城在保存了原有独特的人文地理风貌的同时，城市基础设施建设明显改善，旅游事业得到了极大的发展，丽江古城也被联合国列为世界遗产。

四、依法做好保护地下历史文物的工作

要按照国务院办公厅的《关于西部大开发中加强文物保护和管理工作的通知》，从以下七个方面着手进行。

（1）加大对《中华人民共和国文物保护法》等相关法律法规的宣传贯彻力度，大力提倡、动员和引导社会参与文物保护，各级政府要依法保护和管理好管辖区内的历史文化遗产，将文博事业发展列为区域经济和社会发展规划。

（2）妥善处理好民族地区城镇化发展中地下文物保护和经济建设的关系，做好文物调查、评估和公布文物保护点位等基础性工作，摸清底数，加快文物普查和文物地图集的编纂工作，在可能埋藏文物的地方做好重点文物保护区域的划定工作。

（3）做好古遗址、古墓葬的保护工作，把古遗址、古墓葬特别是大型遗址的保护纳入当地退耕还林（草）和土地利用规划。对遭到耕作破坏严重或埋藏较浅的大遗址，要列入退耕还林（草）的重点目标，以减缓耕作和自然力对遗址的剥蚀，防止新的破坏。

（4）根据民族地区历史文物和各类矿物、动植物标本相对丰富的实际情况，做好抢救和保护工作，有计划、有重点地发展各具特色的专题博物馆。

（5）科学、合理地发挥文物特有的作用，将文物旅游的资源优势转化为经济优势，加强爱国主义教育，增强民族凝聚力。

（6）对于宗教活动场所的古建筑和寺庙内收藏的各类文物，要按照文物法进行有效管理，制定专项保护法规和规章制度，建立相应的管理组织，

自觉接受文物行政管理部门的指导、监督和管理。

(7) 加大对盗掘、盗窃、非法交易和走私文物等违法犯罪活动的打击力度，公安、工商行政管理、海关、文物等有关部门要通力协作，对各种文物犯罪分子特别是那些破坏性强、危害严重的盗掘团伙和走私集团，必须坚决摧毁，依法予以严厉打击。

第三节　四川民族地区新型城镇化建设中的环境保护

四川民族地区城乡经济的发展与民族地区的生态环境建设息息相关，生态环境恶化不仅影响到草场、农业生态环境和畜牧业持续发展，也影响到城镇的发展。当前的重点应该是把环境保护与经济开发有机地结合在一起，正确处理好民族地区经济发展和生态保护的关系，本着“保护优先、管理到位、适度开发”的思路，使经济效益、社会效益和生态效益达到最优化和持续化。通过改善供排水、道路、通信、供暖及文教卫生公共设施，建设污水、垃圾处理工程，把中心城镇建成规模适度的农村区域性经济文化中心。在进一步发展区域农牧业的同时，按照生态立县的要求，统筹实施好重点生态保护工程建设与生态补偿机制，遏制生态退化趋势。要不断加强、积极发展生态移民后续产业，建立长效机制，为提高当地群众生活水平、实现基本公共服务均等化创造条件。

一、重视民族地区城镇环保基础设施建设

由于民族地区经济落后，更要加大资金投入，不能走先污染后治理的老路。城镇环保建设要加强基础设施建设，提高其承载能力，集中力量兴建污水处理厂、垃圾处理厂等污染集中防治设施，限制污染的分散治理。要提高城镇自来水普及率和饮水率，切实加强城镇饮用水源的保护和管理。提高城镇清洁能源的利用率，充分利用太阳能、液化气、沼气等清洁能源。健全垃圾收集系统，逐步建立垃圾无害化、资源化处理设备，防止垃圾对水体、土壤的污染，提高绿化覆盖率。

二、加强城镇环保机构和队伍建设

目前很多县、镇（乡）没有环保管理机构和环境管理人员，不能适应环境管理工作的需求。基本的环境管理制度在县级以下执行情况很差，“三废”排放达标率和治理率都远远低于城市。因此，在城镇化进程中应根据经济发展状况和污染状况设置相应的环境管理机构，充实环境管理队伍，以避免环境管理失控。在经济发达、环境污染比较严重的城镇，设置环境保护

机构，负责城镇环境污染的监督管理和宣传教育；在经济比较发达、环境污染比较轻的城镇，设置环境保护兼职机构。在一般的城镇可以设置兼职环保员。同时加强对基层环境保护工作人员的职业培训，改变基层环境保护工作薄弱的现状。

三、城镇生态环境保护要做好规划

由于民族地区生态环境脆弱、综合抗灾能力的低下，任何开发建设项目都要按照总体规划去做，避免随意性。目前绝大多数小城镇建设总体上来说缺乏规划，带有很大的随意性和盲目性。小城镇布局凌乱，工业、居住、文化教育、商业交错分布，城镇环境建设十分薄弱。因此，民族地区城镇生态保护要在坏境现状评价的基础上，以可持续发展战略为指导，按照生态学理论，编制城镇环境保护规划，并纳入整体规划，作为指导城镇建设的重要依据。在城镇环境规划工作中，应将生态示范乡镇建设放在重要地位。通过生态城镇建设，把农村生态环境综合整治与城镇污染防治结合起来，把生态建设保护与污染防治结合起来，切实把可持续发展战略落实在基层。

四、加强环境宣传，增强环境保护意识

多渠道加强环境保护宣传和教育，增强各阶层人士尤其是小城镇管理者的环境保护意识。目前在广大地区尤其是经济相对落后的民族地区，小城镇居民和农牧民群众仍然把很多自然资源看作“取之不尽、用之不竭”的，坚持“靠山吃山、靠水吃水”的生活理念，既没有对自然资源的正确认识，也不懂得环境保护的方式和途径。因此，要加强环境保护的宣传，使广大居民意识到保护周围环境的重要性和必要性，并参与到环境保护的行列，自觉维护环境卫生。有条件的地区要建立城镇环境质量评估体系，聘请专家和专业机构参与建立城镇环境质量评价体系，进行定期的环境质量测评和公告活动。环境质量评估不仅可以作为城镇发展的综合考评指标，还可以作为政府工作成绩考评指标之一。

第四节　四川民族地区新型城镇化建设的文化建设

四川民族地区在长期的历史变迁中孕育了灿烂的文化，它具有地域性、多元性和原生态性，是中华文化的重要组成部分。但民族地区多年来交通不便，许多地方长期与外界隔绝，处于一种相对孤立的封闭状态，容易使得人们观念陈旧。保守的思想观念与开放、流动的城镇化本质要求，形成了强烈的反差。文化观念的变革往往会对社会发展产生强大的作用，而且不易在短

期内改变，具有鲜明的渐进性。新型城镇化的发展，给民族地区文化的发展提供了广阔的舞台。因此，抓住有利机遇，不断整合民族文化资源，对于推动民族地区新型城镇化发展具有十分重要的意义。①

一、民族地区文化特征

1. 地域性

民族地区地理复杂多样，文化也表现出了鲜明的地域性。西南地区山水切割，山川纵横，文化显得细腻抒情；藏族地区处于高原地带，地势起伏跌宕，庄严静穆，文化处处透着神秘和诱惑。

2. 民族性

民族地区在久远的历史长河中创造并形成了包括语言、宗教信仰、自然崇拜、神话传说、故事、歌谣、舞蹈、节目、服饰、建筑、手工艺、礼仪习俗和生存理念、生活和生产方式在内的民族文化。这些内容有的在不同民族中是相近或相似的，有些则相去甚远。即便是同一民族，因为部落不同或居住地不同，在许多方面也有很大差异，民族文化由此更显丰富多彩。

3. 多元性

民族地区的文化不是一种完全封闭和孤立的文化，而是一个多元文化的综合体，它在本土文化的基础上，将许多外来文化的因素转化吸纳为自己的成分，从而变得生机勃勃。历史上，人们通过贸易交往传播了文化。中原文化、古欧洲文化、古阿拉伯文化等都对民族地区产生了影响，其中最为独特的文化现象就是佛教在青藏高原的本土化——藏传佛教。

4. 活态性

民族文化以其浓厚的乡土气息活跃在人们的精神生活和物质生活中。流传千年的英雄史诗《格萨尔王》依旧在藏族民间传颂；古老的歌舞、服饰仍在质朴地表达着对美好生活的向往；现代文明的传播并没有使这种古老的文化远离人们的生活，而是代代传承，绽放异彩。民族文化所表现出的活态性，或者原生态性，具有浓重的人性化、情感化的色彩，这是民族文化最具魅力的一面。

5. 脆弱性

脆弱性是民族文化的又一个特征。地域性造成的相对封闭与分离，制约了民族文化的整体发展。地域广阔、交通不便、人口相对稀少和分散的特殊

---

① 张沛，侯远志．中国城镇化的理论与实践：西部地区发展研究与探索［M］．南京：东南大学出版社，2009：260.

环境形成了小范围、小规模的文化发展状态。另外，很多民族大多没有文字，文化传承主要依靠世世代代的口耳相传，缺少文字记载的稳定性，不利于对外传播和交流。

二、城镇化过程中加强文化建设的必要性

1. 文化是城镇生存和发展的根基

文化是一个地区的灵魂和生命，文化的延续过程，记载着地区的过去、标志着现在、预示着将来。失去了历史底蕴和文化内涵的城镇，就失去了城镇生存发展的根基，就失去了城镇自己的特色。文化存在于城镇建设的每个领域和角落，文物古迹、历史街区、风景名胜和建筑古迹浓缩了历史文化的精华，是一个地区民族文化的象征，记载着先人的智慧、劳动、情感和创造精神，是最具有说服力的历史文化见证和化石。只有深入研究、把握、体现城镇的历史、文化、对城镇的文物民居、传统街道风貌、传统文化、自然和人文整体风貌加以保护和发展，才能形成城镇独有的特色和文化魅力。

2. 文化是城镇经济发展的动力

文化是推进城镇化发展的助推器，在城镇经济发展中又可以形成文化特色，两者相辅相成，密不可分。文化渗透在城镇发展的各个领域，如饮食文化、企业文化、酒文化、茶文化、服装文化、旅游文化等。文化的融入，提升了产品的价值和品位，形成了行业特色，从而增强了吸引力，推动了消费，增加了经济的总值。

3. 文化是提升居民素养的土壤

加强文化建设不但可以弘扬悠久的民族历史文化，传播先进的科技文化知识，而且可以规范人们的行为，陶冶人们的情操，从而达到提高居民素养的目的。同时，居民素养的提高又可以推进城镇文化品位的提高。如旅游资源，它是文化沉淀的结果，无论自然景观还是人为景观，都与人们的文化素养有关。一个好的人文景观，在有高度文化素养的城镇，就可以得到很好的保养与修缮。①

三、新型城镇化中民族文化发展措施

1. 转变观念

由于诸多原因，民族地区对文化在地区经济和社会发展中的重要性认识不足，树立文化经济的新理念，把文化作为产业来发展的意识还比较薄弱。推进民族文化产业必须冲破旧的思想观念，从传统的观念中解放出来，创新

---

① 柴生详．西部民族地区城镇化模式与应用对策［M］．兰州：甘肃人民出版社，2006：154.

思路，着眼于市场需求，把民族文化的继承和发展纳入全国、全世界的格局中去思考。把珍贵的文化资源开发与地区经济发展、社会进步结合起来，在继承中创新，使丰富的文化产品转化为文化商品，把民族文化的价值观、审美观传播出去，展示其强大的生命力。

2. 创新机制

建立富有活力的民族文化生产经营机制，是发展民族文化的重要手段。必须在文化建设中引入产业机制，实现文化的自我积累和长期稳定发展。要抓好总体规划，按照不同文化类别制定科学性、系统性、可操作性的地区间合作规划；要从不同的类型着眼，打破行政区划，根据各民族的特点，以“大文化圈”为前提，按照产业的要求，实现经济效益和社会效益的最大化。要建立多元化的文化产业投入机制，理顺政府与产业的关系，健全文化市场体系，完善文化市场管理机制。鼓励和支持各类文化团体和个人拓展文化市场，创新用人机制，完善人才激励机制。要结合文化体制改革，加快文化结构调整步伐，建立科学、合理、灵活、高效的管理体系和文化产品经营机制，在机制创新上要有新思维、新办法、新措施。

3. 规划项目

要想深入挖掘民族地区文化资源，变资源优势为产业优势，就必须选准项目，确定项目，加快项目建设；要认真研究和分析民族文化的特点、价值、优势及其发展前景，以创新的精神搞好项目规划，找准发展民族文化的切入点，对文化资源进行整合、配置。坚持有所为、有所不为，避免重复和雷同，集中精力开发优势项目，打造区域特色和民族特色。

4. 打造品牌

要深入挖掘和加工文化品牌，因为只有把文化资源打造成品牌，将民族文化推向市场，民族文化加工产业才能形成和发展。因此，必须以市场需求为导向，重视民族文化的打造和加工，不断创新品牌，不断提高文化品牌在国内外的影响力，争取最佳的社会效益和经济效益。

5. 加大投入

要实现民族文化产业的快速发展，就需要在资金投入上发挥政府和社会资本的作用。民族地区必须拓宽融资渠道，提高资本营运水平，探索建立促进民族文化产业发展的有效投资体制。既要从完全依靠政府投入的观念中解放出来，又要结合民族地区经济及文化产业发展的现状，加大政府的投入和扶持力度。同时应将政府的投入重点放在对民族文化产业前期发展的扶持上来，提供并创造必要的发展条件和环境。社会资本的利用要坚持用市场经济的办法运作，建立多元化的投资体制，广泛地吸纳社会资本的进入，鼓励有实力的企业、团体依法投入文化产业。

6. 优化环境

优化环境是民族地区文化产业发展的前提。这种环境的优化既有对硬环境的要求，也有软环境的要求。要注重政府的职能转变，将政府办文化向政府管文化（服务）的方向转变，不断强化服务手段，改进服务质量，提高办事效率。要致力于依法管理文化，创造良好的法制和政策环境，加强宏观调控，建立健全地方性文化法规及其政策，努力营造良好的舆论环境，打破传统的观念，真正把文化当作产业来认识。创作良好的社会环境，在促进民族团结进步中保持稳定、和谐、团结奋进的良好氛围。要建立有利于文化消费的市场环境，整顿和规范市场秩序，完善文化市场运行机制及管理体制。①

① 张沛，侯远志．中国城镇化的理论与实践：西部地区发展研究与探索［M］．南京：东南大学出版社，2009：262.

第八章　四川民族地区新型城镇化发展的规划和举措

第一节　四川省“十三五”规划中的新型城镇化

一、国家实施新型城镇化的政策和措施

城镇化是现代化的必由之路。推进城镇化是解决农业、农村、农牧问题的重要途径，是推动区域协调发展的有力支撑，是扩大内需和促进产业升级的重要抓手。

2013 年 12 月 12—13 日，中央城镇化工作会议在北京举行。习近平总书记发表重要讲话，分析城镇化发展形势，明确推进城镇化的指导思想、主要目标、基本原则、重点任务。李克强总理在讲话中论述了当前城镇化工作的着力点，提出了推进城镇化的具体部署，并作总结讲话。

中央城镇化工作会议之后，党中央、国务院就深入推进新型城镇化建设做出了一系列重大决策部署。经中央财经领导工作小组第三次会议、中央政治局常委会、中央城镇化工作会议审议，2013 年 3 月 12 日，党中央国务院印发《国家新型城镇化规划（2014—2020 年）》。2014 年 9 月 16 日，李克强总理主持召开了推进新型城镇化建设试点工作座谈会并作了重要讲话，对落实和完善各项政策措施提出了具体要求，为扎实推进以人为核心的新型城镇化、深入开展国家新型城镇化综合试点指明了方向。

2015 年 12 月 20—21 日，中央城市工作会议在北京举行。习近平总书记发表重要讲话，分析城市发展面临的形势，明确做好城市工作的指导思想、总体思路、重点任务。李克强总理在讲话中论述了当前城市工作的重

点，提出了做好城市工作的具体部署，并作总结讲话。①

2016 年是我国新型城镇化深入推进之年。各地区、各部门深入贯彻落实习近平总书记、李克强总理关于深入推进新型城镇化建设的重要批示指示精神和国务院深入推进新型城镇化建设电视电话会议精神，全面落实国务院《关于深入推进新型城镇化建设的若干意见》，扎实推进 30 项年度重点任务，新型城镇化建设取得重要进展。

根据党中央、国务院关于新型城镇化的方针和政策要求，在四川省委、省政府的领导下，将四川省新型城镇化发展贯彻执行在经济社会发展第十三个五年规划中，使四川省统筹城乡发展，尤其是民族地区的发展，在新常态、新的发展理念的指导下，得以深入开展。

二、“十三五”时期四川省社会经济发展主要目标

1. 发展目标

充分考虑四川省发展的阶段性特征和未来发展的支撑条件，在已经确定的全面建成小康社会目标任务的基础上，努力实现以下新的目标要求。

一是保持高于全国的经济增长速度。在提高发展平衡性、包容性、可持续性的基础上，地区生产总值年均增长 7% 以上，到 2020 年地区生产总值和城乡居民人均收入比 2010 年翻一番以上，人均地区生产总值与全国平均水平的差距进一步缩小。加快建成经济总量大、经济结构优、创新能力强、质量效益好的经济强省。创新驱动转型发展迈出实质性步伐，科技创新能力明显增强，产业发展迈向中高端水平，工业化、信息化融合发展水平进一步提升，先进制造业加快发展，新产业新业态不断成长，服务业比重明显上升，现代农业发展取得更大进展。投资对增长的关键作用充分发挥，消费对增长贡献稳步提高。城镇人口数量超过农村人口，城乡差距和区域差距缩小，发展空间格局更加优化。

二是人民生活水平和质量全面提高。就业、教育、文化、社保、医疗、住房等公共服务体系更加健全，基本公共服务均等化水平稳步提高。城乡居民收入保持较快增长，收入差距明显缩小，中等收入人口比重上升。农村建档立卡贫困人口全部脱贫，贫困县全部摘帽，消除绝对贫困，解决区域性整体贫困。

三是公民素质和社会文明程度普遍提升。中国梦和社会主义核心价值观更加深入人心，爱国主义、集体主义、社会主义思想广泛弘扬，向上向善、

① 徐绍史．国家新型城镇化报告 2015［M］．北京：中国计划出版社，2016：2.

诚信互助的社会风尚更加浓厚，人民思想道德素质、科学文化素质、健康素质明显提高，全社会法治意识不断增强。公共文化服务体系基本建成，文化产业成为支柱性产业，巴蜀优秀文化影响持续扩大，人民群众的精神文化生活更加丰富。

四是生态建设和环境治理取得显著成效。长江上游生态屏障、美丽四川建设取得新成效，生产方式和生活方式加快向低碳、绿色转变。资源综合利用水平提高，能源和水资源消耗、建设用地得到有效控制，主要污染物排放总量进一步减少，资源节约型和环境友好型社会建设取得重大进展，生态环境质量持续改善。

五是重要领域和关键环节改革实现重大突破。市场在资源配置中的决定性作用得到充分发挥，开放型经济新体制基本形成。依法治省方略全面落实，人民民主不断扩大，司法公信力明显提高，法治政府基本建成，人权得到切实保障，治蜀兴川各项事业全面纳入法治化轨道。各领域基础制度体系基本形成，治理体系和治理能力取得重大进展。

2. 推进新型城镇化健康发展

优化城镇化布局和形态。积极构建以城市群为主体形态，大、中、小城市和小城镇协调发展的城镇化发展格局，优化“一轴三带、四群一区”城镇空间布局。抓住国家建设成渝城市群和长江经济带的战略机遇，以铁路、高速公路等陆路通道和长江黄金水道为依托，重点建设成渝城镇发展轴、成绵乐城镇发展带、达南内宜城镇发展带和沿长江城镇发展带。推动成都转型发展，大力发展区域中心城市，建设一批百万人口城市，扩大中小城市、重点小城镇数量和规模，发挥对沿线周边地区辐射带动作用。优化与资源环境承载能力相匹配的城镇布局，积极推进成都、川南、川东北、攀西四大城市群建设，合理引导川西北生态经济区城镇化发展。

加强城市产业支撑。结合资源禀赋和区位优势，强化大、中、小城市和小城镇产业协作协同，培育发展各具特色的城市产业体系，增强城市经济活力和城镇化可持续发展动力。积极推进中心城市向服务经济和新兴产业转型发展，强化服务功能和创新功能，形成区域现代产业聚集区。增强中小城市产业承接能力，因地制宜发展特色产业和支柱产业。发挥小城镇连接城市、带动乡村的作用，深化“百镇建设行动”，提升小城镇承载产业和吸纳人口的能力。推动产城融合发展，统筹产业功能、服务功能和居住功能。支持老工业城市调整改造和资源型城市可持续发展。

推进现代化城市建设。转变城市发展方式，提高城市治理能力，着力解决城市病等突出问题，推进“创新、绿色、智慧、人文”城市建设，打造和谐宜居、富有活力、各具特色的现代化城市。科学规划城市空间布局，控制城市开发强度，合理划定城市开发边界，统筹老旧城区改造和城市新区建设，促进具备条件的开发区向城市功能区转型，提高城市规划建设水平和空间利用效率。加强城市的空间立体性、平面协调性、风貌整体性、文脉延续性等方面的规划和管控，留住城市特有的地域环境、文化特色、建筑风格等“基因”。加强城市管理数字化平台建设和功能整合，建设综合性城市管理数据库，开展国家智慧城市试点。加强地下综合管廊、停车场、城市绿地等建设，积极开展海绵城市试点，防治城市内涝，提高城市综合承载能力。以满足新市民住房需求为重点，深化城镇住房制度改革，建立购租并举的住房制度，继续推进“百万安居工程建设行动”，加大城镇危旧房、棚户区、老旧小区改造力度。加快住宅产业现代化，提升住宅综合品质。促进房地产市场平稳发展，推进建筑业发展方式转变。推进国家新型城镇化综合试点和中小城市综合改革试点。

有序推进农业转移人口市民化。充分尊重农民意愿、自主选择，合理引导农业人口有序向城镇转移，加快在促进农业转移人口融入城镇上取得新突破。全面深化户籍制度改革，实施居住证制度，严格控制特大城市中心城区的人口规模，全面放开其他城镇的落户限制，实现基本公共服务对常住人口全覆盖。建立健全城乡统一的基本养老和基本医疗保险制度，保障农业转移人口随迁子女平等享有受教育权利，健全农民工住房保障制度。加强职业技能培训服务，扶持具备条件的农民工进城创业。将符合条件的农村劳动者全部纳入失业登记，平等享受职业介绍、职业培训等公共就业服务。加快研究制定财政转移支付、城镇建设用地增加规模同农业转移人口市民化挂钩机制。①

第二节 四川民族地区发展的相关规划和实施措施

一、四川省新型城镇化规划（2014—2020 年）

为贯彻落实中央城镇化工作会议精神，依据《国家新型城镇化规划(2014—2020 年)》，结合四川实际，编制《四川省新型城镇化规划（2014—2020 年)》。本规划是引领四川省城镇化健康快速发展的宏观性、战略性、基础性规划。关于民族地区城镇化发展的主要内容有：

---

① 根据《四川省国民经济和社会发展第十三个五年规划的建议》整理.

1. 积极培育攀西城市群

强化安宁河谷—攀枝花城镇发展带和金沙江沿江城镇发展带，构建点轴状城市群空间形态。提高攀枝花城市建设质量和水平；严格保护自然生态和民族文化，突出西昌城市特色。把攀西城市群建设成为以战略资源开发为特色的新兴增长极、四川南向开放的桥头堡。

2. 合理引导川西北生态经济区城镇发展

以康定和马尔康为中心，依托县城和重点镇，构建点状的城镇化发展格局，走一条具有高原特色的城镇化发展道路。把川西北生态经济区建设成为中国重要的生态旅游区、国际生态旅游目的地、青藏高原东缘三江流域生态屏障和四川面向西藏、青海、甘肃等西部地区的交往纽带和桥梁。

3. 做强做优县城

坚持把宜居放在首位，围绕加快发展四大城市群，尽快培育发展一批经济基础较好、人口规模较大、资源环境承载力较强的县城，充分发挥其对城市群发展的重要支撑作用。成都平原城市群的县城要注重提升发展质量，成都周边县城，要加强与中心城市发展的统筹规划与功能配套，逐步发展成为卫星城；川南城市群的县城要注重壮大规模，川东北城市群的县城要注重分工协作，攀西城市群和川西北生态经济区的县城要注重提升服务能力。

4. 加快发展小城镇

抓好“百镇建设行动”300 个试点小城镇，特别是要发挥 21 个省级重点镇建设的示范作用，带动全省小城镇健康发展，充分发挥小城镇以工促农、以城带乡的重要节点作用。围绕四大城市群有重点地发展小城镇，中心城市周边的小城镇要强化与中心城市的协调配合，逐步发展成为卫星城镇，有条件的可以发展成为小城市；远离中心城市的小城镇，要完善基础设施和公共服务，发展成为服务农村、带动周边的综合性小城镇。

5. 重视人文城市建设

着力挖掘古巴蜀文化、三国文化和藏羌彝文化，尊重城市的空间发展格局和山水脉络，塑造文化与自然相互融合的城市风貌。在旧城改造中注重保护历史文化遗产、民族文化风格和传统风貌等，注重周边环境治理，促进功能提升与文化文物保护相结合。新城新区建设中要融入传统文化元素，并加强与原有城市自然人文特征相协调。加强对历史文化名城名镇、历史文化街区、民族风情小镇文化资源挖掘和文化生态的整体保护，切实维护历史文化的原真性，传承和弘扬优秀传统文化，推动地方特色文化发展，保存城市文化记忆。开展城市建筑乱象专项治理，遏制建筑“贪大媚洋求怪”。

二、《关于做好新形势下民族工作的意见》

2015年2月26日，四川省委常委会议审议通过了《关于做好新形势下民族工作的意见》（以下简称《意见》）。《意见》要求各级党委、政府把思想认识统一到中央加强和改进新形势下民族工作的决策部署上来，按照"以增加投入改善民生为主线来缩小差距，以加大扶持落实政策为保障来促进跨越，以增进互信、促进团结为前提来构建和谐，以建强队伍培养人才为基础来提供支撑"这一新形势下全省民族工作新的总体思路，团结带领全省各族人民共同推进民族地区跨越发展和长治久安，实现民族地区同步建成小康社会。

《意见》明确了四川省民族地区到2020年要实现的一些主要目标：

一是民族地区基本形成由高速公路和国、省干线公路构成的民族地区公路主骨架；市（州）到县全面实现三级及以上公路连通，所有县至少有两个方向的通道达到三级及以上公路，国省道三级及以上公路比例达到60%，国省干线公路网络基本完善；具备条件的乡镇和建制村通沥青（水泥）路。

二是民族地区城乡聚集水平、产业互动发展、城镇建设质量和保障性安居工程等方面达到全省平均水平。

三是全面完成民族地区78.55万人减贫任务，并基本消除绝对贫困现象。

四是民生得到显著改善，行路难、饮水难、用电难、上学难、看病难、就业难、增收难等现实问题得到有效解决，国家基本公共服务总体实现均等化。

五是基本实现普及学前教育和高中阶段教育，全面提高义务教育普及水平。

六是州级综合医院基本达到三级甲等医院标准，重点县综合医院达到二级甲等医院标准，其余县级综合医院基本达到二级乙等医院标准，形成比较完善的卫生服务体系，达到或接近内地平均水平。大力推进藏、彝、羌等民族医院规范化、现代化建设。

七是林草植被和湿地得到有效恢复，水土流失得到有效治理，区域生态恶化趋势得到有效遏制，环境质量保持稳定。

《意见》要求，推进嵌入式社区建设，加强社区民族工作，以和谐团结社区建设为依托，将社区民族工作纳入网格化服务管理，引导少数民族群众积极参与社区建设，增强少数民族群众对社区的归宿感。依法维护少数民族群众合法权益，禁止任何形式的民族歧视。深入开展民族团结进步创建活动，突出干部、青少年、知识分子等群体，推进创建活动进机关、进企业、进社区、进乡镇、进学校、进宗教场所。坚定不移推行国家通用语言文字教育。全面开设国家通用语言文字课程，全面推广国家通用语言文字，确保少数民族学生基本掌握和使用国家通用语言文字。保障藏、彝、羌等各民族语言文字在各领域的使用、传承和发展，在有需要的民族地区加强学前双语教育，支持民族地区师范院校免费培养双语教师。提高少数民族干部掌握国家通用语言文字能力，在民族地区工作的汉族干部应学习掌握当地少数民族语言文字。

《意见》强调，增强中华民族共同体意识。引导各族干部群众牢固树立各民族水乳交融、唇齿相依、休戚相关、荣辱与共的观念。发展少数民族文化事业，积极开展群众性文化活动和传统民俗节日庆祝活动。加强民族地区抢救性文物和非物质文化遗产保护工作，做好少数民族古籍保护、抢救、整理、出版和研究工作。加强党的民族理论、政策研究，以及少数民族历史研究。

三、四川“十三五”规划中推进民族地区发展的建议

2016 年 1 月 29 日，四川省第十二届人民代表大会第四次会议审议通过的《中共四川省委关于制定国民经济和社会发展第十三个五年规划的建议》（以下简称《规划》）明确了未来五年全省经济社会发展的宏伟目标、主要任务和重大举措。

《规划》明确提出，要加快民族地区交通、能源、水利等基础设施建设步伐，积极发展特色优势产业，大力提升基本公共服务水平，增强自我发展能力，筑牢民族地区经济社会可持续发展基础。继续实施民族地区交通大会战，实现民族地区州府所在地都有高速公路连接，州到县有三级及以上公路连接。充分发挥民族文化、地域风情等优势，积极发展特色旅游、文化产业，带动富民增收。大力推进民族地区教育发展十年行动计划、民族地区十五年免费教育计划、藏区千人支教十年计划等教育扶持项目，积极推行双语教育。推进广播电视节目覆盖工程，扶持康巴卫视和州县广播电视能力建设，提升民族语言广播影视节目译制制作播出水平。切实提升民族地区医疗卫生服务可及性和保障水平，继续对大骨节病患者实施救助，开展藏区包虫病、地氟病等地方病综合防治，加强大小凉山禁毒防艾工作。同时明确提出“十三五”期间将在民族地区推进以下“六大重点工程”：

一是民族地区教育发展十年行动计划。重点实施学前教育、义务教育、高中阶段教育校舍和教师周转宿舍建设，全面提高义务教育普及水平和教育质量，基本实现义务教育县域内均衡发展，基本普及学前教育和高中阶段教

育，民族地区中职招生5万人左右。

二是民族地区卫生发展十年行动计划。以卫生机构、人员技术、设备配套为重点，健全医疗卫生服务网络，完善州、县、乡镇、村四级卫生体系。

三是民族语言文字传播能力提升工程。推进康巴卫视高清化改造、藏区州县广播电视节目覆盖、州县广播电视台译制制作播出能力提升，加快四川民族文字出版基地等建设。

四是藏区“六大民生工程计划”。统筹实施扶贫解困行动、就业社保促进、教育发展振兴、医疗卫生提升、文化发展繁荣、藏区新居建设六项民生工程，整体提升农牧民群众生产生活水平和公共服务水平。

五是川西藏区生态保护与建设工程。以川西藏区沙化土地治理、湿地恢复为重点，对森林、草原、湿地主要生态系统进行保护与恢复建设。完成人工造林3万公顷、封山育林22万公顷；完成退化草地治理73万公顷、鼠虫害治理400万公顷；完成沙化土地治理27.07万公顷，小流域综合治理3.25万公顷，坡耕地水土流失综合治理1.33万公顷。

六是大小凉山彝区“十项扶贫工程”。强化彝家新寨建设、乡村道路畅通、水利建设、教育扶贫提升、职业技术培训、特色产业培育、农业新型经营主体构建、产业发展服务、卫生健康改善和现代文明普及，全面改变凉山地区贫困落后面貌。

四、全国政协考察四川民族地区提出的建议

2014年8月30日至9月5日，全国政协副主席、民革中央常务副主席齐续春率全国政协、无党派人士部分委员来川考察民族地区经济社会发展和群众的生产生活。8月30日在成都召开的考察座谈会上，考察团成员四川省相关部门负责人、驻川全国政协少数民族委员互动交流。考察团成员对四川民族地区在经济建设和民生改善等方面取得的成绩给予充分肯定，同时指出四川民族地区发展水平较低，但拥有丰富的生态资源，又与西藏、青海、云南、甘肃等省区的民族自治地方毗邻，具有维护民族团结和巩固边疆的地缘政治地位。解决好四川民族地区的贫困问题，对于实现民族地区的和谐稳定与繁荣进步，落实十八大提出的在2020年全面建成小康社会的目标具有重大示范意义。为此建议：

（1）创新民族地区扶贫开发的思路。民族地区承担着特殊的生态保护、经济社会发展、民族团结与社会稳定任务，其扶贫开发要注重探索开创生态文明的新途径。第一，民族地区的扶贫开发必须以生态保护为前提。积极探索资源有偿使用和生态补偿制度，从根本上减轻生态环境的压力，增强民族

地区发展的内生动力。第二，民族地区的扶贫开发必须以改善民生为目的。贫穷不是社会主义，推动民族地区经济社会发展和民生改善，让各民族群众共享发展成果，真正感受到党和政府的关心和温暖，是民族地区扶贫开发的主要任务和工作重点。第三，民族地区的扶贫开发必须以可持续发展为途径。要在解决生存贫困的同时解决发展贫困，在转变生产方式的同时转变生活方式，探索建立人与自然和谐相处的生活方式和生态文明形态。

（2）对民族地区生态环境进行保护性开发。丰富的生态资源是民族地区实现跨越发展的重要动力，必须通过保护式开发释放生态红利，助推经济发展。建议可在四川藏区开展创建高原雪山国家公园试点。四川藏区是长江上游的重要水源涵养地和生态屏障，高原、雪山、草原等自然风光和藏族原生态文化优美丰富。建议引入再生资源、循环能源、生态绿化、环保建筑等规划理念，大力发展以生态保护和生态价值创造为目标的特色生态产业，促成生态环境与经济社会的协调发展和广泛的经济交流与文化交融，彻底改变四川藏区的面貌，提高藏区群众生产生活水平，带动藏区富裕安康和长治久安。具体措施有：创新宣传模式，以绿色、健康、生态的产业形象吸引客源；挖掘与保护文化品牌，开发藏族风格的泥塑、木雕等工艺品；发展青稞、玛咖、牦牛等特色产业链条；通过大力发展以餐饮、建筑、交通运输等多业并举的现代服务业，形成具有鲜明民族特色和竞争优势的市场品牌。

（3）强化民族地区基础设施建设。基础设施和社会公共服务落后是民族地区经济社会发展相对滞后、人民生活水平相对贫困的主要原因之一。要着力构建与经济社会发展相适应的基础支撑体系，增强民族地区跨越式发展的支撑和保障能力。加快机场、铁路和高速公路建设，积极构建陆空立体交通枢纽，提高运输覆盖面和运载能力。针对民族地区特殊的地理气候条件，在生态脆弱、地形复杂和气候恶劣的地区做好防灾减灾和趋利避害，对重灾地区实行生态修复工程，保障物资运输和群众出行的安全、畅通。建立水电开发新机制综合试点，适当增加大中型水电工程移民补偿补助项目，增调民族自治地方留存电量总量，确保群众生产生活电力需求。提高广播影视公共服务均等化水平，提高通信网络的覆盖率和辐射范围，增强群众对信息的获取能力，增进相互间的交流互动。

（4）加大对民族地区的政策扶持力度。对民族地区要实行差别化的帮扶政策，支持民族地区加快发展，加大中央财政对民族地区一般性转移支付和专项支付力度，进一步提高民族自治地方公益性建设项目的国家资金补助比例，构建经济发展收益民族自治地方分享机制和民族地区转移支付稳定增长机制。民族地区要利用资源优势，扩大招商引资渠道，不断增强自身发展动力和造血功能。民族地区还要用好用实每一项帮扶政策，摸清底数，选准目标，实施动态化管理，严把贫困出入口，严格落实帮扶责任，确保精准扶贫。此外，建议将四川省作为民族省区对待，在政策方面享受与其他民族省区同等的待遇。

（5）加强民族地区干部队伍建设。民族地区基层干部工作辛苦、生活清苦、条件艰苦，国家应对他们更为关爱。

一是设立人才引进和技术支援专项基金，用于扶持民族地区引进人才和开展干部培训。

二是鼓励机关团体和社会组织定期为民族地区提供技术支持、技能培训和人才交流培养等，增强民族地区的内生活力。

三是牢固民族地区干部法治思维底线，坚持依法管理宗教事务，为民族地区社会和谐稳定保驾护航。

四是深入研究民族地区干部工资待遇问题，根据海拔高度和气候环境等因素出台更加符合边远民族地区实际的工资待遇政策。①

---

① 全国政协无党派人士各界委员来川考察民族地区经济社会发展，四川政协网，http：//www. sczx. gov. cn/system/20140901/000056718. htm.

第九章　四川民族地区经济发展与城镇化相关关系实证分析

第一节　城镇化与经济发展关系理论综述

一、城镇化与经济发展的相关关系

城镇化与经济发展相互影响，交互作用。一方面是经济发展水平对城镇化的影响，被称为经济发展的“城镇化效应”；另一方面是城镇化水平对经济发展的影响，即城镇化的“经济效应”。①

为了证明经济发展与城镇化水平之间的关系，国内外学者都曾就各国人均国民生产总值与其城市化水平之间的关系做过分析。周一星教授曾对1977年世界157个国家和地区的资料做了统计分析，除了20个国家受到特殊原因影响，其余137个国家和地区城市化水平与人均GDP符合对数曲线关系。

改革开放以来，我国经济发展与城镇化的相互作用表现为一种促进、相互推动的高度正相关关系，即经济的发展能够推动城镇化进程，城镇化水平的提高必然推动经济的发展。经济发展和城镇化相互作用、相互推动，且两者的相互作用不同步。②

从全国范围看，我国县域经济发展程度与城镇化水平相关系数为0.909，为高度线性相关；从东部地区看，相关系数为0.895，也是高度线

① 丁生喜．环青海湖少数民族地区特色城镇化研究［M］．北京：中国经济出版社，2012：95.

② 赵现洲．我国城镇化与经济发展相互关系的动态分析［J］．中国软科学，2006（9）.

性相关；而中西部地区，相关系数为0.462，为低度线性相关。①

二、城镇化与工业化的相关关系

库兹涅茨等研究发现，城市的发展与产业结构之间存在着十分密切的相互关联和相互制约的关系。城镇化发展水平的高低决定着一个地区的产业结构总体状况。具体来说，城镇化水平与第一产业呈负相关关系，与第二、三产业呈正相关关系。

城镇化率与工业化率比较的世界发展模型指出，工业化与城镇化经历的是由紧密到松弛的发展过程。发展之初的城镇化是由工业化推动的，工业化通过调整供给结构来满足并适应由城镇化引起的各种需求。受到工业化初始推动的城镇化，以越来越快于工业化的速度发展着，这种格局主要是由城镇化引起的需求多样化引起的。随着人均收入的增长，城镇化居民对服务的需求也相应扩大，单凭工业结构的内部调整已无法适应这一趋势，工业化的速度开始滞后于城镇化进程，详见表9-1。

表9-1 工业化与城镇化比较 %

工业化率Ⅰ	工业化率Ⅱ	城镇化率
12.5	7.8	12.8
14.9	9.1	22.0
21.5	16.4	36.2
25.1	20.6	43.9
27.6	23.5	49.0
29.8	25.8	52.7
33.1	30.3	60.1
34.7	32.5	63.4
37.9	36.8	65.8

注：工业化率Ⅰ为按工业产值计算的工业化率，工业化率Ⅱ为按工业就业计算的工业化率②

根据西方发达国家的发展经验可以知道，工业化发展是城镇化发展的先导和根本动力，工业化发展对城镇化具有巨大的推动作用，两者呈明显

---

① 李胜会，李明东．县域经济与城镇化水平相关性分析［J］．兰州学刊，2004（1）．

② ［美］霍利斯·钱纳里，莫伊斯·赛尔昆．发展的型式（1950—1970）［M］．北京：经济科学出版社，1988：45．

的正相关性。发达国家1820—1950年，工业化与城市化的关系系数达到+0.997；1841—1931年英格兰和威尔士的工业化与城市化的相关系数为+0.985；1866—1946年法国的工业化与城市化的相关系数为+0.970，均呈正相关关系。

工业化以城镇化为基础，城镇化反过来作用于工业化。工业化是近现代经济发展的主旋律，城镇化则是近现代社会发展的主旋律。城镇化促进工业化，工业化带动城镇化，这在理论界得到普遍认同。因此，农业的社会形态，既不会有高速的城镇化发展过程，也没有必要去探索加速城镇化问题，只有在工业的高速发展中，城镇化的加速度才会成为现实问题。而且工业化与城镇化变动关系在工业化的不同阶段存在着较大差别，不同收入水平、不同类型国家工业化与城镇化变动关系表现出不同特点。

第二节　四川民族地区经济发展与城镇化关系的总体分析

一、四川民族地区经济发展的“城镇化效应”定量分析

选取城镇化水平的显著指标“城镇化率”和体现经济发展水平的主要指标“人均GDP”来考察经济发展的城镇化效应（表9-2～表9-4）。

表9-2　四川民族地区2010—2015年三次产业增加值及构成变动情况

年份	增加值/万元				增加值构成/%		
	第一产业	第二产业	第三产业	合计	第一产业	第二产业	第三产业
2010	2 403 285	540 764	3 581 841	11 025 890	21.8	45.7	32.5
2011	2 768 473	6 982 815	4 220 753	13 972 041	19.8	50	30.2
2012	3 117 507	8 005 632	4 751 670	15 874 809	19.6	50.4	30
2013	3 359 513	8 892 864	5 173 393	17 425 770	19.3	51.0	29.7
2014	3 578 400	9 437 200	567 680	18 692 500	19.5	50.5	30.0
2015	3 798 700	955 900	615 090	19 055 000	20.0	47.6	32.4

数据来源：《四川省统计年鉴》（2011—2016）。

表9－3　三个民族自治州2010—2015年地区生产总值和人均GDP

年份	阿坝州		甘孜州		凉山州	
	生产总值/万元	人均GDP/元	生产总值/万元	人均GDP/元	生产总值/万元	人均GDP/元
2010	1 327 630	14 662	1 228 303	28 070	7 841 912	17 560
2011	1 684 801	18 672	1 522 247	13 882	10 001 275	22 044
2012	2 037 391	22 525	1 750 188	15 753	11 226 693	24 669
2013	2 339 925	25 178	2 012 248	17 809	12 144 022	26 556
2014	2 477 900	27 043	2 068 100	18 096	13 143 000	28 556
2015	2 650 400	28 647	213 040	18 423	13 148 400	28 276

数据来源：《四川省统计年鉴》（2011—2016）

表9－4　四川省及三个民族自治州2010—2015年城镇化率　　%

项目	2010年	2011年	2012年	2013年	2014年	2015年
四川省	40.2	41.8	43.5	44.9	46.3	47.7
四川民族地区	23.7	27.4	29.2	30.3	31.3	32.3
阿坝州	25.4	31.7	33.4	34.6	35.7	36.8
甘孜州	18.3	22.4	24.4	25.8	26.9	28.1
凉山州	26.2	30.0	29.6	30.6	31.4	32.4

1. 模型的建立及计算

这里采用相关性分析和回归分析来研究民族地区经济发展和城镇化之间的相关关系。根据变量的形态，建立回归方程：$y=a+bx+u$，其中y为城镇化率，x为人均GDP，a、b为待定参数，u为随机扰动项。为了便于对比，运用SPSS软件分别对四川省总体、四川民族地区、三个主要民族自治州经济发展对城镇化的关系进行实证分析。计算结果如表9－5所示。

表9－5　四川省及三个民族自治州人均GDP与城镇化率相关关系计算结果

地区	相关系数r值	F检验值	F值的显著性水平
四川省	0.864 789	85.164 10	0.000 001
四川民族地区	0.732 307	12.901 54	0.000 571
阿坝州	0.687 552	49.535 34	0.000 009
甘孜州	0.843 848	43.041 79	0.000 017
凉山州	0.842 874	51.254 13	0.000 007

2. 计算结果分析

一般判断变量之间的相关关系紧密程度的标注是采用四级划分法，即相

关系数 r 的绝对值在0.3以下，为微弱线性相关；0.3~0.5，为低度线性相关；0.5~0.8，为显著线性相关；0.8以上，为高度线性相关。从表9-5的计算结果可以看出：

第一，四川省城镇化率与人均GDP呈正相关关系，民族地区城镇化率与人均GDP也呈正相关关系，从相关系数 r 的值来判断，甘孜州和凉山州的 $r>0.8$，为高度线性相关，民族地区总体和阿坝州 $0.8>r>0.5$，为显著线性相关。这说明四川省和民族地区总体呈现随着经济发展和人均GDP增加，城镇化水平也逐渐提高的趋势。

第二，民族地区的经济发展对城镇化的关系因地而异。从计算结果来看，四川省城镇化水平与经济发展水平的相关系数 r 的 F 检验值约为85.2，说明经济发展水平对城镇化水平的线性影响相当大，存在着显著的线性相关关系；民族地区总体城镇化水平与经济发展水平的相关系数 r 的 F 检验值为12.9，说明县域经济发展水平对城镇化水平的线性影响比较大，存在着比较明显的线性相关关系；三个民族自治州城镇化水平与经济发展水平的相关系数 r 的 F 检验值都大于40，说明该地区经济发展水平对城镇化水平的线性影响比较大，存在着明显的线性相关关系。

二、四川民族地区城镇化的“经济效应”定量分析

为了考察四川民族地区城镇化的“经济效应”，将四川省、四川民族地区2010—2015年的城镇化率与地区国内生产总值的对应关系用图的形式表达出来，如图9-1和图9-2所示。

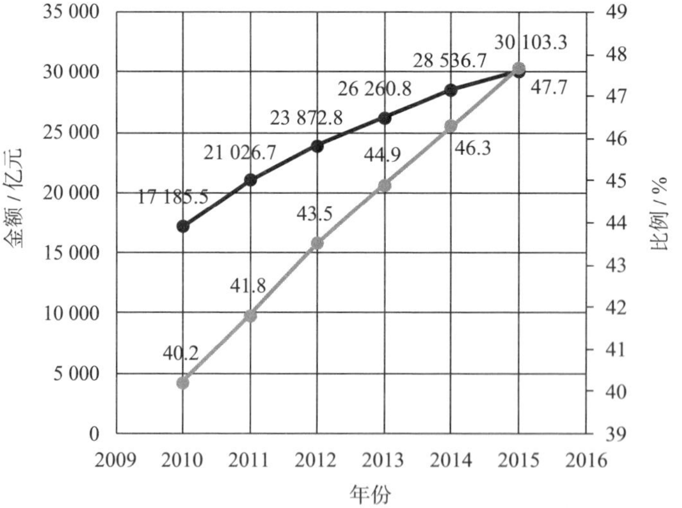

图9-1 四川省城镇化与经济发展水平关系

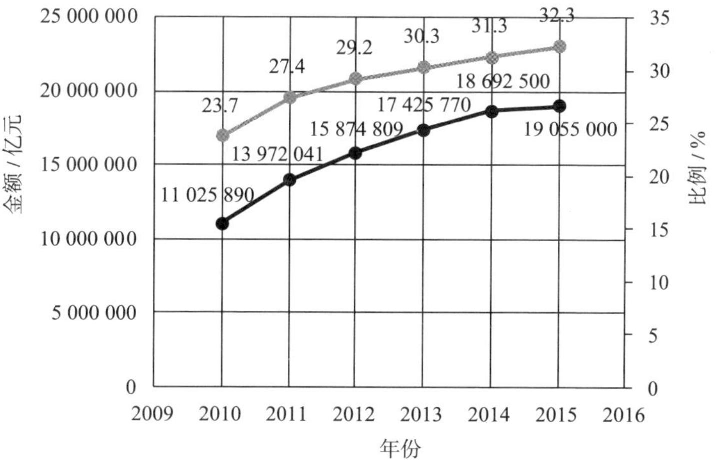

图 9－2　四川民族地区城镇化与经济发展水平关系

由图 9－1 可以看出，四川省总体上城镇化水平与地区国内生产总值表现出正相关关系，即城镇化的经济效应是明显的，表明城镇化水平的提高能有效促进区域 GDP 水平上升。城镇化水平的高低影响经济发展的速度，城镇化水平就越高，经济发展水平就越高。图 9－2 中反映出随着时间的推移，四川民族地区城镇化的经济效应不明显。主要原因是民族地区人口总量少，区域缺乏有吸引力的城镇增长极，缺乏吸引产业和投资聚集动力，不能创造二、三产业就业岗位，就不能带动区域经济增长。

以上分析可以看出，总体上四川民族地区经济发展对城镇化较为明显的促进作用，经济发展的水平越高，城镇化水平就越高。也就是说，四川民族地区经济发展的城镇化效应比较明显，而城镇化的经济效应不是很明显。这也印证了经济发展和城镇化是相互作用、相互推动的，且两者的相互作用并不同步。造成这种现状的原因主要是因为四川民族地区经济发展水平较低，产业结构不合理，城镇化缺乏产业支撑。

第三节　四川民族地区工业化与城镇化相关关系实证分析

一、四川民族地区工业化与城镇化的关系

一般情况下，可以通过 *IU*、*NU* 比值来判断一个地区城镇化与工业化的相关关系。*IU* 值就是工业化率与城镇化率的比值，其计算公式：$IU = I/U$。

当城镇化与工业化发展较为协调时，比值为 0.5. 当 *IU* 值大于 0.5 时，说明工业化率高于城镇化率，工业创造财富的能力大大超过吸收就业的能力；当 *IU* 值小于 0.5 时，说明工业化率低于城镇化率，工业化发展对城镇化的带动不足。

NU 值就是非农就业人口比重与城镇化率的比值，其计算公式：$NU = N/U$。当城镇化与非农化协调发展时，比值为 1.2。当 *NU* 值大于 1.2 时，说明有大量从事非农产业的劳动力仍然分散在农村地区，城镇化滞后发展，而且 *NU* 值越大，城镇化滞后程度越明显；当 *NU* 值小于 1.2 时，说明城镇化发展超前，城镇化发展缺乏二、三产业支撑，且 *NU* 值越小，城镇化超前程度明显。2010—2015 年四川省民族地区城镇化与工业化的关系见表 9－6。

表 9－6　2010—2015 年四川省民族地区城镇化与工业化关系

项目	工业化率	城镇化率	$IU = I/U$	$NU = N/U$	关系	（U/I）－1
2010	45.7	23.7	1.9	1.4	城镇化滞后	－0.5
2011	50.0	27.4	1.8	1.3	城镇化滞后	－0.5
2012	50.4	29.2	1.7	1.3	城镇化滞后	－0.4
2013	51.0	30.3	1.7	1.3	城镇化滞后	－0.4
2014	50.5	31.3	1.6	1.2	协调	－0.4
2015	47.6	32.3	1.5	1.2	协调	－0.3

通过表 9－6 分析，用 *IU* 标准值 0.5 来评价，四川民族地区 2010—2014 年工业化率都在提高，但城镇化率并没有随之提高。用 *NU* 标准值 1.2 来评价四川民族地区城镇化与工业化关系，可以看出，2013 年前城镇化发展滞后于工业化发展，2014 年以后趋于协调发展。

城镇化与工业化的“偏差系数”（城镇化率/工业化率－1）也是衡量一个国家或地区城镇化过程与工业发展是否相互协调的一项重要指标。一般认为偏差系数为 1 左右是适宜的。从表中偏差系数可以看出，四川民族地区工业化率一直超出城镇化率，说明民族地区城镇化发展水平滞后，制约区域经济发展。但这种偏差逐渐变小的趋势说明民族地区城镇化发展进程在不断加快。

四川省城镇发展呈现出区域发展不平衡的特点，民族地区地广人稀，城镇化发展水平低。民族地区城镇化率与工业化率的变化情况如图 9－3 所示。

从图 9－3 中可以看出，四川民族地区工业化率和城镇化率的相关性不是很明显。从变动趋势来看，民族地区的工业化率和城镇化率都在波动上

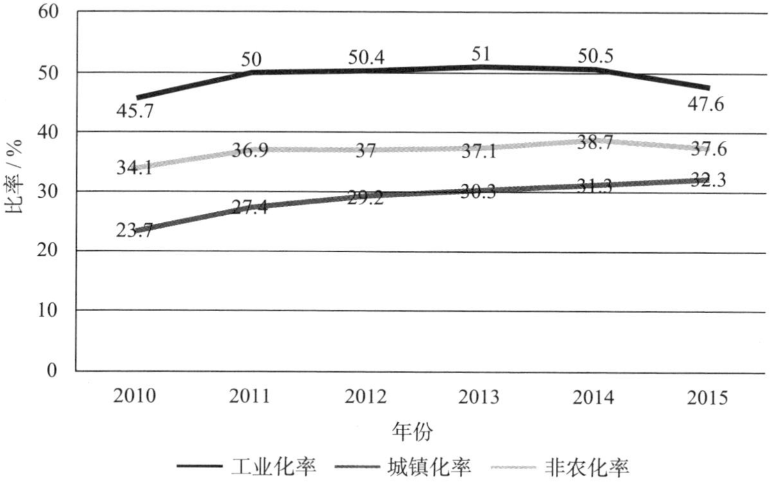

图 9－3　2010—2015 年四川民族地区工业化率、城镇化率、非农化率变动趋势

升，但城镇化水平上升较慢，发展滞后。民族地区工业化和城镇化水平都低于全省水平。

二、三个民族自治州 GDP 与工业增加值变动情况

四川民族地区三个主要的民族自治州 GDP 与工业增加值一直以来都呈现稳定增长的态势，各州的 GDP 与工业增加值变动情况见表 9－7。

表 9－7　三个民族自治州 2010—2015 年 GDP 与工业增加值变动情况

万元

年份	阿坝州		甘孜州		凉山州	
	GDP	工业增加值	GDP	工业增加值	GDP	工业增加值
2010	1 327 630	585 272	1 228 303	449 150	7 841 912	3 710 463
2011	1 684 801	796 656	1 522 247	577 177	10 001 275	5 235 658
2012	2 037 391	1 021 247	1 750 188	681 162	11 226 693	5 878 650
2013	2 339 925	1 208 405	2 012 248	807 826	12 144 022	6 422 079
2014	2 477 900	1 253 100	2 068 100	772 000	13 143 000	6 933 400
2015	2 650 400	1 300 200	2 130 400	757 900	13 148 400	6 486 500

数据来源：《四川省统计年鉴》（2011—2016）。

将表 9－7 中的数据绘制成图，可以清晰且直观地看出各州工业发展与经济增长之间的关系，如图 9－4～图 9－6 所示。

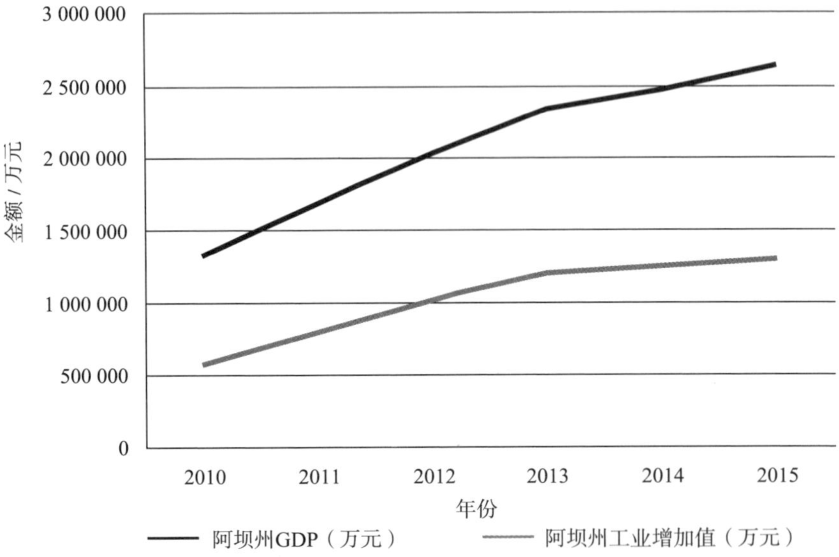

图 9－4　2010—2015 年阿坝州 GDP 与工业增加值变动情况

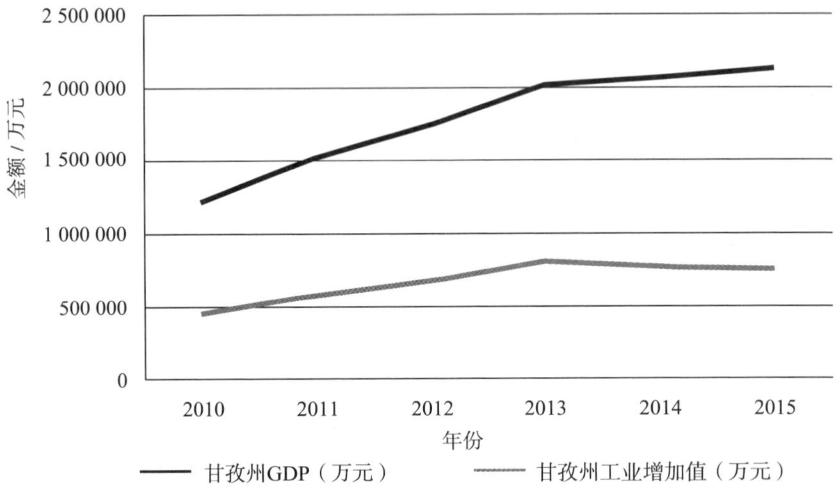

图 9－5　2010—2015 年甘孜州 GDP 与工业增加值变动情况

从以上图表可知，阿坝州、甘孜州、凉山州在经济发展中，GDP 与工业化发展有着较强的相关性。随着工业增加值的增速加大，GDP 也保持着同步快速增长。但各州的工业化发展程度不同，工业增加值对 GDP 的贡献差异也比较大，其中关系最密切的是凉山州。

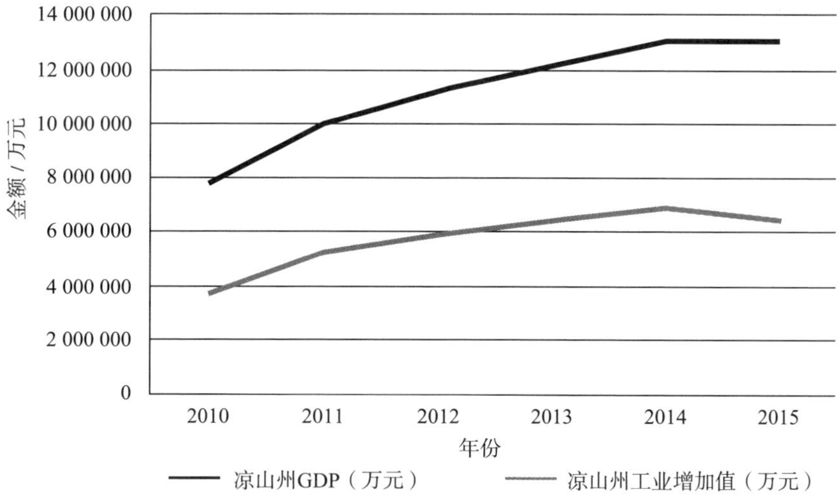

图 9－6　2010—2015 年凉山州 GDP 与工业增加值变动情况

三、三个民族自治州城镇化与工业化的偏离度分析

根据城镇化与工业化发展的理论可知，工业化与城镇化之间是相得益彰的关系，相互促进又相互制约。下面分析三个民族自治州城镇化率与工业化率的偏离度，见表 9－8。

表 9－8　三个民族自治州 2010—215 年城镇化率与工业化率偏离度　%

年份	阿坝州			甘孜州			凉山州		
	工业化率	城镇化率	$(U/I)-1$	工业化率	城镇化率	$(U/I)-1$	工业化率	城镇化率	$(U/I)-1$
2010	44.1	25.4	－0.4	36.6	18.3	－0.5	47.3	26.2	－0.4
2011	47.3	31.7	－0.3	37.9	22.4	－0.4	52.3	30	－0.4
2012	50.1	33.4	－0.3	38.9	24.4	－0.4	52.4	29.6	－0.4
2013	51.6	34.6	－0.3	40.1	25.8	－0.4	52.9	30.6	－0.4
2014	50.6	35.7	－0.3	37.3	26.9	－0.3	52.8	31.4	－0.4
2015	49.1	36.8	－0.3	35.6	28.1	－0.2	49.3	32.4	－0.3

数据来源：由《四川省统计年鉴》（2011—2016）及各州统计公告（2010—2015）计算整理。

从表 9－8 中计算结果可以看出，阿坝州、甘孜州、凉山州均表现出城镇化滞后于工业化发展的状况。三个民族自治州资源禀赋各不相同，开发前景极大。但到目前为止，各州的工业发展仍然以资源开发初加工，产业链短，带动性差。粗放的资源开发利用模式不仅会影响民族地区的生态环境，而且随着资源开发殆尽，区域经济也会陷入更加艰难的境地。因此，民族地区应当通过切实可行的途径适度发展工业化，而不能继续走传统工业化道路。

第十章　四川民族地区新型城镇化中的产业发展

第一节　四川民族地区产业现状及竞争力分析

一、四川民族地区第一产业及其竞争力分析

第一产业在四川民族地区占有相当重要的地位，它的发展对该地区的经济发展有重要意义。① 2015 年四川民族地区第一产业产值达到 379.9 亿元，占 GDP 的 20%。这一比例远高于全国同期平均水平（全国第一产业产值 60 863 亿元，占 GDP 的 9.0%），也远远高于四川省平均水平（2015 年四川省第一产业产值 3 677.3 亿元，占 GDP 的 12.2%）。从纵向比较看，1978—2015 年，四川民族地区第一产业总产值从 6.5 亿元增长到 379.9 亿元（按绝对数计算），实际增长了 5.8 倍（按可比价计算），见表 10－1。

表 10－1　四川民族地区和全省农林牧渔业增长情况比较

项目	地区	农林牧渔业产值	农业	林业	畜牧业	渔业
2005 年/亿元	民族地区*	186.2	81.0	11.6	86.7	2.2
	四川省	2 457.5	1 037.2	69.9	1 230.2	78.5

① 李皓，郑长德．四川民族地区产业现状及其竞争力分析［J］．西南民族学院学报（哲学社会科学版），2003（5）．

续表

项目	地区	农林牧渔业产值	农业	林业	畜牧业	渔业
2015 年/亿元	民族地区	618.7	265.2	25.1	235.8	5
	四川省	5 925.2	3 078.6	196	2 318.8	229.4
增长倍数/倍	民族地区	3.3	3.3	2.2	2.7	2.3
	四川省	2.4	3.0	2.8	1.9	2.9

注：根据数据的可获得性，民族地区 * 的数据以阿坝州、甘孜州、凉山州的数据加总所得。

从表 10－1 中可以看出，2005—2015 年，民族地区农、林、牧、渔各个产业的增长速度与全省是不同步的，其中农业、畜牧业增长快于全省水平，林业和渔业发展相对滞后。总体上，民族地区和全省的第一产业都处在上升阶段。但进一步分析却发现，民族地区第一产业的质量并不高。

首先，民族地区的农业资源没有得到充分的利用，资源的利用效率低于全省水平。在全省范围内，民族地区的土地面积超过全省总面积，其中耕地总面积占全省耕地总面积的 11.3%，但是 2015 年民族地区农业总产值只占全省的 8.6%；森林面积占全省面积的 75.4%，但林业产值占全省的 12.8%；草地面积占全省草地面积的 88%，但畜牧业产值只占全省的 10.2%；淡水面积占到 38%，渔业产值只占到全省的 2.2%。

其次，第一产业的结构调整缓慢，产业发展面临巨大的挑战。民族地区的第一产业基本上是以农牧业为主的传统产业，这样一种传统的农业产业关系主要还是靠天吃饭，因此也造成了人与自然的紧张关系。这种紧张关系表现为森林过伐、草原过牧等问题。据统计，四川藏区的草原过载率普遍在 30% 以上，个别县份达到 40%。草原过载使草原生态受到严重破坏，草原退化、沙化、鼠害、虫害日益严重。2007 年年底，甘孜州草地沙化面积占可利用草地面积的 78%。仅石渠县就有近 300 万亩草地变成寸草不生的“黑土滩”，这不仅使草原环境进一步恶化，而且草场完全失去放牧价值，给当地群众的生产生活造成极大危害。据统计，近 15 年来，牧区草原产草量由每亩 276 kg 下降到 240 kg，降低了 12.9%。草原生产力下降，直接威胁到畜牧业经济的发展和牧民的生存。

第三，农业产业化水平低，服务配套体系不健全。虽然四川民族地区有全省 11.3% 的耕地面积，75.4% 的森林面积，88% 的草地面积，但该地区农业机械化水平只占全省的 7.7%，灌溉面积占全省的 6.4%。各种牲畜

2 176.9 万头，但与之配套的畜牧兽医站仅有 2 010 个、草原工作站 51 个，畜牧兽医人员不到 6 000 人。四川民族地区有 51 个县，2 000 多个乡镇，但农技站只有 800 个，为农业提供产前、产中、产后的社会化服务体系没有建立起来，农技推广困难。

从以上分析可以看出，尽管四川民族地区第一产业的发展速度并不是很慢，但从实质上看，这个产业仍处在比较原始、低级的阶段，它的增长是建立在资源粗放式开发的基础上的。这种增长方式并不能提高民族地区的产业竞争力，并且缺乏产业竞争力的增长是不可持续的。

四川民族地区第一产业面临着从传统农业向现代农业转化的任务，这方面凉山州做了有效的探索。“十二五”时期凉山州农业工作按照“稳定粮食生产，调整产业结构，加快现代农业发展”的思路，创新农业经营体制机制，转变农业发展方式，提高发展质量和效益，实现凉山州现代农业跨越发展。凉山州高度重视粮食生产，粮食播种面积达到 762 万亩，优质稻面积稳定在 70% 以上，优质玉米达到 80% 以上，优质专用马铃薯商品率达到 65% 以上。在稳定粮食生产的基础上，推进现代农业产业园区、设施农业、有机农业、观光休闲农业建设，加快发展马铃薯、苦荞麦、花卉、果蔬和优质茧丝等特色优势农产品，实现农业经济持续、健康、快速发展。目前凉山州新建标准化农民专业合作社 20 个以上，把合作社建设引入农业生产各领域、各环节。抓好“三品”认证和“农产品地理标志”登记保护工作，引导凉山州特色优势农产品扩大规模，全州新增绿色、无公害农产品生产基地 30 万亩，新增绿色食品、有机食品认证 5 个，新增无公害农产品地理标志品牌 15 个。同时，大力实施标准农田、机耕道、沼气池、现代农业示范园区和农产品生产基地等建设工程。新建成高标准农田 16.5 万亩，完成便民机耕道建设 1 500 km，测土配方施肥技术覆盖率达 52% 以上；凉山州农机总动力达到 267 万 kW，主要粮食作物耕种综合机械化水平达 44%，新增提灌设备 1 107 台套；新建农村户用沼气池 1.8 万口，适宜区农户建池率 60% 以上。①

凉山州的经验可以说明，四川民族地区第一产业的发展还是可以大有可为的，通过深化改革、调整结构，民族地区的农业资源优势可以转化为产业竞争优势。

二、四川民族地区第二产业现状及其竞争力

四川民族地区能源资源、冶金矿产资源等极其丰富，是我国工业资源最

---

① 凉山州找准发展突破口推进农业跨越发展，四川省政府网站，2013 年 4 月 7 日，http://www.sc.gov.cn/10462/10464/10465/10595/2013/4/7/10255223.shtml.

富集的区域。各地方政府把工业发展的着眼点放在了对富集资源的开发上，逐渐形成了以水电为主的能源产业，以冶金为主的原材料工业和以农牧土特产加工为主的轻工业的工业经济体系。

四川丰富的水能资源2/3集中在民族地区境内的金沙江、雅砻江、大渡河干流上，其水能开发量达到6 380万kW，占四川全省的57%、全国的15%。国家在“两江一河”上规划了若干座大型水电站，仅金沙江就共规划了20个梯级电站，总装机容量达7 274万kW。民族地区是我国“西电东送”的主要能源基地。金沙江上的电站供电方向主要向东部地区；雅砻江上的电站送电主要方向是川渝电网，也要参与西电东送；大渡河电站主要任务是供给四川主电网。

以冶金为主的原材料工业建立与民族地区丰富的矿产资源分不开。四川民族地区不仅有众多的金属和非金属矿，而且煤、铁等能源矿产、特种非金属及稀有元素矿产蕴藏丰富。已探明的金属矿产有55种，其中金、银、铁、铅、锌、钒、钛等的储量占全省的90%以上。同时，四川民族地区还是全国的黄金主要产地之一。主要矿藏储量大，品位高，易开采，伴生矿多。

以农牧土特产加工为主的轻工业与当地丰富的动植物资源有关。四川民族地区资源植物近4 000种，是我国野生资源植物最丰富的地区之一。这一地区有75种国家级保护植物；有虫草、贝母等3 000多种药用植物。四川民族地区动物资源也非常丰富，位列全国第二。有50多种国家保护的珍贵动物，有大量的黄鼬、旱獭等动物，其皮毛可以制作皮革，还有大量牦牛、黑山羊等畜禽资源可以用于加工生产。

虽然四川民族地区工业粗具规模，形成了自己的体系，但与其他地区相比工业化水平还不高，第二产业竞争力弱，工业布局结构仍然不合理，见表10－2。

表10－2　四川民族地区与全省工业总产值增长速度比较　　%

年份	2010	2011	2012	2013	2014	2015
民族地区	25.4	23.4	18.6	13.2	9.8	－0.9
四川省	22.9	21.6	15.6	11	9.4	7.6

从表10－2中可以看出，除2015年外，四川民族地区的工业增长速度均高于全省平均水平，说明民族地区的工业发展呈现良好的势头。但由于民族地区的产业发展具有比较大的相似性，传统的资源开发模式也限制了民族地区工业的竞争力，经济效益逐渐递减，社会生态效益受到影响。

阿坝州是四川民族地区工业发展较快的地区，但从阿坝州的工业发展中我们也可以看出民族地区工业发展面临的主要问题。

首先，民族地区工业发展主要靠政府投资拉动，自身的造血功能较弱，这种靠政府行为拉动的工业增长尽管取得了不错的效果，但存在不可持续性。阿坝州的水电产业和冶金工业主要来自国家的投资，一旦政府投资减少，工业发展就会受到很大的冲击。

其次，工业结构单一，替代产业少。在阿坝州，由于电站调峰能力弱，所以丰水期不能满负荷生产，枯水期电力不足。由于工业设备利用率低，所以全州工业固定资产利用率比全省平均水平低1/3，而其他行业基础差、规模小，无法带动全州工业发展。

第三，工业品生产环境不佳、产品销售市场疲软，部分行业产能过剩，去库存压力较大。工业产品出厂价连续下降，企业产销率低，库存积压较大，2015 年 1—6 月阿坝州工业产品产销率为 87%，比一季度下降 2 个百分点，在全省排名倒数第一。市场不景气，工业品市场价格下滑严重，全州规模以上企业普遍呈亏损状态，直接导致了企业资金周转困难。而企业的融资成本受银行借贷及企业资产缩水等原因影响逐步走高，一些企业需要通过非银行渠道解决资金缺口问题，从而加重企业资金成本负担，甚至个别企业面临资金链断裂的风险，企业经营困难重重。企业债务风险大、库存产品消化难、各项生产成本高仍是当前工业经济的主要困难。

第四，人力资源匮乏、技术装备落后。从阿坝州的人才队伍看，工程技术人员只占职工总数的不到 10%，其中大部分是初、中级技术人员。从技术装备看，全省工业固定资产原值增长了几十倍，而阿坝州只增长了几倍，差距十分明显。

因此，为了提高第二产业竞争力，民族地区应该在培育主导产业上下功夫，通过产业政策的导向、合理的区域分工、适当的产业聚集，寻找工业增长的新动力。

三、四川民族地区第三产业现状及其竞争力

以旅游为代表的第三产业是民族经济发展中的一个亮点。主要表现为：

一是旅游业的优势地位初步确立，成为促进民族地区快速发展的“支柱产业”。2013 年，四川民族地区接待游客 5 788 万人，实现旅游总收入 397 亿元，同比增长 19. 4%，比全省增速高 1. 2 个百分点；旅游业增加值占 GDP 比重达到 21%，比全省高 13. 8 个百分点；占服务业比重达到 57%，比全省高 36. 5 个百分点，旅游业在民族地区经济发展中的优势地位更加显现。

二是旅游业带动农牧民脱贫致富的作用日益明显，成为民族地区富民惠民的“民生产业”。四川省旅游局结合藏区新居、彝家新寨建设和扶贫开发等工作，大力发展民族地区乡村旅游。支持牧区100个村向国家旅游局申报创建美丽乡村旅游扶贫工程重点村，与扶贫移民局联合在稻城县、黑水县和雷波县开展旅游扶贫机制体制改革创新试点，给予规划、项目、人才、资金等方面的支持。截至2013年年底，民族地区共创建乡村旅游示范县、乡(镇)、村87个（占全省14%），发展藏家乐、牧家乐3 580家，带动农牧民就业13万人。“一个旅游点致富一个村”、“一个旅游区带富一个乡”已成为全省民族地区经济社会发展的一大特色。

三是旅游业促进了民族团结融合，成为维护民族地区社会稳定的“和谐产业”。发展旅游业，促进了农牧民群众与外界的交流，加快了农牧民思想观念的转变。特别是在九寨、汶川、康定、丹巴、稻城、木里等旅游业发展好的地区，当地群众是旅游开发的最大受益者、是和谐稳定的坚定维护者，为维护民族地区政治稳定、民族团结和社会和谐发挥了积极作用。[①]

但第三产业是一个内涵广泛的产业，包含旅游、交通运输、仓储、邮电通信、批发零售贸易和餐饮等传统行业，也包括金融、证券、保险、电子商务等新兴行业。在四川民族地区，由于地广人稀，经济活动不频繁，加之民族地区的居民购买力比较低，批发零售、交通运输、仓储物流等流动业务发展缓慢；而金融、证券等新兴行业不仅需要市场，更需要资金、人才的投入，以民族地区的条件要大力发展这些行业也是困难重重。因此，从总体上说，民族地区第三产业的增长速度还是比不上其他地区，见表10－3。

表10－3　民族地区第三产业与全省第三产业增长速度比较　　%

年份	2010	2011	2012	2013	2014	2015
民族地区	10	10.5	11	6.5	6.7	7.7
四川省	10.7	10.9	11.2	9.9	8.8	9.4

数据来源：《四川统计年鉴》(2011—2016)。

正因为第三产业中其他行业发展的不理想，才凸显出旅游业在民族地区的优越性。它不仅是民族地区第三产业的佼佼者，更是带动民族地区经济增长的重要动力。从表10－4中可以看到，随着收入的增加、闲暇的增多，旅游已经成为大家钟爱的消费品。

① 我省民族地区旅游产业发展迅猛，四川省政府网站，2014年11月，http://www.sc.gov.cn/10462/10464/10465/10574/2014/11/20/10318976.shtml.

表 10 -4 四川民族地区各年度旅游总收入 亿元

年份	2010	2011	2012	2013	2014	2015
旅游收入	168. 3	246. 4	330. 9	397	425	469. 7

数据来源：《四川省统计年鉴》(2011—2016)。

在四川民族地区旅游业快速发展的同时，也要看到其存在的不足。如交通的便利性不够、基础设施配套不完善、人文资源的开发薄弱、投资分散、旅游开发对生态环境的保护不够重视等。尽管存在着一些问题，但民族地区旅游业仍是地区经济发展的重要动力。只有解决好各种问题，民族地区的旅游业一定可以大有作为，产业竞争力更加明显。

第二节　四川民族地区主导产业的选择与培育

区域主导产业的选择与培育直接关系到区域经济增长的速度和发展水平，对区域经济发展具有决定性的作用。民族地区要提高经济发展水平，就要以农村城镇为载体，通过发展城镇化的途径，促进民族地区产业结构调整，培育主导产业，增强民族地区经济竞争力。

一、民族地区主导产业的选择模式

四川民族地区从总体上说，资源丰富，发展产业的条件较好，但就不同地区来说，所具有的资源禀赋、要素的丰度差异较大，现有的经济产业结构差异和各产业的发育程度也不同，诸多因素决定了四川民族地区主导产业应该采取不同的选择模式。①

四川民族地区农业县、半农半牧县和纯牧业县比重比较大，目前这些地区基本产业还是以传统的种植业和畜牧业为主，只在部分地区如汶川、理县、茂县等地区有一定的工业基础，因此，民族地区主导产业的现实选择就是立足现有产业基础，根据现有产业形态，选择畜牧业、部分工业、建筑业、商贸业为主导产业。但是随着生态保护的加强，民族地区主导产业的选择必须在现有产业的基础上根据自身情况，开发新的资源，选择和培育有利于生态环境的主导产业。由于民族地区特殊的地形地貌和独特的民族文化，旅游业和生物产业具有良好的基础，是民族地区重点的产业发展方向。需要注意的是，在矿产资源富集的地区选择工业为主导产业的同时，要有计划地

① 廖承红，鄢杰．四川藏区主导产业的选择模式与培育途径［J］．西南民族大学学报（人文社科版），2005（12）．

开采和发展，积极选择其他新的潜能产业，将工业和其他未来的主导产业结合起来，逐步实现产业结构转型，见表10－5。

表10－5　民族地区主导产业选择模式

区域类别	产业组合模式
纯牧业县	畜牧业、生物产业、旅游业
半农半牧县	经济作物、畜牧业、生物产业
纯农业县	经济作物、生物产业、旅游业
旅游资源丰富县	旅游产业、其他产业
矿产资源丰富县	工业、新的潜能产业

二、主导产业选择的原则

主导产业的选择，从一般意义上讲，要与社会主义市场经济相适应，与世界新技术革命和产业革命的潮流相适应，与民族地区改革开放的总方针相适应。同时，要有利于民族地区经济的繁荣，有利于人民物质与精神生活的富裕幸福，有利于整体经济效益、社会效益和生态效益的协调发挥。具体来讲，要符合民族地区自身特殊情况的发展，符合自我发展的能力，能够发挥资源、生产、技术优势；产业的组织结构、技术结构、规模结构、生产布局结构满足新型城镇化的要求，按比例协调、稳定增长，速度适宜，建立健全有城镇特色的工业体系；发展新兴产业部门，促进技术的不断进步；具有自我调节、自我控制、自我发展和自我应变能力。不同地区利用本地区的资源，展其所长、避其所短，并通过区域间的商品流通，补齐所短，使主导产业更加鲜明，产业结构更趋于合理化、科学化。

主导产业的选择，必须与相应的产业政策结合起来，使经济发展战略与经济体制模式的转变在方向上保持协调一致。产业政策不仅可以用配套的政策协调各项宏观经济控制手段，为实现资源优化配置服务，而且可以通过产业政策来促进产业的专业化协作与横向经济联合，保证产业结构的优化。主导产业的选择与发展要由产值增长速度型转变到经济结构、产业结构合理化的效益型经济上来；由封闭半封闭型经济转变到开放型经济上来；由粗放型经营转变为集约型经营上来；由单一农村农业经济转变到多种产业经济上来；由资源优势转变到经济优势上来。主导产业的选择，产业结构的优化不仅靠市场调节和市场竞争，还靠产业政策干预。推行新型城镇化战略是产业政策的一个重要方面。

三、主导产业培育途径

1. 充分发挥政府在主导产业培育中的推动与引导作用

政府在区域经济的开发中具有不可或缺的作用，尤其是在落后地区经济发展过程中，政府作用更为突出。四川民族地区多数地方还十分封闭落后，受自然经济、资本积累、经营意识与能力等多种因素的影响，当地群众一方面经营意识较为落后，难以自觉主动地参与到区域经济开发中来；另一方面，市场机制尚未形成，难以起到配置资源的作用，而且即使市场能有效配置资源，但市场作用的结果往往与区域经济发展的合理方向相悖。因此，在民族地区主导产业培育过程中，政府的推动作用就显得更为重要。

政府主要是立足当地的经济发展，制定规划未来产业发展的重点方向与空间布局，出台相应的产业发展政策，引导企业的项目选择，制订产业进出准则，构建产业退出机制。对确定的主导产业项目进行具体的规划、评估、包装，根据主导产业发展中存在和面临的具体困难和问题，制定可操作的具体措施。

2. 立足资源基础，加快培育产业主体，发展龙头企业，壮大产业微观基础

区域经济的发展需要产业做支撑，但产业对区域经济增长与发展的贡献如何，在很大程度上取决于微观主体的培育。四川民族地区由于多种因素的影响，微观基础十分薄弱，企业发育程度很低，很多县甚至没有一家像样的企业，尤其在纯牧业县表现十分明显。因此各县在确定了产业发展方向后，应着力培育产业主体，形成企业素质好、管理规范、富有经营效率和竞争力的骨干企业，着力培育产业的龙头企业。

3. 以项目为依托，大力培育主导产业

对新兴主导产业的培育，要以项目为依托，引入资金、技术或外部企业，进行主导产业的开发与培育。目前，四川民族地区由于资源丰富、文化独特，可供选择的项目颇多，许多地方也拟定了项目引资、项目招商的计划。但往往对主导产业项目的设计、论证、规划不够规范与合理，难以引进外部资金或企业进入。

4. 加快对传统产业的技术改造，以高新技术提升传统产业，实现信息化与工业化的融合发展

在四川民族地区的部分县域，在 1949 年后国家投资兴建了一批采掘、冶炼等传统工业，对当地经济发展起到了很大的推动作用。比如阿坝州的汶县、茂县等都有一定的工业基础，但在较长的一个时期，这些地区新兴的主

导产业没有开发培育起来。因此，这类地区最现实的选择，就是对传统工业进行技术改造和组织再造，增强加工环节，延伸产业链条，在新的主导产业开发培育起来之前，将其作为过渡时期的主导产业来发展。

5. 加快专业技术教育与培训，提高人力资源素质

四川民族地区教育落后，严重缺乏各类专业技术人才，人力资源素质普遍较低，尤其缺乏高级专业技术人才。另外，在民族地区各类有限的专业技术人员也主要分布在行政事业单位，企业很少。尤其在广大农村，更加缺乏懂技术的少数民族农牧业专业技术人才。因此，必须大力培养民族地区的专业技术人才，加强职业技术教育；全面提高职业技能培训，为民族地区主导产业的培育提供更多更好的人力资源。

四、产业结构调整与优化的城镇化对策

1. 城镇化与农村剩余劳动力的转移进程相衔接，非农化和城镇化并举

民族地区要根据各地区从经济结构和经济发展不同要求，组织和引导农业剩余劳动力向非农产业转移。农村剩余劳动力的转移要同城镇化进程相衔接，非农化和城镇化并举。从原则上说，经济发展较快地区的城镇化发展可以加快速度，并把重点放在建设中、小城市上，优化城镇规模结构；次发展地区更具劳动力产业转移的形势，着重小城镇建设，充分发挥小城镇对人口城镇化的作用；落后地区根据劳动力非农化和第三产业发展的实际情况，把城镇化的重点放在提高现有城镇的质量上。大力推进非农化和第三产业的发展，加强城镇功能，加速农村剩余劳动力向非农产业转移。将非农化和城镇化更好地结合起来，以非农化带动城镇化，以城镇化促进非农化。这样，民族地区随着非农化和城镇化的同时推进，农牧民的生产方式和生活方式发生同步变化，生活水平将大大提高，城乡二元结构和产业结构的变动也会统一起来并明显缩小差距。

2. 以城镇功能的扩散和转移为主导力量，带动产业结构的转换与升级

随着工业化的进一步发展，产业结构高度化也已成为民族地区工业化进程中的一个必然趋势。这一趋势的主要特征是：以基础设施建设为主体的投资需求居主导地位，投资项目大型化、外延化、集中化、投资来源多元化，从而导致产业结构转移程度增大，产业结构高度化步伐加快，从而导致产业结构转移程度增大，与城镇化相关的产业迅速发展。因此，在产业结构的调整和升级中，必须重视以城镇功能的扩散和转移为主导力量的充分发挥。

要发挥城镇的扩散和作用功能，还必须推进工业发展和工业化，这是国民经济增长和产业结构变动的主导力量。大力促进城镇工业的扩散和转移，

使城镇充分发挥其市场和服务功能，尤其是拓展新技术、新领域、新市场的领头作用，提倡城乡协作、区域协作。同时促进第三产业快速发展，这对于民族地区这样一个剩余劳动力数量巨大、资金短缺的不发达地区来说，是解决产业结构升级的战略举措。

3. 加快城镇建设，优化产业布局，提高产业素质

充分发挥城镇载体在产业结构选择方面的能动性，配合民族地区的阶段性产业结构和空间布局目标。一方面，要发挥劳动密集型行业和产品的生产优势，保持这部分专业化市场；另一方面，在农副产品资源加工行业中应努力提高产品质量，争取使其初级加工产品和精深加工形成配套体系。①

近几年，民族地区第二产业已进入了一个新的发展时期。在新型城镇化时期，工业生产力聚集一定要与城镇体系布局有机结合，做到统一规划、同步加速。首先，要全面考虑生产、生活、交通、环境、生态等方面需要的基础上，确立城镇合理的功能分区；其次，工业布局要重视不同行业对区位的不同要求，合理布点，以获得更大的聚集效益；再次，工业布局要考虑环境的综合治理；最后，要重视基础设施和基础产业等工业配套服务设施的建设，尤其是交通、通信、科技开发和人才培育等项目，重点投资，重点发展。

4. 加快城镇化，促进第三产业发展

第三产业发展与农业剩余劳动力转移是相互制约、相互促进的。第三产业发展是吸纳农村剩余劳动力的重要力量，农业剩余劳动力向非农产业转移优势是促进第三产业发展的重要因素。调整和优化第三产业是民族地区产业结构调整的客观要求。其根本出路是加快城镇化步伐，让第三产业随着城镇化的发展、城市基础设施建设和服务业的发展开辟广阔的就业领域。

民族地区劳动力供给在总量上过剩，在结构上存在着结构性短缺的矛盾。克服这一矛盾需要大力发展教育事业，提高全民族的文化水平，但一个重要的着眼点是通过城镇化的带动。在城镇创造良好的环境，实行劳动就业的梯级转移，鼓励劳动力城乡之间合理流动，农村劳动力可以进城从事劳动复杂程度不高的工作，同时城镇技术人才、管理人才也可以到农村施展才华。通过双向流动，利用市场机制，促进人口合理流动，推动城镇化发展，从而带动第三产业发展。

---

① 蒙世军. 城镇化与民族经济繁荣［M］. 北京：中央民族大学出版社，1998：220.

第三节　四川民族地区旅游业推进新型城镇化发展
——以九寨沟县为例

一、九寨沟地区基本情况

九寨沟位于四川省阿坝藏族羌族自治州九寨沟县境内，是白水沟上游白河的支沟，以有九个藏族村寨而得名。九寨沟国家级自然保护区面积为643 km^2，其中核心区497.8 km^2，缓冲区90 km^2，风景名胜区720 km^2。海拔在2 000 m以上，遍布原始森林，沟内分布有108个湖泊。有五花海、五彩池、树正瀑布、诺日朗瀑布，风景绝佳，五彩缤纷，有“童话世界”之誉；景区拥有独特的自然资源，以高山湖泊群、瀑布群及钙化滩流为主体，同时拥有丰富的生物资源，并有大熊猫、金丝猴、扭角羚、梅花鹿等珍贵动物，极具科学研究和旅游价值。九寨沟为全国重点风景名胜区，并被列入世界遗产名录。2007年5月8日，阿坝藏族羌族自治州九寨沟旅游景区经国家旅游局正式批准为国家5A级旅游景区，1992年被列入《世界遗产名录》，1997年正式加入《世界生物圈保护区》。景区自1984年对外开放以来，游客人数从2.7万人次增至2015年的500万人次，增加近185倍，旅游收入达到创纪录的90亿元人民币。经过30多年的发展，九寨沟旅游业的对外知名度和旅游基础设施都有了极大的提高。因此，九寨沟旅游经济的发展对九寨沟地区经济的发展有着重大影响。

二、旅游业推进九寨沟县城镇化建设的现状

1. 基础设施建设取得较大成效

为了发展旅游产业，九寨沟县突破交通“瓶颈”，对交通基础设施建设给予特别的重视。九寨沟县始终以“对外通达、对内畅达”为目标，以加快构建九寨交通骨干网络为重点，扎实推进“交通大会战”，全力打造川甘青交界地区交通枢纽。目前，九绵高速公路初设获得交通部批复，省道205线黄土梁隧道已实现通车；九寨黄龙机场已开通北京、上海、杭州、西安、重庆等直航线路；成兰铁路动工建设。航空、铁路、公路综合交通运输体系已初步形成，促进了九寨沟旅游业的发展。随着旅游业的渐趋成熟，九寨沟县将旅游工作的重心移向旅游发展政策、旅游用地政策和旅游投融资政策，注意保护景区内的生态建设，注意引进建设水电等工程，引导九寨沟景区和当地居民使用电和太阳能等绿色能源，建设了污水处理厂、垃圾处理厂，治理环境污染。以旅游业的快速发展为支点，九寨沟县日益现代化的基础设施

为其新型城镇化发展夯实了基础。

2. 旅游业发展促使城镇空间布局持续拓展

九寨沟风景名胜区投入运营30多年来，九寨沟的旅游业得到了长足的发展，不仅带动了当地经济腾飞，而且拓展了县域内城镇的空间布局，产生了良好的极化效应。树正寨、荷叶寨、则查洼寨和附近的彭丰村、隆康村、漳扎村、永竹村在旅游利益的驱动下，兴建和创办了宾馆饭店、服务娱乐设施和旅游企业。距离九寨沟风景名胜区较远的郎寨村、中查村、丛牙村、牙扎、沙坝、二道桥和牙屯等村庄，也在旅游业的带动下，开设了许多藏家乐。在九寨沟风景名胜区旅游业发展起来后，九寨沟县城也得到了改建和扩展。2001年，为了配合九寨沟风景名胜区的旅游发展，九寨沟县城实施了新城建设和旧城改造，成为九寨沟风景名胜区游客转移聚集中心和新兴文化、生态观光、休闲旅游度假地。此后，又在周边建设了白河金丝猴保护区和勿角大熊猫保护区，“九寨天堂”“甲蕃古城”会议度假旅游区和神仙池国家森林公园也相继建立。与此同时，九寨沟县也完成了城镇体系的改造和升级，相继改建和新建了永乐镇、漳扎镇、甘海子镇、大录镇、王瓦镇和双河镇，城镇体系得以完善。

3. 当地就业压力不断缓减

九寨沟县旅游业推进了城镇化提升，优化了就业结构。在“退耕还林”和“退牧还草”工程实行后，一方面，旅游业的繁荣推进了基础设施建设的发展，进一步刺激了对土地的需求；另一方面，当地居民的土地在被征收后，可以获得高额土地征收赔偿款。在“退耕还林”和“退牧还草”政策的引导下，被征收土地的居民可以获得就近安排工作的机会或由农业人口转为非农业人口。发展旅游业以前，第一产业和第二产业是主要的就业渠道。发展旅游业以后，第三产业已经成为九寨沟转移剩余劳动力的主要途径。相关统计资料显示，1998年九寨沟旅游业吸纳就业人员只占所有就业人员的29%，此后逐年持续增长，到2004年，九寨沟旅游业吸纳就业人员比例首次超过一半，达55.2%，大量农村剩余劳动力转移到旅游业，成为当地旅游业直接或间接的从业人员。2006年，九寨沟旅游业吸纳就业人员超过60%，成为当地解决就业的主要行业。虽然受到“5·12”汶川地震的影响，旅游从业人数有所下降，但2008年和2009年九寨沟旅游从业人员也保持在50%以上。2010年当地旅游业复苏，近5年来，旅游从业人员占所有就业人员的比例一直保持在60%以上。

4. 产业结构得以优化

随着旅游业的发展，九寨沟县的产业结构不断得到优化。相关统计数据表明，在1985年正式发展旅游业之前，第一产业占很大比重，当时的农、林、牧业在国民生产总值中起了重要作用，而第三产业不发达，比重较小。随着旅游业的繁荣，第三产业的比重不断上升，第一产业的比重持续下降。到1999年，“退耕还林”和“退牧还草”工程开始实施，大量的农牧业富余人口转移到旅游业，第三产业的比重超过了50%。2001年，九寨沟县实施旧城改造和新城建设，第二产业吸收剩余劳动力的能力增强，使第二产业的比重有了较大幅度的增长。2006年，由于九寨沟县启动水电业和金矿开采，第二产业的活力被激发，此后，第二产业的比重不断上升。但总体来看，在旅游业发展起来后，第三产业、第二产业、第一产业为先后主导的结构并没有改变，旅游业促进九寨沟县产业结构不断优化升级。①

三、旅游业推动新型城镇化发展的效应评价

1. 县域经济的极化效应

纲纳·缪达尔认为极化效应是指一个地区只要它的经济发展达到一定水平，超过了起飞阶段，就会具有一种自我发展的能力，可以不断地积累有利因素，为自己进一步发展创造有利条件。九寨沟县旅游业推进新型城镇化发展具有典型的扩散和回流作用。九寨沟风景名胜区凭借得天独厚的世界级旅游资源，吸引资金、技术、设施和人力聚集，成为经济增长极。在旅游产业的带动下，以政府政策为导引，旅游经济沿着交通干线，特别是九环线进行扩散。九寨沟县旅游业推进新型城镇化的过程，就是空间的二元经济由不平衡到平衡的发展过程，这一过程彰显“以人为本”的经济发展理念。

在旅游经济中，旅游产品提供的“食、住、行、游、购、娱”，是旅游产品的价值本质，优质的旅游产品提供的价值高，对游客的吸引力大，容易在优质旅游产品的周围形成中心市场。九寨沟风景名胜区拥有世界级的旅游资源，吸引世界各地的游客向其集中，形成旅游中心。为了满足游客的需要，大量的配套旅游设施和旅游产业也向其聚集，这些优质的旅游设施和旅游产业反过来又促进九寨沟风景名胜区旅游业的发展，促使经济愈益发达，形成经济增长极。

在九寨沟的周边，由于分布着不同等级的旅游资源，在政府部门宏观指导下，按照时间先后不同，也进行了开发，成为九寨沟风景名胜区的次增长极。九寨沟县县城旅游区、甘海子和神仙池旅游中心就是如此。总的来说，

---

① 杨丹．四川藏区旅游业推进新型城镇化发展的效应及路径研究——以阿坝州九寨沟县为例[J]．贵州民族研究，2016（12）．

各增长极随着距离九寨沟风景名胜区远近而不同。其中距离较近的，在九寨沟沟内，树正寨、荷叶寨、则查洼寨和沟口附近的彭丰村、隆康村、漳扎村、永竹村等，凭借着区位优势首先成为首批旅游增长中心极核心区和旅游城镇聚集中心，依靠经营藏家乐、宾馆和饭店等，实现了经济腾飞。距离稍远一点的郎寨村、中查村、丛牙村，以九寨沟风景名胜区外溢出的游客为对象，在政府的指导下，成为旅游经济增长极的心腹地区。

正是在扩散效应和回流效应的推拉作用下，九寨沟县凭借高端的旅游资源禀赋，实现了经济的高增长，拓展了城镇空间，拉动了就业，推进了新型城镇化的发展。

2. 产业发展的推进效应

九寨沟旅游业兴起后，旅游业强大的产业关联效应带动第三产业体系扩张完善，第一、二产业转型和产业链延伸，形成三次产业联动发展的产业良性发展格局。

旅游业对九寨沟县第三产业体系完善、规模扩张所起的促进作用最强。旅游业发展后其产业联动效应和产业聚集效应不但使旅游景区开发营运、旅游餐饮住宿业、旅游咨询服务业、旅游地产、旅游商品销售、旅游文化演艺、旅游交通运输、旅游职业教育等以旅游业为核心的新兴第三产业部门在九寨沟县各景区周边聚集扩张，同时巨大的游客市场还使旅游开发前当地弱小的批发零售贸易、交通业、电信业、金融业等传统第三产业快速扩张。

旅游业对促进九寨沟县第一、二产业转型和产业链延伸也发挥了重要作用。旅游业带来的消费需求和商机让很多村民改变传统农牧业生产结构，开始发展特色生态蔬菜、特色水果、药材种植；畜牧业转向优良牛羊规模化养殖和土鸡、獭兔等。同时，城镇周边及景区周边的各村寨还利用发展农牧业形成的资源环境开展藏家乐、生态农业观光、民族村寨文化体验等乡村旅游，旅游业带动了第一、二、三产业联动发展，并增加了各产业收益。

差异化聚集的集群式产业部门促进劳动力、资本、信息等生产要素向九寨沟县旅游发展主要优势区转移，优化了产业布局，调整了产业结构，九寨沟县三次产业结构比由 1984 年的 31∶50∶18 调整为 2016 年的 8∶32∶60，实现了“三、二、一型”的产业结构优化和升级。产业集群内部分工协作以及对外部区域的“聚集”和“辐射”作用带来的边际报酬递增，增强了当地经济的竞争力，促进了城乡、区域联动发展，提升了当地居民非农化转移水平、收入水平和生活水平，加快了旅游产业部门高度聚集区的城镇化发展进程，推动九寨沟全县城镇化向高级化发展。①

3. 生态环境的优化效应

九寨沟县位于长江的上游，属于限制性开发区，这种规定虽然对工业发展不利，但为生态旅游提供了契机。九寨沟发展旅游业，必须在利用旅游资源的同时保护好周边的生态环境，生态环境的改善又进一步促进旅游业的发展，两者是相辅相成的关系。为了保护九寨沟的环境，配合“退耕还林”和“退牧还草”工程的实施，九寨沟采取了沟内游沟外住的办法，拆迁了沟内的所有宾馆饭店，将餐饮住宿转移到周边的城镇，这一方面保护了沟内的生态环境，另一方面也发展了周边的城镇。

4. 城镇人口的聚集效应

旅游业发展对九寨沟县人口的聚集和非农化转移作用主要通过三种方式实现。

一是旅游发展优势区土地被征用于发展旅游业或退耕还林，景区周边被征地农民和退耕还林农民政策性“农转非”。这提高了当地非农人口比例和城镇化率。二是受旅游区高额旅游收益吸引，大量县域内外的旅游经营者和服务人员长期定居于旅游区从事非农化经营或服务工作，并且生产和消费活动与当地城镇居民相似，可以将他们看作外来常住非农业人口，所以增加了当地人口总量和非农人口数量。三是每年高达几十万名甚至一两百万名的游客川流不息地聚集于九寨沟县的各景区附近，连续不断的客流也可被看作长期定居当地的非农业人口庞大团体，他们对九寨沟城镇化发展也起到巨大的推动作用。城镇人口进一步聚集，为新型城镇化发展打下了良好的基础。

四、旅游业推进新城镇化发展面临的问题

1. 旅游业的发展引起旅游地的文化变迁

旅游业的快速发展，不可避免地使旅游目的地的文化受到游客所带来的外来文化及现代文化的冲击，引起文化变迁，从而导致其地域特色及民族内涵逐步流失。旅游业发展所建立的基础服务设施具有现代性，使九寨沟地区传统的生产和生活方式发生了潜移默化的变化，进而引起了传统文化的变迁。

旅游开发在促进当地经济发展的同时，由于过于重视经济效益，给当地民族文化的独特性和多样性带来了冲击。主要表现为：①物质文化异化。旅

---

① 杨建翠．民族地区旅游推动城镇化发展研究——九寨沟县旅游城镇形成机制分析［J］．西南民族大学学报（人文社会科学版），2012（4）．

游产品价值丧失，独具特色的艺术品和手工艺品因进行大规模的开发和制作变成粗制滥造的产品。现代高层次的建筑、宾馆与当地环境格格不入；②行为文化变化。当地的生产、生活方式发生改变，某些民俗受到歪曲、篡改；③精神文化改变。传统价值观退化，忠诚朴实、勤劳勇敢的优良品德被商品意识取代。

2. 不合理的开发使环境承载力面临挑战

由于九寨沟是依靠自然资源为基础建设起来的旅游产业，它对生态资源的依赖非常大。但事实上它的生态环境是非常脆弱的，复杂的地质构造以及生态环境的破坏日益严重，不断增长的游客数量不仅给九寨沟的生态环境保护带来了很大困难，还使九寨沟的旅游资源显得十分脆弱。因此过大的游客数量对九寨沟的自然环境产生了比较严重的污染和破坏，九寨沟的旅游资源面临着严重的威胁。同时，游客的大量涌入，导致人口密度增大，当地的水电资源消耗增加、空气质量下降、噪声污染严重、交通拥挤，不同程度地干扰了当地居民的正常生活。

3. 旅游企业缺乏现代化的经营管理经验，专业人才匮乏

从总体来看，九寨沟的旅游企业规模不大，分布分散，且旅游企业经营理念不够先进，专业化程度低，缺乏现代化的管理经验，管理水平也不高，多数管理模式粗放，成本较高，因而竞争力不强。在九寨沟的一些宾馆饭店，工作人员很多是当地的居民，文化水平不高，专业技能简单，不能满足现代化的要求。此外，九寨沟缺乏专业的旅游经营、管理人才，因为九寨沟距离现代化的大都市遥远，相对于东部沿海地区的生活水平差距较大，难以吸引理想的专业化人才。

4. 面临的可持续发展“瓶颈”较多

一方面，单一的旅游经济容易导致当地就业人口综合技能弱化，除了熟悉和旅游经营管理相关的工作外，不具备其他谋生手段。因此，在遇到旅游业因外界因素而不景气时，很多旅游业从业人员会因失业而失去生活来源，影响城镇化对剩余劳动力的吸纳能力，甚至影响地方的安全稳定。

另一方面，旅游产业具有脆弱性。从外部看，旅游产业容易受到政治、经济和自然环境变化的影响；从旅游目的地来看，旅游目的地的安全和稳定往往导致客源的巨大变化，进而影响旅游业的收益。以 2008 年汶川地震和金融危机对九寨沟县旅游业的影响为例，地震使九寨沟风景名胜区当年接待游客不到 70 万人次，和 2007 年相比，游客下降了 76.4%，同期旅游总收入下降 72.7%。地震给九寨沟旅游收入带来的损失率达到 75.1%，使地方财政一般预算收入同比下降 77.1%，各种税收收入同比下降 60.6%。同时，

与旅游相关的部门、单位工作人员失业，宾馆饭店停止营业。

此外，旅游业创造经济价值较小，客观上阻碍旅游地的科学技术水平的提高。旅游业是关联性很强的产业，旅游业对经济的促进是通过带动其他产业的发展，由游客支付旅游消费品来获得发展资金的，而不是通过创造物质产品来实现价值。因此，旅游业的“吃、住、行、游、购、娱”的实现，都是通过交换价值来进行。这就导致对科学研究的漠视，影响科学技术水平的提高。①

五、完善四川藏区旅游城镇化发展有效路径的对策建议

1. 重视科学规划

科学的规划是旅游开发的前提和基础。在认清当地资源、文化旅游发展趋势的情况下进行文化旅游开发时，要立足于民族地区旅游资源的实际，制定出合理、具体、可行的旅游资源开发规划和资源保护规划。充分研究和借鉴国际国内旅游开发的成功经验，有计划、有步骤地进行资源的开发，推进当地旅游产业的可持续发展。

2. 加强生态环境建设

当今，摆脱贫困首先要对现存资源予以加倍保护，否则不仅不能致富，还将丧失起码的生存条件。以工业依托的城镇化在城镇化过程中污染问题严重，已经付出极大的环境成本；旅游引导的新型城镇化，要在“传承文化、顺应自然”的理念下，突出当地文化生态特色，避免内地城镇化过程中“先污染、后治理”的问题。要有环境责任意识、文化责任意识和社会责任意识，依托自然生态系统和文化生态系统，以保护生态环境为首要原则，遵循可持续发展原则，追求人与自然和谐的高级旅游形态，为消费者提供高质量生态体验的服务和要素组合。

3. 丰富旅游文化内涵

文化是一个城市的灵魂、一个城市的根、一个城市的独特滋养。要充分利用九寨沟原始本教文化、藏传佛教文化、汉藏边缘文化等多种文化交融的特点，形成以藏族宗教文化为核心，农耕文化、手工技艺文化、现代商业文化共生共荣的文化多元发展格局。打造几个民俗文化体验区、建设九寨沟藏区国际文化交流中心，彰显藏族文明的民俗文化基地。加强非物质文化的保护和传承，营造对非物质文化保护和传承的文化氛围，以迎合这种变化，激

---

① 杨丹．四川藏区旅游业推进新型城镇化发展的效应及路径研究——以阿坝州九寨沟县为例［J］．贵州民族研究，2016（12）．

发广大群众对非物质文化保护和传承的自觉性，唤起广大民众对非物质文化保护和传承的自觉意识。

4. 推动旅游产品多样化发展

结合“生态、文态、形态”理念，充分利用九寨沟独特的自然景观、深度开发观光旅游产品，推动旅游产品多样化发展。按不同时间、季节、区位，推出特色旅游产品。根据景区内不同景观资源特色，结合打造低碳旅游区的实践，继续强化扎如沟生态旅游，展示其科普教育功能，进一步体现九寨沟生物多样性；推出曲那乌沟高端生态旅游项目，包括动物寻踪、观花观鸟、高山植物观赏、森林穿越等。

5. 创新管理、适度保护和限制过度竞争

在发展旅游过程中应该充分考虑当地民族居民在宗教信仰、文化传统的限制和市场竞争意识、竞争能力的不足所导致的市场竞争不强的现实，重视由此带来的挫折感和心理上的落差。所以，政府在推进旅游城镇化过程中应该避免效率至上，而应该因地制宜地制定一套兼顾公平和效率的运行机制和利益分配机制，以保护少数民族居民的利益。比如有些民族地区采用集体经济的运营模式，以“工分制”调整利益分配，对参与接待和服务的居民以参与次数和工作量作为工分计量标准，按工分分配利益。①

6. 树立开放思维，以政府资金和产业资金共同推动城镇化进程

在未来的建设中，应依托社会事业发展，通过政府资金和产业资金共同推动基础设施和服务设施建设，发挥政府引导性资金的投入带动作用，调动社会资金投资建设旅游城镇的积极性。要在互利合作的前提下，鼓励、支持市场资金参与当地基础设施建设和其他经营项目的开发建设。通过大力引进经济实力强、发展前景广阔的综合性企业到旅游开发项目中，增强城镇活力。②

---

① 沈超群，陈凯．民族地区旅游城镇化进程中的趋避冲突及其对策分析——以阿坝州为例[J]．理论与改革，2015（1）．

② 赵川．在四川藏区推进“旅游城镇化”的思考[J]．新西部，2014（21）．

第十一章 四川民族地区新型城镇化建设中的生态环境分析评价

第一节 四川民族地区自然资源富集

一、生物资源

四川民族地区地域辽阔，资源丰富。森林面积为930多万亩，占全省森林面积的83.1%；木材蓄积量的10.2亿 m^3，占全省木材蓄积量的66%；甘孜、阿坝州的草原面积达2亿亩，居全国第五，是我国五大牧区之一；凉山州安宁河流域是四川第二大平原，有可开发耕地800多万亩。特殊的自然地理气候条件造就了四川民族地区有大量的珍惜菌类资源，如松茸、白菌和冬虫夏草等。

冬虫夏草是一种高山真菌，也是一种传统藏药。随着经济发展和人民生活水平的提高，社会上对冬虫夏草的需求逐渐增加。同时，冬虫夏草的价格也在节节攀升，为民族地区农牧民的生活改善带来了契机。在虫草收获的季节，农牧民组成庞大的“挖草军团”，在海拔3 000～5 000 m的高山上采挖珍贵的虫草。虫草给当地农牧民带来了丰厚的收入，并成为当地居民重要的收入来源。但是，过度的采挖使高原草场加速退化，引发严重的生态问题。

四川民族地区的中藏药资源也十分丰富，是全国生物多样性最丰富物种基因库之一。在甘孜州能入药的植物物种就有1 500种，藏药915种，仅贡嘎山区在5 km^2 以内的高等植物就有4 000多种。中药资源四川占全国的40%，甘孜州则占全省的40%。中藏药的种植也是民族地区农牧民收入的一个重要来源。民族地区把发展中藏药与退耕还林、治理土地沙化结合，走出了中药产业化，调整传统农牧业结构的新路子。

二、矿产资源

四川民族地区矿产资源丰富，有色金属、贵金属品种多。已探明的有55种，其中，金、银、锌、钒、钦、稀土等矿种储量占全省90%以上，攀西地区素有“中国的乌拉尔”之称。甘孜丹巴县有全国唯一的丹巴云母和铂镍矿区，九龙县有四川省采选工业销售第一强、全国铜业采选工业第三强的里伍铜业有限公司，白玉有亚洲银储量最大的呷村银多金属矿，康定县有甲基卡锂辉矿，巴塘有夏塞银矿，色达有洛若金矿。甘孜州1/2的GDP、40%的税收是采矿业贡献的。在凉山探明的矿藏资源中，尤以钒钛磁铁矿驰名，是最具优势的矿种。现已探明钒钛磁铁矿储量达13.73亿吨，仅次于攀枝花市。因此采矿业是民族地区的支柱产业。但是在矿产资源开发中，要坚持可持续发展的理念，对于稀有金属、贵金属要少量开采、优化开采，减少对环境的破坏。

三、水资源

四川是水力资源富集大省，水力资源理论蕴藏量达1.5亿kW，占全国水电力资源量的21%，名列全国第二，可开发量9 166万kW，居全国第一，年发电量约为12 571.9亿千瓦时，折合标准煤约4.3亿t，1万kW以上河流共781条，95%分布在流经甘孜州、阿坝州、凉山州的金沙江、雅砻江和大渡河、岷江、嘉陵江流域。至2010年，四川省水电已装机规模达3 083万kW，占技术可开发量的25.6%，正在建设中的水电规模达到3 400万kW，占全省技术可开发量的28.3%；水电产业是四川民族地区的重要经济支柱，2012年水电产值约135亿元。其中金沙江、雅砻江、大渡河开发规模最大，实行梯级开发模式，大渡河规划开发为24级、金沙江为12级、雅砻江为21级。

四、生物质能源

四川民族地区还有大量的林业生物质能源，这是一种可再生能源，其能源当量仅次于煤、石油、天然气。如凉山州麻风树的树种果实含油量达50%以上。通过发展生物质能源实现林油一体化，既解决了能源的可替代问题，也解决了生态保护和应对气候变化问题，这是未来的一个发展方向。这些树种在提供生物质能源的同时，也可以发挥生态效益，还可以为农牧民增收提供来源，在我国新能源开发战略中可以发挥重要作用。

第二节　四川民族地区生态环境与经济协调关系

一、四川民族地区生态环境现状

1. 各种自然灾害频繁

四川民族地区不少区域平均海拔在 3 000 m 以上，因地质结构复杂，海拔高低悬殊，气温的梯度变化明显，等温线与地形等高线的走向一致，海拔每升高 1 000 m，气温一般下降 6℃，有“十里不同天”之说。与严寒气候相伴，旱涝冰雹等灾害频繁。由于地质结构脆弱，夏天雨季来临，时常发生山体滑坡、泥石流等自然灾害，加之堤坝护岸设施不足，一旦遇到泥石流等自然灾害，就会直接冲毁当地居民房屋和庄稼，毁坏交通道路，带来严重的人员及财产损失。

2. 森林植被破坏较大

四川民族地区森林植被破坏严重，森林覆盖率下降主要是人为因素造成的。从 20 世纪 50 年代开始，为了服从国家的经济建设计划，进行了长达 40 多年的大面积掠夺式采伐，森林资源遭到严重破坏，加之重采伐轻造林，森林资源生长量远远跟不上采伐量。仅从甘孜州来看，1985—1998 年，全州累计生产木材 2 237 万 m^3，年消耗森林蓄积量达 500 万 m^3，而每年森林生长量不足 280 万 m^3，年森林赤字达 220 万 m^3。

第六次全国森林资源清查的数据显示，较第五次的调查而言，四川省的森林覆盖率上升了 6.8 个百分点，仅次于云南省。近年来，民族地区加大了植树造林和退耕还林的力度，成绩显著。2005 年共造林 36.53 万公顷，退耕还林 1.16 万公顷。但 2008 年汶川大地震对民族地区森林植被又进行了一次重大的破坏。

3. 草地退化、沙化严重

在较落后的生产、生活方式下，四川民族地区草地退化沙化的现象还没有得到根本扭转，有的地方还有加重的趋势。2000 年，四川退化草原 10 545 万亩，沙化草原 281.5 万亩，占可利用草原的 1.3%，并以每年 19 万亩的速度蔓延。2007 年年底，甘孜州草地沙化面积达可利用草地面积的 78%。仅石渠县就有近 300 万亩草地变成寸草不生的“黑土滩”，这不仅使草原环境进一步恶化，而且草场完全失去放牧价值，给当地群众的生产生活造成了极大危害。据统计，近 15 年来，牧区草原产草量由每亩 276 kg 下降到 240 kg，降低了 12.9%。草原生产力下降，直接威胁到畜牧业经济的发展和牧民的生存。①

4. 水土流失严重

四川民族地区长期的森林过度砍伐以及草原退化沙化带来的一个较严重后果就是水土流失的加重。四川省水土流失面积达21.1万 km^2，占幅员面积的43.6%，是全国的11%，占长江上游水土流失面积的56%。据测定，在甘孜、阿坝和凉山三州流失的水土中，草原的水土流失量占41%。流失的泥沙通过金沙江、雅砻江、岷江、白河、黑河等江河流入长江、黄河，既导致了本地区自然灾害的频繁发生，又加剧了长江、黄河中下游地区的洪涝灾害。②

二、四川民族地区生态环境与经济发展之间的辩证关系

1. 生态环境与经济发展之间的对立

生态环境与经济发展建设之间的对立体现在两个方面：

一是经济发展对生态环境的影响。在经济发展中，片面追求经济利益最大化，尤其是民族地区的一些资源型城镇，在利益的驱动下，人们对自然资源过度开发与消耗，粗放式地使用而未对其残留物进行任何处理就直接排放，使经济发展超过了自然环境的载荷，不仅导致资源的短缺，而且加重了生态环境的恶化。

二是生态环境对经济发展的制约。经济总量没有大幅度的增加，用于环境治理和改善环境的费用不会增加，从而生态环境将持续恶化下去，尤其是矿产资源作为不可再生资源的消耗，更影响了经济的进一步发展。

2. 生态环境与经济发展之间的统一

生态环境与经济发展的统一也表现在两个方面：

一是生态环境是经济发展的目标之一。经济要持续发展，必须实现生态环境与经济发展之间的协调。人们进行的经济活动是为了满足人民群众日益增长的需求，需求就包括环境需求。经济效益和生态效益已经成为衡量社会发展的重要标准，经济发展和生态环境的持续统一发展存在于经济社会发展的实践中。

二是生态环境的改善和经济发展是民族地区发展中面临的最重要的课题。民族地区以往粗放的经济增长模式，滥伐森林、乱开垦坡地的做法给生态环境造成了极大的伤害，不仅影响了本地区的经济发展，还给长江中下游

① 吴铀生．社区草畜平衡模式解析与政策建议——四川省甘孜藏族自治州草原社区调查报告［J］．西南民族大学学报（人文社科版），2009（10）．

② 张敏惠．西部民族地区生态环境与经济关系浅谈［J］．财经界，2007（9）．

的城市经济发展带来威胁。改变以往的经济增长方式，加速经济发展，使民族地区的居民富起来才是解决生态问题的有效途径，四川民族地区生态环境的改善有利于促进整个长江流域又好又快的发展。

3. 生态环境与经济发展之间的协调

良好的生态环境能降低经济发展的成本，为经济持续健康发展提供动力支持。环境资源的承载力是有限的，一旦生态环境遭到破坏，生态环境恶化就会通过自然灾害的形式以及经济发展情况表现出来，使经济发展受到影响，落后的经济又进一步影响生态环境。

经济发展与生态环境之间的协调关系又是不断变化的，在不同的发展阶段，经济发展与生态环境的关系不同。当经济发展较低时，经济发展为矛盾的主要方面；随着经济发展水平的不断提高，保护生态环境就上升为矛盾的主要方面，经济发展与生态环境之间逐渐由矛盾对立状态转化为协调统一状态。经济发展与生态环境的辩证关系要求人们正确处理经济发展与生态环境的统一性和斗争性，使经济发展子系统与生态环境子系统保持协调的数量和结构比例，促使经济发展与生态环境的矛盾由制约性向促进性转化，最终实现矛盾的统一，达到经济发展与生态环境系统整体协调。①

三、四川民族地区生态环境与经济发展不协调的原因分析

导致四川民族地区生态环境与经济发展不相协调的原因很多，有主观上的原因，有客观上的原因，还有历史方面的原因，但归纳起来主要体现在三个方面：民族地区处于生态环境的脆弱区是其基础原因，民族地区进行经济活动对生态进行的干扰是其主要原因，制度不健全以及在生态环境治理中政府之间的协调问题是其深层次的原因。

1. 基础原因

从地质方面看，四川民族地区分布有很多的断裂带，这些断裂带的活动，在加剧水土流失的同时，还使岩体的稳定性降低，极易引起滑坡、崩塌等地质灾害。四川的多地震活跃带内有三大断裂带，呈“Y”字形。一是北—西向的鲜水河断裂带，甘孜州大部分县在这个断裂带上，2014 年 11 月 22 日和 11 月 25 日，康定县分别发生 6.3 级、5.8 级地震，地震造成全县经济损失 15.6 亿元。二是北—东向的龙门山断裂带，阿坝州大部分位于这个断裂带上。2008 年 5 月 12 日，汶川县发生 8.1 级地震，给当地乃至整个四川

① 宋先超．长江上游民族地区生态环境与经济协调发展研究［D］．重庆大学硕士论文，2008.

带来了重大损失。三是南—北向的安宁河断裂带，凉山州大部分县位于这个断裂带上。1998 年 11 月云南北部 6 级地震，波及凉山州盐源县三个乡，乡村大片房屋倒塌，伤亡 20 余人，水利设施被毁，损失数千万元。

从气候方面看，四川民族地区属亚热带季风气候，降水丰富，但季节分布不均匀，降水变率大，年降水主要集中在夏季，夏季降水强度大，夏季集中而高强度的降水，极易形成坡面流和沟流，对地表的冲刷侵蚀能力强，加剧了水土流失。约 94% 的滑坡发生在雨季，攀西地区、龙门山东部、四川盆地北部与东部等地年降水量一般超过 1 200 mm，且降雨强度大，暴雨频繁，是滑坡分布十分密集和高发地区。

从土质以及植被方面看，四川民族地区的地表容易受到风化和水化的侵蚀，从而导致水土流失和地质灾害的发生。岷江上游区域由于岩石松软、抗蚀力弱、风蚀现象严重而成为滑坡、崩塌、泥石流等重大地质灾害多发地区，加之坡度陡、坡面长、地表切割破碎，极易水土流失。另外，山川走向及气候上的焚风效应和山谷风的局地环流作用等多种自然因素的综合影响都促使该区生态环境不断退化。

2. 主要原因

一是农业生产活动的影响。民族地区经济不发达，主要的经济活动是农业生产，农业活动对地区的影响又主要体现在土地利用上。土地利用是指人类为获取所需要的产品而进行的土地资源的利用活动，它是自然与人文过程交叉最为密切的问题，土地的利用与生态环境的脆弱性直接相关。人口的增加，农业耕地的扩展，虫草、松茸的挖掘，对生态环境会造成负面影响，例如加速河流湖泊的淤积、泥石流的产生以及加重洪涝灾害等。

二是矿产资源粗放型开发。多年来，民族地区实行资源开发导向型战略和发展模式，使民族地区生态恶化、环境破坏，对经济发展的制约越来越严重。如甘孜州色达县，近年来因开采黄金而毁坏的成片草地达 4 766 km^2。粗放型的资源开发使得矿山被开挖，草地受到破坏，到处是大小不等的沙砾堆，草地严重退化。

3. 深层次的原因

一是经济增长方式粗放，产业布局不合理。四川民族地区是欠发达地区，但是其经济粗放程度远在全国平均水平之上。这种资源高投入、低产出、高消耗、低效益的经济增长方式，冲击着民族地区环境与经济的协调发展。经济运行的低效益和资源开发利用的浪费，意味着经济增长越快，经济总量越大，资源环境投入越大，经济系统排放废弃物越多，对环境的破坏、污染的程度越深；经济的粗放增长、经济系统的低效益运行，使民族地区企业缺乏治理和保护环境的经济能力，地方环境债务日益沉重。与此同时，粗放经济增长不可避免地促使产业布局不合理、产业结构不合理，这又加剧了经济的粗放增长。以阿坝州为例，水电、制革、造纸、化工、冶炼、机械、水泥等高污染行业的小企业集中在岷江干流的两岸，导致岷江水质受到严重污染。

二是生态资金投入不足。民族地区在环境问题日益严重的情况下，环境保护和建设投入明显不足，环保投资不足是导致区域环境污染得不到有效控制的重要原因。从恢复林草植被、开展水土流失防治为主的生态环境建设领域投入来看，虽然国家要求地方配套相关工程资金，但是资金主要来源于中央和地方各级财政拨款，生态环境建设资金供需缺口很大。民族地区是欠发达地区，财政压力大，无论如何加大环保投资力度，始终是有限的，每年投入的资金即使只用于解决当年经济增长所带来的生态环境问题，仍然存在很大的缺口，更不用说偿还生态环境债务了。

三是生态补偿机制缺失。民族地区多属于我国生态环境脆弱地区，是我国生态建设和环境保护的重要区域。近几年来，政府不断强化民族地区的生态建设和环境保护，正在进行的有天然林保护工程、退耕还林还草工程、防沙治沙工程以及各种生态功能区的划定。多种生态环境建设和保护项目在效益问题上存在严重的冲突：直接经济效益的损失和全国生态效益增加二者在主体上存在不一致性。环境资源经济利用的限制和生态保护的直接支出，后果由民族地区承担，生态环境建设和保护的生态利益，却由全国人民来享用。在我国生态环境建设和保护中，主要是针对生态环境的破坏和污染而采取惩罚性的措施，其中运用较多的一个措施就是征税的手段，如我国的排污收费制度、资源税费制度及其他的环境资源的有偿使用制度等。而我国环境资源法律制度以及其他政策中对于政府激励和市场激励却使用得较少。民族地区由于环境资源的开发和利用所产生的生态效益外溢，从制度建设情况和环境建设的实际需要来看，最紧迫的就是运用经济激励制度，补偿民族地区所负担的不利后果。

四、四川民族地区协调生态环境与经济发展的重要意义

四川民族地区生态环境的保护与建设，首先是着力解决民族地区面临的“生态与发展”两个重大问题。为了人类的生存，我们不能以牺牲环境为代价来换取社会经济的发展。因此，民族地区的生态环境建设不仅是单纯地去解决生态环境一方面的问题，而应当在解决生态环境问题的同时，充分兼顾社会效益与经济效益的协同发展。必须始终看到：生态环境保护与建设的实

施与维护的主要参与者是人民群众，尤其是农牧民，他们不仅需要生态环境效益，更需要自身的生存与发展。可持续的西部生态屏障是一种多因素体系，它不仅包括发达的植被生态系统，而且包括合理的产业结构和生产关系，包括当地人满意的生活质量及代内、代际公平意识，包括和谐的人与自然的关系。

生态环境建设也是民族地区全面建设小康社会的根本途径。四川民族地区生态建设的基本思路是通过技术创新、制度创新、价值转换、能力建设去促进生态环境建设和综合治理，促进资源的综合利用；在生态建设中革新传统产业，在产业重组中寻找生态机会，以经济发展与效益解决环境问题。在这项宏大建设工程中，政府引导、科技催化、企业兴办、群众参与是基本动力。

过去，四川民族地区一直为国家和市场提供初级原材料，资源开发是公认的发展重点。但是，经过长期掠夺式开发，一些不可再生资源面临枯竭的状况。四川民族地区以生态环境为代表的生态公共产品，对全国市场和全球市场都有重大意义。四川民族地区的森林资源，是长江流域的“绿色屏障”，不仅为长江流域提供水源，而且调节着全流域的气候和水资源供应平衡，是长江流域可持续发展的先决条件之一。这样的生态公共产品，是四川民族地区真正意义上的比较优势。国家在四川率先启动“天保工程”“退耕还林工程”等，这些投入实际是国家开始购买西部地区的生态公共产品；这也意味着改善和重建生态环境、提供生态公共产品，是全国区域经济分工对四川民族地区的根本要求。

五、促进四川民族地区生态环境与经济协调发展的对策

1. 转变经济发展方式

民族地区产业结构存在水平低、比例失调和区域布局不合理等问题，是环境与经济发展失衡的重要原因，必须加以调整和优化。以市场为导向，以比较优势为基础，实现产业结构的特色化。突出发展特色经济，着力基础设施和基础工业建设，加快科技进步，促进经济发展方式的转变。特色经济应致力于因地制宜，充分发挥区域优势、比较优势，集约化生产，规模化经营，同时不污染、不破坏生态环境。基础设施和基础工业建设是产业结构调整的重要内容和物质基础。

2. 加强区际协作

加强区际协作，就是使相关区域在进行发展经济、环境建设时，不仅要考虑本区域的环境经济问题，还要自觉考虑相关区域的环境经济问题，开

展建设性的合作，以促进民族地区环境与经济协调发展，实现各区域间共赢。

3. 完善环境资源管理制度

目前，四川民族地区在环境资源管理的有偿使用、赔偿补偿、市场交易、资源产权等制度方面还不完善。四川民族地区资源分布不均衡，应按照全省主体功能区规划的要求，完善该地区的生态环境功能区规划；建立健全节能减排重大技术的促进和保障机制、发展循环经济和推行清洁生产的政策体系和激励制度；完善节能降耗和污染排放的目标责任制及相应的综合评价体系；继续完善资源有偿使用和生态补偿制度，合理开发各种资源；完善生态产品和生态服务市场交易制度；完善环境和生态税费制度；建立健全在行业、企业之间进行资源产权、碳排放权、排污权等的交易制度，充分运用市场化手段实现对资源环境容量的优化配置。

4. 实施生态移民扶贫

对于生态环境恶劣、不具备生存条件、人们勉强生存下来的贫困区域，以及生态环境正处于恶化之中、承载力大为下降、人们的生存活动对环境造成的冲击强烈、如果继续下去可能导致生态环境继续恶化的贫困地区，可因地制宜采取移民的方式。针对民族地区的文化以及风俗习惯等，可以选取经济条件好的民族地区建立聚落中心，搞好基本农田建设，切实解决好这部分农民的温饱问题以避免返迁行为。生态移民一方面解决民族地区农民的温饱问题，提高生活水平，另一方面可减轻对生态环境的破坏，更好地休养生息，同时加强生态环境保护与建设，逐渐恢复和重建生态环境。

第三节　民族地区新型城镇化发展的生态经济效应分析

一、民族地区新型城镇化发展的生态经济效应

四川民族地区通过城镇化的发展，可以使当地人口、经济活动相对集中，对于改善生态经济状况、逐步实现可持续发展是可行的，而且也是民族地区全面建设小康社会的必由之路。

1. 城镇化能够促进产业结构优化，减轻生态环境的人口压力

城镇以其较为优越的基础设施条件吸引农产品加工业和服务业等劳动密集型产业向城镇聚集，这些行业需要大量的具有一定劳动技能的人员，这将促使民族地区富余劳动力从农业中分离出来，实现劳动力由第一产业向第

二、三产业转移。随着民族地区城镇化发展水平不断提高、投资环境的改善以及人口和经济活动的聚集，人们不断创造新的市场需求，促进新兴产业的发展，进而不断改善产业结构和就业结构，减少直接依赖生态环境从事农牧业的人口数量，从而减轻当地脆弱生态环境的人口压力，这更加有利于民族地区的可持续发展。

2. 城镇化促进人口向城镇转移，提高民族地区人口素质

新型城镇化的核心是“以人为本”，强调人的发展是第一位的。在民族地区经济发展和城镇化的进程中，注重提高人口素质，不仅有利于促进民族地区经济、社会协调可持续发展，而且关系到民族地区和国家的长治久安。城镇的低成本和小而全的生活居住条件，吸引了农业人口向城镇聚集，实现就地转移；并且城镇较好的教育、医疗条件可以不断提高当地居民的受教育水平和健康水平。城镇化发展还可以增加当地的就业机会，改进工作环境，改善工资待遇等，留住地区的劳动者和各类专业人才，使区域人才结构日趋合理，区域创新能力不断增强。

3. 城镇化建设有利于实现农业规模化经营，提高生态经济效益

通过发挥城镇的聚集功能和辐射作用，积极培育农牧业规模化经营的组织优势、机制优势和创新优势，并利用资源优势和区位优势，组建各种农畜产品生产加工基地，可以解决节约土地、保护耕地草场、减少污染和浪费等问题。城镇化发展还可以最大可能地利用现有的科技水平和手段，生产加工出高质量、有特色的精细农畜产品，真正把农牧民与企业生产与流通、种植业和养殖业以及农牧产品加工业有机结合起来，实现生产效率的提高、经营规模的扩大、经济活动的生态成本不断下降、生态效益不断提升。

4. 城镇化是解决民族地区生态经济问题的重要途径

城镇化将促使区域生产要素和经济活动集中在生态承载力较高的地区，这样生产活动既能得到生态支持，又能减轻对生态脆弱区的压力。民族地区生态环境虽然脆弱，但也有可持续发展能力强的区域，可以通过科学规划，选择适宜的区域建设生态城市，促使周边地区人口、产业、资源向增长中心集中，由此减缓近年来由于粗放、低效的经济活动造成的生态环境恶化的状况。据统计，民族地区近几年森林覆盖率不断增加，这与扎实推进退耕还林、退牧还草工程，植被恢复，涵养水源的作用分不开。所以，通过人口向城市、非农转移、使更多区域实现退耕还林、退牧还草，才能保护好民族地区的生态安全，实现生态经济双赢。

二、城镇化与生态环境协调发展机制的对策

城镇化与生态环境协调发展是一个复杂的巨大系统。该系统的协调发展就是优化系统内部构成要素结构、整合外部环境资源结构、协调城镇化与生态环境相互关系。

1. 城镇化发展应选择“城镇化建设与生态环境保护相结合”的道路

由于四川民族地区城镇化发展面临的约束条件较多，因此城镇化发展应在其特殊的城镇化基础上，在区域可持续发展框架内，选择一条富有地域特色的、以生态环境承载力为基础的生态经济型城镇化路径。依据民族地区在四川主体功能区划中的定位，立足实际情况，按照“科学规划、因镇制宜、突出特色、梯次推进”的指导思想，以促进农牧区人口城镇化转移为主线，以基础设施建设为重点，走特色化、集约化的城镇化发展道路。民族地区城镇化发展应以提高城镇质量为主，而不应该单纯追求数量的扩张、追求单纯的城镇聚集效益。城镇模式应以特色产业带动新型城镇化、生态旅游型城镇化为主要选择类型。

2. 用经济手段推动城镇化与生态环境的协调发展

建立市场化的城镇发展机制、生态环境保护机制和科学合理的组织调控体系，实现城镇化过程中的人口、资源、资金、技术等要素的合理流动和优化配置。要营造良好的市场环境，为市场机制在城镇化进程中发挥基础性作用提供制度保障。要加快生产要素的市场化进程，培育和发展城乡要素合理流动的统一市场，通过市场体系的发展促进城镇建设和城镇体系的完善。在促进四川民族城镇化与生态环境的协调发展中，要发挥市场机制的基础性和主导性作用。市场机制的作用主要体现在以下几个方面：用市场机制多方融资；用市场机制管理城镇和保护环境；用市场机制推动产业与城镇互动发展。

3. 用制度保障城镇化与生态环境的协调

对四川民族地区要实现城镇化与生态环境的协调发展，重要的是要在一些体制和政策方面做出调整和改革。主要包括：深化农牧区土地管理制度，改革保护农牧民权益；彻底改革户籍管理制度，为人口城镇化扫清阻力；加快和完善农牧民社会保障体系建设；引导农牧区人口有序地向城镇转移；应尽快清除阻碍城乡统筹就业的体制性障碍；通过完善城镇功能，促进生产要素与人口向城镇聚集；通过财税引导功能，促进新型城镇化发展；建立人与产业之间的联动发展机制。

4. 建立规划机制，确保城镇化与生态环境的协调发展

在目前的城市管理框架下，首要问题是搞好规划，包括国民经济和社会

发展规划、土地利用规划、城乡规划、各种专项规划（包括产业、基础设施、环境保护、旅游、文化等规划）。就城镇化与生态环境的协调发展目标而言，城乡规划是落实整个发展目标的载体，是目标中比较重要的组成部分。要把城乡作为一个整体进行综合规划，对已制定的地区规划进行必要的调整、协调，局部利益要服从整体利益。坚持可持续发展原则，在全面、系统地加强基础工作的基础上，做好水土资源的综合开发利用规划。在城镇化过程中，可以考虑生态移民，让部分农牧民从生态保护区、水源涵养区、生态脆弱区搬出，结合城镇化，集中安置，实现城镇化与生态环境的协调发展。在城乡总体发展规划中，可以将城镇化与生态环境调控的具体指标与空间分区和城乡总体发展规划中的指标控制与用途分区充分结合。在专项规划内，加入生态脆弱区整治内容，认真分析生态环境问题产生的诱因，严格控制资源利用强度，科学引导产业结构调整，促进水源涵养功能持续改善。结合项目建设的主要内容，以科学发展理念实现城镇化与生态环境保护协调发展，生态治理与改善民生同步。

5. 建立生态补偿机制，实现城镇化与生态环境的协调发展

建立生态补偿机制是一项复杂的系统工程，涉及面广、政策性强。要使生态环境补偿机制有效解决经济社会发展中生态环境资源的存量、增量问题，激励人们从事生态环境保护和建设的积极性，使生态环境资本增值和永续利用，必须采取以下对策措施：强化生态环境产权意识；加强生态环境补偿立法；推进生态环境价格改革；完善生态环境补偿管理、坚持生态环境补偿原则。国家应该加大对民族地区的财政转移支付力度，建立以生态保护、生态补偿为核心的生态建设机制和人口、资源、环境良性循环的可持续发展机制，实现民族地区城镇化与生态环境的协调发展。

第十二章　四川民族地区新型城镇化建设中的扶贫开发

第一节　民族地区扶贫开发措施的历史沿革

国家在不同发展阶段的贫困治理政策存在差异性。民族扶贫措施从政策救济发展到开发式扶贫、参与式扶贫、精准扶贫，一方面反映我国在民族地区扶贫措施逐渐科学化，另一方面也反映出民族地区扶贫难度在增加。

一、对少数民族地区进行以解决贫困为目标的特殊政策扶持

1952 年国家颁布的《关于少数民族地区的五年建设计划的若干原则性意见》决定在少数民族地区进行基础设施修筑。截至 1970 年，在西部少数民族地区铺设了兰新、包兰、成昆等 8 条铁路干线，修建了川藏、青藏、滇藏公路，改善了西部少数民族地区的基础设施条件，使各民族之间的联系更紧密。1981 年，中共中央在《关于建国以来党的若干历史问题的决议》中将扶持范围由经济生活扩大到了文化层面。1984 年，中共中央、国务院发出《关于帮助贫困地区尽快改变面貌的通知》，决定采取措施帮助少数民族聚居地区贫困人口脱贫。

在国家特殊政策扶持下的少数民族地区，基础设施逐渐完善，少数民族生活水平有所提升。但是，“输血式”政策扶持方式具有临时扶贫措施的性质，并未从根本上解决贫困的根源。主要原因：一方面是国家正处于改革开放的新时期，各项事业需要资金支持；另一方面是单纯的政策扶持并不能从根本上解决少数民族地区的贫困问题。在此背景下，国家需要转变目前的扶持方式来解决少数民族地区的贫困。

二、对民族地区以实现温饱为目标的开发扶贫政策

单纯依靠“输血式”扶贫措施无法满足贫困人口的需求，更重要的是通过开发方式使少数民族地区摆脱贫困，解决少数民族地区人口温饱问题。国务院在1986年成立的扶贫开发领导小组作为专门的扶贫机构，负责组织、领导全国范围内的扶贫开发建设，标志着我国政府由“传统的救济式扶贫转向制度性扶贫”。

1987年《中共中央、国务院批转〈关于民族工作几个重要问题的报告〉的通知》将没有解决温饱问题的少数民族群众作为重点扶持的对象，使其在“七五”期间能够解决温饱。1994年，国务院实施《国家八七扶贫攻坚计划》，在确定国家级贫困县时，在少数民族地区放宽了评定标准，少数民族贫困县有257个，占全国所认定的国家重点扶持贫困县总数的43.4%。在少数民族的艰苦奋斗和国家开发式扶贫政策的共同影响下，截至2000年，我国原有的2.5亿人贫困人口，已经有2.2亿人实现了温饱，占贫困人口总数的88%，基本解决了少数民族地区人口的温饱问题。

虽然我国在少数扶贫工作上基本解决了一些地区的温饱问题，但少数民族地区的自然条件和社会条件使因病致贫、因灾返贫现象突出。同时少数民族地区贫困面积广、贫困人口多等因素对接下来的扶贫工作提出了新的挑战，在少数民族地区全面建成小康社会任重而道远。

三、对民族地区以脱贫致富为目标的开发扶贫政策

民族地区虽然基本达到了温饱水平，但仍处于温饱线以下的少数民族人口数量庞大，这就决定了一方面我国继续对处于温饱线以下的少数民族人口实施以温饱为目标的扶贫方式；另一方面对已经处于温饱线以上的少数民族人口实施以脱贫致富为目标的扶贫策略。

江泽民同志在2001年中央扶贫开发工作会议上指出“坚持开发式扶贫的方针，目的是解放和发展生产力”，为今后扶贫工作的开展指出了方向。2001年，《中国农村扶贫开发纲要（2001—2010）》提出脱贫的根本出路。一方面，将尚未解决温饱问题的贫困人口继续作为扶贫的重要对象；另一方面，对初步解决温饱问题的人口增加收入，提升自我发展能力。我国开始在法制上有了针对性、分门别类的扶贫措施。2005年5月，中共中央、国务院《关于进一步加强民族工作加快少数民族和民族地区经济社会发展的决定》明确提出“支持少数民族和民族地区加快发展，是中央的一项基本方针”，进一步肯定了少数民族地区发展在国家中的重要地位，2007年，国务院实施的《少数民族事业“十一五”规划》将明显改善少数民族和民族自

治地方公共基础设施、生态环境和较大提高群众生活水平作为总目标，将少数民族生态环境改善作为制定扶贫措施的考虑因素。2012 年《中共中央、国务院关于进一步加强民族工作加快少数民族和民族地区经济社会发展的决定》确定了民族共同繁荣的民族工作主题，促进全面建成小康社会。2005—2010 年，贫困人口从 6 431 万人减少到 2 688 万人（按照 1 274 元/年标准），5 年共减少 3 743 万人，年均减少 748. 6 万人。

2000 年，我国进行西部大开发战略并成立国务院西部地区开发领导小组，利用东部经济发达省市的资源支援西部地区的经济发展，西部地区开发领导小组和扶贫办共同为促进西部少数民族地区发展提供了组织保障。

四、对民族地区以精准扶贫为路径的开发扶贫政策

三十多年的开发式扶贫政策实践，证明了扶贫开发作为脱贫致富的主要途径的正确性，但“粗放式”的扶贫方式已经不能够有效地解决少数民族人口贫困的问题，民族贫困面积广、贫困程度深是阻碍少数民族地区人口脱贫的主要因素。

在 2013 年，习近平在湖南湘西考察时，首次提出了“精准扶贫”的概念，随后在云南和贵州考察时，使“精准扶贫”逐渐得到完善，决定在民族地区开展“精准扶贫”工作。2015 年《中共中央关于制定国民经济和社会发展第十三个五年规划的建议》中提出“实施精准扶贫、精准脱贫”，为今后精准扶贫工作的开展奠定了基础。2015《中共中央、国务院关于打赢脱贫攻坚战的决定》更加系统地规定了“精准扶贫的方略，加快贫困人口精准脱贫”。西部少数民族省区根据中央“精准扶贫”的有关精神和各地实际情况出台了相关文件，召开了有关会议，传达了中央的扶贫精神，加快了西部少数民族地区脱贫步伐，实现了全面脱贫致富,[①] 见表 12 – 1。

表 12 – 1　西部民族地区省区精准扶贫文件

地区	文件名
全国	2014 年《关于印发〈建立精准扶贫工作机制实施方案〉的通知》 2014 年《关于印发〈扶贫开发建档立卡工作方案〉的通知》 2015 年《中共中央国务院关于打赢脱贫攻坚战的决定》 2015 年《中共中央关于制定国民经济和社会发展第十三个五年规划的建议》

① 刘涛. 西部少数民族地区精准扶贫的困境与出路 [J]. 攀枝花学院学报，2016 (11).

续表

地区	文件名
四川	2015 年《中共四川省委关于集中力量打赢扶贫开发攻坚战，确保同步全面建成小康社会的决定》 2015 年《四川省农村扶贫开发条例》
云南	2014 年《云南省农村扶贫开发条例》 2014 年《关于创新机制扎实推进农村扶贫开发工作的实施意见》 2015 年《中共云南省委、云南省人民政府关于举全省之力打赢扶贫开发攻坚战的意见》
贵州	2015 年《中共贵州省委、贵州省人民政府关于坚决打赢扶贫攻坚战确保同步全面建成小康社会的决定》
西藏	2014 年《贯彻〈创新机制扎实推进农村扶贫开发工作的意见〉的实施意见》
新疆	2015 年《自治区贫困村贫困户精准扶贫办法》

第二节　四川民族地区扶贫开发

一、四川民族地区扶贫工作态势

截至 2014 年年底，四川农村贫困人口为 497.7 万人，贫困发生率为 7.7%。秦巴山区、乌蒙山区、大小凉山彝区、高原藏区连片特困地区（简称“四大片区”）88 个贫困县是四川省扶贫攻坚的主战场。其中，民族地区 54 个，占 61.4%；国家扶贫开发重点县 36 个，占全国的 6.1%；集中连片特殊困难地区 60 个，占全国的 8.2%，[①] 见表 12－2。

表 12－2　四川贫困县名单

市（州）	贫困县
泸州市	古蔺县、叙永县
绵阳市	北川县、平武县
乐山市	金河口区、马边县、峨边县
宜宾市	筠连县、珙县、兴文县、屏山县
达州市	宣汉县

① 四川省统计局．四川贫困地区扶贫开发问题分析［J］．四川省情，2016（8）．

续表

市（州）	贫困县
阿坝州	汶川县、理县、茂县、九寨沟县、松潘县、金川县、小金县、黑水县、马尔康县、壤塘县、阿坝县、若尔盖县、红原县
甘孜州	康定市、泸定县、丹巴县、九龙县、道孚县、炉霍县、色达县、甘孜县、石渠县、新龙县、德格县、白玉县、雅江县、理塘县、巴塘县、乡城县、稻城县、得荣县
凉山州	盐源县、雷波县、普格县、布拖县、金阳县、昭觉县、喜德县、越西县、甘洛县、美姑县、木里县

"十二五"时期，四川省委、省政府通过集中投入、综合施策，实施了一系列扶贫工程，使民族地区农村贫困问题得到较大缓解。如阿坝州扶贫开发和综合防治大骨节病试点及巩固提升工程、大小凉山综合扶贫开发及"十项扶贫工程"、三州（甘孜、阿坝、凉山）贫困村整村推进项目、藏区扶贫攻坚项目、红原县现代草原畜牧业示范县建设项目、"溜索改桥"项目、甘孜州地方病防治、东西协作扶贫（浙江对口帮扶藏区、珠海对口凉山）等八大项目。同时，还实施了以工代赈、易地扶贫搬迁等其他扶贫项目。

目前，四川省民族自治地方群众收入水平稳步提高，农村居民生存和温饱问题基本解决。2015 年，民族自治地方 51 县农村居民人均可支配收入 9 250 元，较 2010 年的 4 124 元翻了一番。同时，民族地区经济持续发展，基础设施明显改善，社会事业不断进步，公共服务水平显著提升，生态环境也有较大改善。

但是，四川民族地区扶贫开发工作仍然面临严峻的挑战，主要表现在三个方面。

一是贫困人口多。2015 年，甘孜、阿坝、凉山三州，农村贫困居民为 64.5 万人，占乡村居民总数的比重为 9.5%，占全省农村贫困居民总数的 16.9%。

二是贫困面较大。四川省脱贫攻坚重点区域"四大片区"中，有 1/2 是民族地区；有国家扶贫重点县、片区县 60 个，其中民族县和享受民族县政策待遇的县共 48 个，占 4/5。

三是贫困程度深。民族地区自然条件较差，社会发育先天不良，贫困居民能力不够，基本公共服务不足，扶贫成本边际递增等，也是较大的挑战，[①] 见表 12－3。

---

① 王思铁．四川民族地区扶贫开发新浪博客，http：//blog.sina.com.cn/s/blog_599a3d490102xefa.html.

表 12 -3 2015 年三个民族自治州农村贫困情况

项目	贫困人口/万人	农村居民/万人	贫困占比/%
阿坝州	16.3	92.9	17.5
甘孜州	7.4	71.1	10.4
凉山州	40.8	512.0	8.0
合计	64.5	675.9	9.5

二、四川民族地区扶贫开发的有利条件

尽管民族地区脱贫攻坚面临诸多挑战，但是同样也拥有难得的机遇。

1. 精准扶贫深化推进

四川是我国改革的重要发源地之一，在探索农村改革、国有企业改革、城市综合改革试验和开展统筹城乡综合配套改革方面，一直走在全国各省区的前面，具有开拓创新的改革精神。扶贫工作开展以来，四川农村基础设施建设快速推进，新的农村发展经营模式不断创新，这必将为民族地区及贫困群众加快发展带来新的机遇。精准扶贫，就是习近平总书记在湖南十八洞苗族村考察时提出来的。他特别强调："全面实现小康，少数民族一个都不能少，一个都不能掉队。"2016 年"两会"期间，他又强调："社会事业发展和民生建设资金要向民族地区倾斜，让民族地区群众共享改革发展成果。"党中央、国务院对民族地区脱贫攻坚的高度重视就是我们实施精准扶贫工作的重大机遇。

2. 社会各界鼎力支持

从扶贫开发工作实施以来，国家始终注重发挥社会力量来参与扶贫开发，共同推进扶贫事业发展。随着国家综合实力的不断增强，社会扶贫力量也在不断壮大。在四川，党政机关定点扶贫，东西部扶贫协作，军队、武警，大专院校、科研单位，国有企业和社会各界，都加大了对民族地区的帮扶力度。"十三五"期间，四川省 249 个单位定点扶贫"四大片区"88 个扶贫重点县、片区县，其中多数都在民族地区；还有省内经济较发达的 7 个市负责 20 个对口支援藏区县定点扶贫工作。通过对口、定点、结对帮扶等诸多形式，扶持贫困地区基础设施、产业发展以及社会事业建设，不断改善农牧民群众生产生活条件。

3. 贫困居民强烈企盼

通过数十年的扶贫开发，广大基层干部群众在扶贫攻坚进程中，牢牢居于主体地位，具有首创精神。由于经济社会的不断发展和进步，人们的思想

观念也在逐渐发生变化，受外部环境和文化的影响，民族地区传统守旧的生活模式已经不再适应当前的社会形态，解决贫困地区温饱问题后，目前摆在政府面前最主要的工作就是如何让广大农牧民群众脱贫致富。民族地区贫困居民，对与四川省同步进入小康社会心怀企盼、愿望强烈。特别是贫困群众都有摘掉穷帽子、住进好房子、过上好日子的强烈愿望和期盼，这是脱贫攻坚的最有利条件。

4. 扶贫开发经验丰富

根据国家社会经济发展的实际和民族地区的不同情况、不同条件，民族贫困地区的扶贫开发因地制宜地采取了多种形式的扶贫开发模式，采取了不同的扶持措施和政策。譬如，以宏观的开发模式为例，不仅采取了循序渐进的扶贫开发模式，而且采取了扶贫开发、西部大开发、兴边富民行动、扶持人口较少民族的专项扶持行动等开发模式，形成了层次多样、规模不一、前后有序、彼此渗透的较为完备的扶贫开发体系。经过多年扶贫开发，民族地区还积累了许多宝贵的有益的经验，如藏区的“9 + 3”教育模式、彝区的移民搬迁等，这是一笔宝贵的财富。

三、扶贫工作的目标和特点

1. 目标任务

按照四川省委的要求，到 2020 年四川省民族地区实现在现行标准下农村贫困居民全面脱贫，贫困村全部出列，扶贫重点县、片区县全部摘帽，解决区域性整体贫困，与全省同步建成小康社会；贫困农牧民实现“两不愁、三保障”和“四好”。[①] 为确保这一目标的实现，四川省委常委又专题研究了民族地区的扶贫开发，强调“把民族地区脱贫奔康摆在更加重要的位置”，加强五个方面的工作：加强基础设施建设、大力发展特色产业、扎实抓好公共服务、突出生态保护、弘扬新风正气。

2. 民族地区扶贫工作的特点

一是错综复杂性。民族地区不管是藏区还是彝区，发展基础一般还较脆弱，而且民族之间、城乡之间，以及社会各阶层之间的经济状况分布更加错综复杂。

二是区域自治性。民族地区脱贫攻坚是在民族区域自治制度背景之下进行的，必然会涉及如何处理上级机关和自治机关、民族干部和汉族干部以及

---

① 两不愁、三保障、四好：“两不愁”即稳定实现农村贫困人口不愁吃、不愁穿；“三保障”即保障农村贫困人口义务教育、基本医疗、住房安全；“四好”是四川省委针对四川省实际提出的更高要求，即要让贫困群众住上好房子、过上好日子、养成好习惯、形成好风气.

各民族人民群众之间的关系等问题。

三是政策偏差性。国家有很多针对少数民族的优惠政策，在现实操作中有的执行得很不错，但也会出现一些问题。比如有的优惠政策往往只落实到民族自治区域占主导的少数民族身上；有的地区可能本身就很难在民族身份上找到贫困与非贫困明显的区别。

四是工作艰辛性。民族地区面积广大，农牧民居住分散，精准扶贫要真正落实，基层是关键。这对于处在脱贫攻坚第一线的基层干部、第一书记、驻村工作组来说意味着更大的考验，在很大程度上也决定了民族地区精准扶贫工作的成败。

五是扶贫持久性。虽然中央制定了在2020年前贫困人口全面脱贫的宏伟目标，但因为民族地区扶贫开发不单是靠经济，还包括文化发展、法制健全、生态保障以及社会和谐有序等，所以民族地区相对贫困也是长期的，扶贫需要持续发力，常抓不懈。

四、四川民族地区扶贫开发的重点举措

四川民族地区不仅贫困面大，而且随着脱贫攻坚的深入，面临的难度会越来越大。相较于省内其他地区，精准扶贫、精准脱贫的难度还要更大一些，也就更需要采取超常的举措。

1. 坚持解放思想，牢固树立战胜贫困的信念和观念

民族地区的发展，首先要解放思想，摆脱思想的贫困，让新观念成为发展的动力。习近平总书记深刻指出，“解放思想是摆脱贫困的关键”。他强调指出，“地方贫困，观念不能‘贫困’”。“当务之急，是我们的党员、我们的干部、我们的群众都要来一个思想解放、观念更新”。摆脱贫困，“其首要意义并不是物质上说的脱贫，而在于摆脱意识和思路的‘贫困’”，只有首先“摆脱”了我们头脑中的“贫困”，才能使我们整个国家和民族“摆脱贫困”，走上繁荣富裕之路。这段话，具有很强的指导性和前瞻性。民族地区与其他发达地区相比，在经济社会发展水平上存在着较大的差距，既有地理位置、自然环境、原有经济基础等方面的原因，也有思想观念方面的因素。

最近，习近平总书记强调指出，一方面，“‘十三五’时期是脱贫攻坚啃硬骨头、攻城拔寨的时期”。“必须横下一条心，加大力度，加快速度，加紧进度，齐心协力打赢脱贫攻坚战”。另一方面，“脱贫和高标准的小康是两码事。我们不是一劳永逸，毕其功于一役。相对贫困、相对落后、相对差距将长期存在。要实事求是，求真务实，踏踏实实做这个事，不能搞数字

游戏。考核要有正确导向，起到促进作用。”因此，民族地区脱贫攻坚是一项长期的、艰巨的任务，要统筹兼顾短期目标和长远发展，扎实推进，要从不利于挑战贫困的惯性思维中解放出来，不断创新体制机制、不断探索新方法、不断寻求新路径。

2. 用好用足扶贫政策

民族地区有别于其他地区，对此，中央、省里都给予不同于内地的许多倾斜政策。比如，国家层面上民族区域自治，财政转移支付，集中连片扶贫开发，少数民族发展资金，城镇化基础设施、公共服务、职业技能培训等倾斜政策；四川省内在就业方面的鼓励和保障政策，生态环境政策，区域性扶持政策等。加强民族地区精准扶贫、精准脱贫工作，重要的是要用好用足这些政策，将其转化为精准扶贫、精准脱贫的能量和效果。同时，要对应中央、省委关于打赢脱贫攻坚战已有的相关政策，搞好对接；要从自身实际出发，根据攻坚发展的需要，积极向上争取扶持政策。

3. 着力解决突出问题

精准扶贫是一项高度复杂的工作，脱贫攻坚是一项重要民生工程。一方面是加强重点工作，譬如住房、通路、饮水、用电、网络、教育、医疗、文化、科技、生态等。另一方面是解决难点问题。要在一些难点上争取上下联动，有所突破，形成合力。县级配套不应硬性要求、农民自筹应量力而行，还要给基层“松绑”。顶层设计应接地气，基层探索应再深化。精准扶贫、精准脱贫面对的是千村万寨、千家万户，既要防止拖延病，又要防止急躁症，既防止不思进取、等靠要，又防止揠苗助长、图虚名。总之，在民族地区，特别要注重尊重客观规律、尊重地方实际、尊重群众意愿，充分发挥群众的积极性、主动性、创造性，立足解决实际问题，让贫困群众真正有所获得感。

4. 切实提高扶贫质量

提高扶贫质量，既是中央的重要部署，也是扶贫的客观需要。扶贫工作既是重要民生，也是经济新的增长点，多些实打实的举措，避免运动式跃进式倾向。伴随脱贫攻坚步伐提速，从预期效果看，要成功实现脱贫目标并不难，真正难的在于如何严把扶贫质量关。习近平总书记提出精准扶贫已经两年多了，需要总结提升，既要出经验，也要出思想。抓质量，当前就是要抓工作质量、数据质量、项目质量、帮扶质量、监管质量、脱贫质量等，也包括“十三五”扶贫规划质量。特别在政策操作层面，必须把握好精确识别、精确帮扶、精确管理这三个环节。只有提升这三个环节的工作质量，才能推进脱贫攻坚向纵深迈进。

5. 加强扶贫供给侧改革

扶贫开发，与供给侧结构性改革有着十分密切的关系。贫困居民最“需”与最“求”的是什么？这是扶贫投入最需要优先考虑的。所谓扶贫供给侧改革，就是指从扶贫投入侧入手，通过优化扶贫投入结构、增强有效供给来提高扶贫质量，进而推进精准扶贫、精准脱贫，其核心在于进一步提高扶贫的针对性、实效性。扶贫供给侧改革是“十三五”精准扶贫、精准脱贫的着力点和新动力。对于任何一个有待扶贫的地方、有待脱贫的农户，特别是在产业能够使之脱贫的情况下加强扶贫供给侧改革，就是一项迫在眉捷的牵一发而动全身的重要工作。加强扶贫供给侧改革，要从“投入侧”入手，着力增加扶贫有效供给，把钱真正花在刀刃上。加强扶贫供给侧改革，就是要强化政治意识、攻坚意识、精准意识、创新意识、群众意识。把观念真正转到实施精准扶贫、精准脱贫方略上来，工作方式要真正与精准扶贫、精准脱贫相适应；坚持问题导向，做到理念创新、制度创新、方式创新、机制创新。

第三节　民族地区城镇化与扶贫开发关系分析

一、民族地区城镇化与贫困的关系

民族地区的城镇化发展对于消除贫困是一把双刃剑。城镇化是从根本上消除民族地区城乡贫困的重要途径，但在推进城镇化的过程中，又会不可避免地产生贫困问题，在特定的时期和条件下，城镇化还可能会加剧贫困现象。

1. 民族地区城镇化有利于消除贫困问题

城镇化对社会经济的推动作用，不仅体现在社会经济水平的提高、工业化的发展，还体现在社会经济制度的进步，这对于从根本上解决民族地区贫困问题具有基础性作用。城镇化是解决民族地区城乡二元经济结构矛盾的有效出路，城镇化的过程是农业人口向城市人口转变的过程，它扩大了城市的地域空间，促进了城镇建设，扩大了基础建设投资，带动了相关产业的发展，拉动了城市消费，产生了对劳动力的极大需求，使相当一部分农业人口转移为城镇人口，实现了农民向工人的转变，为工业化的发展带来了大量的劳动力资源开辟了广阔前景。城镇化的过程又是实现城市经济结构优化和产业升级的过程，推动了城市第二、三产业的发展，促使了劳动力从第一产业向第二、第三产业转移，创造出了大量的就业岗位，有效缓解了城市失业局面。

2. 城镇化会在一定程度上加剧贫困问题

在城镇化的过程中，民族地区二元经济结构的存在和较大的城乡收入差距，导致大量的农村剩余劳动力涌入城市就业，对原有的城镇就业人口和新成长劳动力产生替代效应。城镇化的过程加快了民族地区经济结构的调整和产业结构的升级，对工人的需求产生了选择性，导致对低素质劳动者的排斥。经济的快速发展需要大量的空间，造成了对土地的急剧需求，特别是由于民族地区存在的粗放型的土地利用模式，城镇内部土地集约利用度很低，很多农民在缺乏必要的配套保障措施的情况下被城市化，非常容易转化为城市贫困人口。

3. 贫困问题长期存在对城镇化发展具有阻碍作用

城镇化是消除城乡二元结构，实现城乡一体化的有效路径。但贫困问题导致农村剩余劳动力无法在城市中生存并实现就业，或者农村剩余劳动力到了城市变成了城市贫困的组成部分，影响了农村剩余劳动力的转移，阻碍了城镇化的进程。长期的贫困容易造成内需萎缩，不利于扩大城市消费、拉动投资，使经济长期在低水平徘徊。经济不景气会造成政府财政收入的减少，从而影响政府对城镇化建设的资金投入，使城镇化进程缺乏内在动力和资金支持，也会阻碍城镇化进程。

4. 仅仅依靠城镇化进程本身无法解决贫困问题

城镇化是一个自然资源和人力资源有机整合的过程，也是一个资源要素重新分配和利用的过程。在民族地区城镇化快速发展的时期，伴随着经济转型和城市产业结构的调整，城市劳动力市场对低素质劳动力的排斥现象会进一步加剧，这些农村劳动力与城市下岗人员、新增劳动力交织在一起，使城镇就业的供求矛盾和结构性矛盾更加突出。这些问题仅仅依靠市场机制的调节和自发的城镇化进程是解决不了的，必须依靠政府积极有效的干预，在积极推进城镇化的过程中配套采取城镇规划、就业、收入和社会保障等措施，选择适合民族地区特色的城镇化发展道路，只有这样，才能更好地解决民族地区的贫困问题。①

二、民族地区城镇化进程中的扶贫开发的原则

1. 政府主导、社会参与的原则

构建民族地区成熟稳定的扶贫开发政策体系，涉及民族地区经济社会发

---

① 李刚．民族地区城镇化进程中的城市贫困问题研究［D］．中央民族大学博士论文，2010.

展的方方面面，是一个带有长期性、战略性的系统工程，必须由政府主导，通过统筹协调、完善机制、加大投入、创新方法、着眼长远来逐步加以实现。在发挥政府主导作用的同时，还要重视整合社会资源，发挥社会团体和社会公益性组织的作用，让社会各界积极参与到扶贫开发事业中来，为扶贫开发提供资金和人力物力支持，形成政府主导、社会参与的民族地区扶贫开发工作格局。

2. 覆盖全体公民的原则

扶贫开发是政府为保障人民基本生活权益提供的各种扶持和帮助，是一项基本的公共政策。因此，在构建民族地区扶贫开发政策体系时，必须坚持普遍性和公平性，在对象范围上必须覆盖全体公民，统筹地域，统筹城乡，做到公平公正。

3. 提高综合治理能力的原则

实施民族地区扶贫开发战略，不仅要提供经济方面的资助，保障贫困群体的基本生活，还要着眼于民族地区物质贫困和精神贫困并存的特征，采取扩大机会、促进赋权、加强保障等综合性措施，从根本上提高贫困群体的摆脱贫困能力。通过市场和非市场的手段刺激经济全面增长，大力开展教育和培训，提升贫困人群的人力资本，赋予贫困人群更多的决策和参与权，通过各种必要的社会保障和安全保障，改善其在遭受疾病、失业、自然灾害时的脆弱地位，为其摆脱贫困提供基本的保障条件。

三、民族地区扶贫开发的战略设计

1. 加快城镇基础设施和公共服务体系建设

在推进城镇化的过程中，面对农村剩余人口向城镇转移还将长期持续增长的实际，民族地区要适度加快城市基础设施的建设，为贫困群体提供基本的就业生活条件。利用政府投入和市场机制两方面的力量，引导各类投资主体投资城市基础设施建设，保持基础设施与城镇人口增加需求的平衡。加大城镇生活污水处理、垃圾处理和生态环境建设，不断改善城镇环境，满足外来人口增长的需要。针对不同群体对资源和设施的需求差别，统筹规划所需的住房、医疗、文体、教育、交通、市政等基础设施，使外来人口获得平等享用公共设施资源的权利。

2. 创新社会管理体制，逐步消除城乡二元经济结构

在城镇化的过程中，逐步推进户籍制度改革，有秩序地引导农民进城落户。对于民族地区地市级以下中小城市和小城镇，可以考虑全面放开对已经稳定就业的农民和其他外来人员的落户限制。积极强化与户籍相联系的就

业、社会保障、子女教育、住房等公共服务和社会福利功能，逐步向符合条件的农村转移人口开放，使其平等享受应有的公共服务待遇，循序渐进地融入城市生活中。

3. 全面提升民族地区人口的素质和技能

全面提高民族地区群众的素质和技能，是民族地区扶贫开发的核心和根本。从一般情况看，民族地区与其他地区之间除了经济收入的差距以外，更突出的是人的思想观念和教育水平的差距，以及由此而引起的文化、劳动、技术素质和创业精神的差距。就长远而言，重视教育和教育设施投资，大力开发民族地区的人力资源，提高贫困者的整体素质，是促使民族地区经济社会发展的重要措施。要在民族地区继续大力开展学历教育和高等教育的同时，针对贫困群体知识水平低、技能较差的实际情况，实行更加有针对性、实效性的职业技能培训，建立人力资源开发政策体系，加强新成长劳动者就业培训、企业在职职工培训等，全面提高劳动者职业素质和就业能力。

4. 完善可持续的社会保障体系

完善的社会保障制度能有效地保障居民的生活，降低贫困的发生。经过多年的改革与发展，我国民族地区的社会保障体系建设已经取得了较大的成就，较好地保障了贫困群体的基本生活和需要。今后要针对民族地区城镇化、工业化和统筹发展的实际需要，重点在增强公平性、适应流动性、保证可持续性方面下功夫，坚持广覆盖、保基本、多层次、可持续方针，加快建立中国特色、全民共享的社会保障体系，实现保障对象全民化、保障方式多样化、筹资渠道多元化、管理服务社会化，为民族地区的经济社会发展提供坚强保障

5. 强化和整合重点扶贫工作和资金，提升扶贫效益

国家先后在民族地区推行了诸如村村通、移民搬迁、产业扶贫、教育扶贫等工程。但由于涉及面广、标准低、资金分散、配套资金不足等原因，扶贫效果不显著。因此，国家应该加大各项重点扶贫工程实施力度，调整扶贫工程投资定额，妥善解决重点工程配套资金问题，整合各项资金和项目以发挥扶贫政策和资金的整体效应。

第四节　四川民族地区集中连片特困区搬迁扶贫的模式和经验

一、搬迁扶贫的主要模式[①]

1. 村内就近安置

对由于历史原因长期居住在山上、基础设施落后、人居环境恶劣、地质灾害频发的贫困农户进行搬迁扶贫，使其迁移到本村自然条件较好的地点或是交通条件较好、具有发展潜力的地点。

村内就近安置的特点主要是：第一，主要由农户自行协商解决土地调整问题，搬迁户将自己高半山或高山上的生产用地与低坝区农户的生产用地按一定的比例进行置换（比例大小由双方协商决定），将置换的低坝区生产用地作为搬迁安置地；第二，在组织建设上，政府主要发挥协调作用；第三，不改变其原来的生产结构。搬迁户迁出地和迁入地距离较近，更多的是从山上迁到山下，还保持其原来的生产结构；第四，有效结合易地扶贫搬迁和新农村建设资金；第五，社会资本发挥很重要的作用。资源调整主要借助乡村内部亲缘关系，搬迁户的土地调整一般都在亲戚或本族好友间进行。

村内就近安置的突出优势在于，安置过程中协商成本较低，且安置地与生产地相对较近，搬迁后的生产活动所受影响较少。劣势在于，要求搬迁村内必须有一部分地点分布在自然条件相对较好的地区，且安置地农户愿意进行土地调整。

2. 村内集中安置

这种方式主要是依托新村建设，集中整合易地扶贫搬迁资金和新农村建设资金，对那些处于地质灾害频发、基础设施条件落后的地区采取集中搬迁的方式。采用这种模式搬迁的基本条件为：移民搬迁村有连片的集体用地（草地或林地等），且该地易于进行农业生产、无安全隐患。

该方式的主要特点为：

一是充分发挥了政府的宣传引导作用，政府通过村民大会、走访农户等形式，对有意愿搬迁的农户做好调查核实，并通过多种渠道宣传搬迁扶贫政策，让搬迁户真正了解扶贫政策，有效调动贫困农户搬迁的积极性。

---

① 桑晚晴．四川民族地区集中连片特困区搬迁扶贫研究［D］．四川省社会科学院硕士论文，2015.

二是有效整合新村建设和扶贫移民搬迁资金，使资金使用效率达到最大化。

三是整合项目规划，由政府相关部门对搬迁安置地的房屋建设、基础设施建设、产业项目发展等方面进行统一规划、统一组织实施。

四是不改变原来的行政体系结构，利于管理和协调，不存在社会融入问题。搬迁后人口和村庄都相对集中，迁入地基础设施和服务设施配套相对完善，能有效改善贫困人口的居住环境，满足搬迁户脱贫和安置的基本需求。

案例　若尔盖阿西茸乡团结村

阿西茸乡位于若尔盖县北部，距县城43 km，属典型的半农半牧区，下辖6个行政村，于2010年开展实施牧民定居、幸福美丽家园建设，对全乡6个村农牧户进行了新建和改造，其中团结村整体易地搬迁成效显著。团结村是典型的半农半牧村寨，共有36户，该村村民生产生活条件极差，收入水平很低，基础设施建设严重滞后，农业产业化程度低，灾害频繁，生态环境恶劣，信息闭塞。在实施牧民定居新农村建设时，自愿参加新建改造搬迁的有30户，有6户不愿参加，仍维持在原来的状态。

在安置地方面，该村集中搬迁地主要依托村里的公用草场，村两委、村民代表协商将其作为集中安置点；在资金方面，主要是整合牧民定居新村建设与易地扶贫搬迁资金，对搬迁户户均补贴5万余元，通过建筑材料补贴返还到农户，同时，农户还可以由政府担保进行3万元的贷款；在组织建设方面，政府对整村实施统一规划、设计，统一施工，并且在搬迁扶贫的同时配套实施基础设施建设，目前水、电、路都已完工；在产业调整方面，在人居环境得到改善的同时，结合国家相关的惠民政策，对该村进行产业结构调整，全村1 200亩耕地实现中药材（大黄）全覆盖种植，通过合作社发展、企业引进等，形成“公司＋合作社＋基地＋农户”的订单式农业，使农民的收入实现了大突破。

3. 跨村插花安置

跨村插花安置主要针对那些单家独户居住地较远、自然灾害严重、基础设施较差的贫困人口，并且本村内土地资源有限，就近安置较困难的情况。跨村插花安置主要通过以下两种途径：一是搬迁贫困户自己寻找安置点，主要向自己的亲朋好友处寻找合适的搬迁点；二是对部分特困户，政府出面联系迁入点，通过征用或有偿划拨等形式解决跨村安置用地问题。从目前的发展来看，跨村插花安置主要以第一种投亲靠友为主。

该模式对移民搬迁户实行一次性项目资金直补的方式，从扶贫成本、劳动力转移、资源的合理配置和利用方面考虑，具有较高的综合效益。但其最需要关注和解决的是搬迁户的社会融入问题，因为搬迁户可能与安置地农户在生产生活、文化习俗上存在差异，会使安置地的农户产生排斥的心理。

4. 跨村集中安置

由于迁出村所在地地质灾害严重、生产生活条件恶劣，需要整体进行搬迁，但迁出村内土地资源有限，需要进行跨区域安置。搬迁基本条件为：移民搬迁的人口数量较大，本村土地资源有限，缺乏可以开发利用的土地资源，而相邻的其他村有集体用地可以依托。搬迁基本形式为：通过政府协调沟通将两村的集体用地进行互换调整，对迁入地在土地面积或资金上给予一定的补偿。在迁入地实施建设过程中，有效整合易地扶贫搬迁资金、新农村建设资金等，对四建四改、基础设施建设、产业结构调整及相关的配套设施建设进行统一规划设计。从搬迁效果来看，实现了空间资源的合理配置，迁入地地质灾害较少、后续基础设施配套完善，易于移民的生产生活，有效改善了安置区的人居环境，提高了经济收入水平。采用该种方式搬迁存在的问题是，搬迁后，搬迁农户离生产用地较远，不能满足其生产需求，只能通过农业产业结构调整或促进劳动力向二、三产业转移。

案例　金川县庆宁乡松坪村

庆宁乡松坪村距金川县城 19 km，平均海拔 2 800 m，属典型的高半山区域，全村辖二个社，现有户数 80 户，306 人。松坪村二社有 34 户，处于地质灾害频发区，生产生活条件较差，村民家庭主要靠农业种植，外出务工，饲养牛、羊、猪等牲畜来维持生计。2011 年全村人均纯收入仅为 850 元。于 2012 年开始实施地质灾害避险搬迁，集中扶贫搬迁 10 户，其余的分散安置。

在搬迁方式上，由于相邻的育林村有连片的集体用地，并且所在位置地质灾害较少，适合居民生产生活，因而由政府牵头协调，将两村的集体用地进行互换调整，将迁出村集体林地与迁入村的集体建设用地进行互换，将换得的集体建设用地进行移民新村建设，安置迁入村民；在资金补助方面，搬迁户每户补助 2.6 万元，对于其他经济条件较差的搬迁户，政府出面担保对其进行无息贷款，最高可达 8 万元；在基础设施方面，移民新村完成路面硬化 6.8 km，入户道路 2 400 m，同时新建 300 m^2 的村活动室及其配套设施，实现了户户通路、通水、通电、通信、通电视，提高了老百姓的人居环境；在产业结构调整方面，由于松坪村二社搬迁的安置点距离原来的生产用地将近7 km，在农业生产方面存在很大的困难，因此，村长牵头进行产业结构调整，以土地入股的形式推进中草药和核桃基地的发展，培育特色马铃薯种植150亩，生猪养殖户21户，户均达30余头。与此同时，也推动了劳动力向二、三产业的转移。据统计，2013年全村人均纯收入达到5 800元，极大地改善了农户的生产生活条件及人居环境，拓宽了农户的增收渠道。

5. 城镇化无土安置

该方式主要是指在城乡发展一体化进程中，以城镇为依托，将具备一定能力和条件的农户转移到小城镇。城镇化无土安置后，移民在身份上由农民转变为城镇居民，在生计方式上不再从事农业生产，主要靠从事二、三产业作为家庭长期收入来源。

城镇化无土集中安置的优势在于可以有效缓解土地资源日益紧张的供需矛盾，同时实现了农业劳动力向二、三产业转移，有利于推进城镇化和农业现代化发展；其劣势在于移民要具有从事二、三产业的技能、文化水平和从业经验，具有承担脱离农业风险的能力。从目前的扶贫搬迁来看，城镇化无土安置以分散为主，扶贫成本相对较低，大多属于具有一定经济基础农户的自发移民。

二、主要经验总结

1. 政府有序引导

实施民族地区搬迁扶贫，政府引导是关键，这主要体现在推动搬迁扶贫和促进地区可持续发展上。各级政府作为搬迁扶贫的责任主体，要把搬迁扶贫列入经济社会发展的总体规划。

为确保民族地区搬迁扶贫工程的顺利实施，四川省从开始试点就高度重视政府的引导与扶持作用。在推动搬迁扶贫上，政府通过多种途径让贫困群众了解搬迁政策，解除搬迁群众心中疑虑，及时解决搬迁群众提出的困难问题，使贫困户在观念和行动上由被动向主动转变，提高其参与的积极性；在经济发展总体规划上，将扶贫开发作为地区经济社会发展的重点，确保扶贫政策能落到实处，切实解决贫困群众的温饱问题；在创新扶贫参与机制上，建立完善广泛动员社会各方面力量参与扶贫开发制度，鼓励引导各类企业、社会组织和个人以多种形式参与扶贫开发。

2. 群众自愿参与

群众是搬迁扶贫的主体，群众自愿是搬迁扶贫工作的一条基本原则。在项目的选择、实施过程中，必须始终贯穿“为农民，靠农民，让农民做主，使农民受益”的理念，充分发挥农民的主体作用。

四川省经过多年搬迁扶贫的试点工作，已具备了较好的群众基础，已搬迁群众所享受的搬迁政策对未搬迁群众起到了很好的示范带动作用，其影响面和影响力还在不断扩大。四川省主要通过以下几个方面来鼓励群众自愿参与搬迁：

一是在政策宣传上，通过村民代表大会、走访农户等，对愿意搬迁的群众认真做好调查核实，并通过多种渠道全方位、多方面宣传国家搬迁扶贫政策。

二是在运行机制上，创新群众全程参与机制，在安置地选择、安置方式的确定、实施形式、扶持手段、产业结构的调整等方面充分征求群众意见。

三是在项目管理上，采用实施项目“理事会”、项目实施管理小组等措施，在全程参与工程施工、项目资金管理等方面充分发挥搬迁群众的主体地位，激发群众参与项目建设的积极性和主动性，引导和动员群众自愿参与搬迁。

四是在监督机制上，对于审批下达的扶贫项目资金，通过建立信息交流共享平台，鼓励群众通过多种途径参与监督。

3. 多元化资源整合

搬迁扶贫是一项全面的系统工程，资金需求量大、涉及的方面多。然而目前的扶贫方式还处于一种“撒胡椒面”的状态，部门管理、资金使用、项目实施等都还没有形成合力，扶贫效果不佳。为了实现“搬得出、稳得住、能发展、可致富”，需要从资金、项目、政策等资源上进行全面整合。

四川省各地积极创新资源整合方式，以搬迁安置点为资源整合的平台，主要抓住了两方面的重点环节：

一是在项目规划阶段，搬迁扶贫任务比较重的县市，围绕扶贫移民项目，总体规划各类项目；加强与扶贫、民政、交通、住建等部门的工作衔接，把搬迁扶贫项目实施与其他部门的项目实施有机结合起来，实现项目总体规划，资金同时下达，建设同时进行。

二是在资金使用上，试点地区按照“用途不变、渠道不乱、集中使用、各记其功、形成合力”的原则加大资金整合力度，以统筹协调搬迁扶贫、以工代赈、城镇化、新农村建设等项目资金为主体，以交通、国土、林业、水利、农牧等部门的各类涉农资金整合为补充，实行资金捆绑、统一使用、统一安排，在源头上使资金拼成“一盘棋”，以最大限度地发挥建设资金的规模效应和使用效益。

4. 有效促进后续产业发展

搬迁扶贫不仅仅是实现地域上的改变，最重要的是使搬迁群众彻底告别贫困，形成稳定可持续发展的机制。在实施搬迁扶贫过程中，必须坚持安置区建设与后续产业发展同步，与增加就业岗位相结合，提高搬迁群众的自我发展能力。

四川省在实施搬迁扶贫的后续产业发展上积累了丰富的经验：一方面，对于安置地有土地资源无产业的，不断地加强引导，在遵循农民意愿的前提下，依托地区资源优势，面向市场培育和发展当地主导产业，合理调整产业结构。产业结构调整以“生态”立业，实施土地整理、产业开发、生态建设的“三位一体”开发性农业新模式，通过扶持农业合作社、引进龙头企业及互助资金组织等，帮助和带动搬迁群众发展生产；另一方面，对于生产用地紧张的安置区，政府积极开展技术培训，提高搬迁群众的劳动技能和实用技术，做好劳动力的转移和承接工作。同时，鼓励引导搬迁群众依托当地优势生态资源发展乡村旅游，兴办农家乐、藏家乐等旅游服务业，促使搬迁群众实现产业转移，增加经济收入。

5. 搬迁梯次推进

就目前四川省民族地区贫困人口统计来看，贫困人口仍大量存在，要实现整体推进比较困难。在扶贫攻坚阶段，要使扶贫工作出实效，必须不断创新搬迁扶贫方式，坚持先急后缓的原则，梯次搬迁，分步实施，以确保搬迁质量。

四川省在搬迁扶贫过程中采取了分批次推进的方式：在搬迁对象上，优先考虑急需搬迁安置且有强烈搬迁意愿的贫困群众，然后再考虑贫困程度较深、经济基础较差的，并根据贫困程度的不同给予相应的补偿优惠政策；在安置地选择上，采取先易后难的方式，优先考虑组内、村内就近安置，对于村内安置较困难的再考虑跨组、跨村等方式；在项目发展上，要先保障搬迁群众的基本居住问题，然后再考虑产业发展、公共服务配套等设施的建设。

参考文献

［1］［美］霍利斯·钱纳里，莫伊斯·赛尔昆．发展的型式（1950—1970）［M］．北京：经济科学出版社，1988.

［2］周一星．城市地理学［M］．北京：商务印书馆，1995.

［3］辜胜阻，刘传江．人口流动与农村城镇化战略管理［M］．武汉：华中理工大学出版社，2000.

［4］谢文蕙．城市经济学［M］．北京：清华大学出版社，1996.

［5］周牧之．托起中国的大城市群［M］．北京：世界知识出版社，2005.

［6］蒙世军．城镇化与民族经济繁荣［M］．北京：中央民族大学出版社，1998.

［7］田莉，李永浮，沈洁，等．城镇化与城乡发展［M］．北京：中国建筑工业出版社，2016.

［8］杜受祜．民族地区西部大开发效应研究［M］．北京：中国大百科全书出版社，2011.

［9］郑长德．中国少数民族地区经济发展报告（2013）［M］．北京：中国经济出版社，2014.

［10］钟海燕．中国少数民族地区构建新型城镇化战略格局研究［M］．北京：中国经济出版社，2013.

［11］徐绍史．国家新型城镇化报告 2015［M］．北京：中国计划出版社，2016.

［12］侯水平，范秋美．四川城镇化发展报告（2015）［M］．北京：社科文献出版社，2015.

［13］侯水平，陈炜．四川城镇化发展报告（2017）［M］．北京：社科文献出版社，2017.

［14］张沛，侯远志．中国城镇化的理论与实践：西部地区发展研究与探索［M］．南京：东南大学出版社，2009.

［15］柴生详．西部民族地区城镇化模式与应用对策［M］．兰州：甘肃人民出版社，2006.

[16] 王飞跃. 公共政策与民族地区城乡统筹发展对策研究——以贵州省为例 [M]. 北京：经济科学出版社，2008.
[17] 丁生喜. 环青海湖少数民族地区特色城镇化研究 [M]. 北京：中国经济出版社，2012.
[18] 傅晨. 城市化概念辨析 [J]. 南方经济，2005 (04).
[19] 孙中和. 中国城市化基本内涵与动力机制研究 [J]. 财经问题研究，2001 (11).
[20] 聂伟，风笑天. 城镇化：概念、目标、挑战与路径 [J]. 学术界，2014 (09).
[21] 杜永红. 资源枯竭型城市经济转型战略模式的研究 [J]. 现代城市研究，2012 (04).
[22] 姜爱林. 21 世纪初期用城镇化推动工业化的战略选择 [J]. 经济学动态，2001 (9).
[23] 胡序威. 论城镇化的概念内涵和规律性 [J]. 城市与区域规划研究，2008 (02).
[24] 周丽雯，崔文辉. 城镇化：内涵与特征 [J]. 经济研究导刊，2015 (03).
[25] 单卓然，黄亚平. "新型城镇化" 概念内涵、目标内容、规划策略及认知误区解析 [J]. 城市规划学刊，2013 (02).
[26] 李小建. 全面理解新型城镇化内涵 [N]. 人民日报，2014-12-18.
[27] 王守智. 国内外城镇化发展路径及启示 [J]. 城市观察，2013 (06).
[28] 陈鸿彬. 农村城镇化质量评价指标体系的构建 [J]. 经济经纬，2003 (05).
[29] 肖万春. 论中国城镇化水平度量标准的合理化 [J]. 社会科学辑刊，2016 (1).
[30] 王博宇，谢奉军，黄新建. 新型城镇化评价指标体系构建——以江西为例 [J]. 江西社会科学，2013 (08).
[31] 韩本毅. 中国城镇化发展进程及展望 [J]. 西安交通大学学报，2011 (03).
[32] 方创琳，刘晓丽，蔺雪芹. 中国城镇化发展阶段的修正规律 [J]. 干旱区地理，2008 (04).
[33] 焦秀琦. 世界城市化发展的 S 型曲线 [J]. 城市规划，1987 (02).
[34] 王建军，吴志强. 城镇化发展阶段划分 [J]. 地理学报，2009 (02).

[35] 申兵．对我国城市化阶段特征的重新认识［J］．宏观经济管理，2012（06）．
[36] 雷潇雨，龚六堂．城镇化对于居民消费理念的影响：理论模型与实证分析［J］．经济研究，2014（06）．
[37] 廖执东，宗振利．收入不确定性、城乡移民消费行为与城镇化消费效应——基于微观数据的审视［J］．现代财经，2014（04）．
[38] 魏琴，岳公正．欠发达地区城镇化与收入结构转型分析——基于区域差异和消费结构互动理论的视域［J］．社会科学家，2014（08）．
[39] 曾湘泉，陈力闻，杨玉梅．城镇化、产业结构与农村劳动力转移吸纳效率［J］．中国人民大学学报，2013（04）．
[40] 刘雪梅．新型城镇化进程中农村劳动力转移就业政策研究［J］．宏观经济研究，2014（02）．
[41] 吕文静．论我国新型城镇化下农村劳动力转移与农民工市民化的困境与政策保障［J］．农业现代化研究，2014（01）．
[42] 城镇化进程中农村劳动力转移问题研究课题组．城镇化进程中农村劳动力转移：战略抉择和政策思路［J］．中国农村经济，2011（06）．
[43] Childe，V. G. The Urban Revolution［J］. Town Planning Review，1950（21）．
[44] 王小鲁，夏小林．优化城市规模　推动经济增长［J］．经济研究，1999（09）．
[45] 安虎森，陈明．工业化、城镇化进程与我国城镇化推进的路径选择［J］．南开经济研究，2005（01）．
[46] 于晓明．对中国城镇化道路几个问题的思索［J］．城市问题，1999（05）．
[47] 简新华．论农村工业化与城镇化的适度同步发展［J］．经济学动态，1997（07）．
[48] 严书翰．走中国特色的城镇化道路——当前中国重大问题研究报告之三［J］．科学社会主义，2005（03）．
[49] 洪名勇．城镇化与工业化协调发展研究［J］．贵州大学学报，2011（06）．
[50] 王浪．近10年我国城镇化与工业化协调发展研究［J］．科学决策，2014（02）．
[51] 郝潞霞．习近平全面建成小康社会思想探析［J］．思想理论教育导刊，2015. 12.

[52] 赵世杰. 青海湖流域开发与环境保护 [J]. 青海民族学院学报（社会科学版），2001（03）.
[53] 钟海燕. 城市群发展战略下的四川民族地区城镇布局 [J]. 西南民族大学学报（人文社会科学版），2010（09）.
[54] 李杰. 民族地区城乡居民收入差距现状及对策研究——以四川省为例 [J]. 智富时代，2015（02）.
[55] 赵现洲. 我国城镇化与经济发展相互关系的动态分析 [J]. 中国软科学，2006（09）.
[56] 李胜会，李明东. 县域经济与城镇化水平相关性分析 [J]. 兰州学刊，2004（01）.
[57] 李皓，郑长德. 四川民族地区产业现状及其竞争力分析 [J]. 西南民族学院学报（哲学社会科学版），2003（05）.
[58] 杨丹. 四川藏区旅游业推进新型城镇化发展的效应及路径研究——以阿坝州九寨沟县为例 [J]. 贵州民族研究，2016（12）.
[59] 沈超群，陈凯. 民族地区旅游城镇化进程中的趋避冲突及其对策分析——以阿坝州为例 [J]. 理论与改革，2015（01）.
[60] 赵川. 在四川藏区推进“旅游城镇化”的思考 [J]. 新西部，2014（21）.
[61] 吴铀生. 社区草畜平衡模式解析与政策建议——四川省甘孜藏族自治州草原社区调查报告 [J]. 西南民族大学学报（人文社科版），2009（10）.
[62] 张敏惠. 西部民族地区生态环境与经济关系浅谈 [J]. 财经界，2007（09）.
[63] 廖承红，鄢杰. 四川藏区主导产业的选择模式与培育途径 [J]. 西南民族大学学报（人文社科版），2005（12）.
[64] 刘涛. 西部少数民族地区精准扶贫的困境与出路 [J]. 攀枝花学院学报，2016（11）.
[65] 四川省统计局. 四川贫困地区扶贫开发问题分析 [J]. 四川省情，2016（08）.
[66] 宋先超. 长江上游民族地区生态环境与经济协调发展研究 [D]. 重庆大学硕士论文，2008.
[67] 陈雪莲. 当前中国城市化发展的阶段特征与对策 [D]. 安徽大学硕士论文，2002.
[68] 马远. 新疆特色城镇化路径研究 [D]. 石河子大学博士论文，2011.

[69] 李澜．西部民族地区城镇化发展研究［D］．中央民族大学博士论文，2003.
[70] 何燕．中国西部民族地区新型城镇化发展战略研究［D］．西南财经大学硕士学位论文，2016.
[71] 李刚．民族地区城镇化进程中的城市贫困问题研究［D］．中央民族大学博士论文，2010.
[72] 桑晚晴．四川民族地区集中连片特困区搬迁扶贫研究［D］．四川省社会科学院硕士论文，2015.
[73] 王思铁．四川民族地区扶贫开发，新浪博客，http：//blog. sina. com. cn/s/blog_ 599a3d490102xefa. html.